別冊発達33

家族・働き方・社会を変える父親への子育て支援

少子化対策の切り札

小崎恭弘／田辺昌吾
松本しのぶ
［編著］

ミネルヴァ書房

巻頭言――
父親への支援を考える時を迎えて

大日向雅美

父親の育児参加はすでに各方面でさまざまに語られていますが、この度、その父親に対する支援に焦点を当てた論考が出版されることは、ようやく父親論が地に足をつける段階を迎えたことと、本書を企画された編者の皆様にまず深い敬意を表したいと思います。

「父権回復論」から「イクメン」まで

思い返せば、父親論は一九六三年にドイツの精神分析学者ミッチャーリヒが、現代が「父親なき社会」であることを指摘したことに始まっています。子どもの成長発達にとって父親は厳しさと強さの体現者として必要だとする視点は日本でも継承されて、父権の回復などが主張される時期がしばらく続きました。

父親に厳しさと強さを求める風潮は今もなお残りつつも、しかし、子育てを妻と分かち合う存在としての父親存在に注目が移されるようになったのが二一世紀を迎える前後でした。一九九九年に厚生省（現：厚生労働省）が作成した「育児をしない男を、父とは呼ばない。」というポスターをご記憶の方も少なくないと思います。何とも刺激的なキャッチコピーに男性たちのとまどいも話題となりました。中には「父と呼ばれなくても結構だ。これから役所に行って、戸籍の父の欄から自分の名前を抹消してもらってくる」と憤った男性もいたとか。そんなエピソードもまことしやかに語られるほどに、権威と力の象徴であれば良いとされてきたそれまでの父親論に大転換が図られた衝撃的な転換点でした。その背景に急速に進む少子化への危機感があったと考えられますが、それから四年後の二〇〇三年には、次世代の子どもたちが健やかに育つことを期した「次世代育成支援対策推進法」の成立を見て、父親の育児は企業を巻き込んだ施策へと展開していったのです。当初は三〇一人以上の雇用労働者がいる企業を対象として、子育てと仕事の両立を保障するための行動計画策定を求めた推進法でしたが、その狙いに男性の育児参加への支援を明確に含んでいたことが、それまでになかった特筆すべき事項だったと思われます。そうして男性の育児が国や企業を挙げた取り組みとして話題にあがってから数年後の二〇一〇年に、「イクメン」が流行語大賞のトップテンを飾ったのです。

「イクメン」現象下で母親たちの胸中は複雑に

「育児をしない男を、父とは呼ばない。」から「イクメン」まで、一〇年余りの間に父親をめぐる状況は実に大きな変化を遂げ、もはや「イクメン」は死語だと思う人がいるほどに男性の育児が日常化したように見えます。しかし、そうした「イクメン」現象を見つめる母親たちの胸中は、実はより複雑になっているようです。「夫は何もしてくれない」と非協力的な態度を嘆き、「こんなはずではなかった」と育児の日々に深くため息をつく母親がかえって増えています。その母親たちの子育ての実態が今、「ワンオペ育児」とも言われています。「ワンオペ」とは飲食店などで店員が深夜に及ぶまで一人で店を切り盛りさせられて疲弊困憊している現象を指す言葉で、そうした働き方をさせているブラック企業の存在が社会問題となったことを文字っての「ワンオペ育児」です。そして、そこにはブラック企業ならぬ「ブラック夫」の存在が指摘されているのです。育児に主体的に取り組む「イクメン」現象はまだ一部の男性たちに限られていて、それだけにメディア等で取り上げられるという域を出ていないということも、残念ながら実態ではないかと思われます。それほど男性たちが働く職場環境の現実は厳しく、変わっていないことを考えなくてはならないことも事実です。世の中のイクメン現象とのかい離の狭間で苦しんでいる男性が少なくないことを改めて注視して支援のあり方を再検討することが、今こそ必要であると言えるのではないでしょうか。

企業側の「ワーク・ライフ・バランス」や多様な働き方を保障する「ダイバーシティ」への取り組みが、単なるブランディング戦略ではなく、実態を伴って実施されることが急務です。そのためには、なぜ男性の育児への支援が必要なのかについて、企業側の真の理解が求められている時といえましょう。言うまでもなく、企業の存続にとっては利益追求の視点は外せないことです。同時に社会と社員にとってなくてはならない企業であるという視点も企業の存続には欠かせない視点となっている昨今です。企業の成長と存続を雇用労働者の長時間労働だけに依存する時代はとうに終焉を迎えている、という発想で大胆な働き方改革に乗り出している企業も登場している昨今です。それは立場を変えれば、育児への支援が職場や企業に対してどのような貢献につながるのかという明確な視点をもって、職場や上司とも折衝する必要性が男性自身にも求められていると考えられます。

妻と人生のパートナーとして生きる教育もまた男性に必要な支援

一方、夫に対する妻たちの不満の声の中に、夫の「イクメン」ぶりを冷ややかに見る声もあります。「ちょっと手伝っただけで、自分はイクメンだなんて思わないで」と、なかなか手厳しい声です。もちろん、前述のような夫の職場環境の厳しさを熟知している妻も少なくありません。少しでも手伝ってくれればそれだけでうれしいと思おうとしつつも、夫に腹立たしさを覚えると言います。具体的に何かをしてほしいというよりも、人生を分かち合っているという一体感の欠如を嘆いている声なのです。母となった途端に社会から置き去りにされたような喪失感に苦しむ妻の胸中に無頓着なまま、子どもを風呂に入れたとか、休日に何時間子どもの世話をしたといったことで「イクメン」になったような態度でいる夫への絶望感なのです。

こうした妻の声に応えることができるか否かは、子育て期に限らず、子育てが一段落した後の長い人生を伴侶として生きていけるかどうかにも関わる大きな問題でもあることでしょう。父である以前に男性・夫として、妻となり母となった女性の人生にいかに寄り添って生きていくべきかを、異性への関心が芽生え、同時に自身の人生のあり方を見つめる思春期には大切な教育課題として取り組むことも、長い視点でみれば父親への支援につながることと考えたいと思います。

おおひなた　まさみ
恵泉女学園大学学長

はじめに

日本の社会に父親はいませんでした。もう少し正確に書くと、現代日本の社会において、父親が育児をするという文化は存在していませんでした。

確かに熱心に子育てをしていた父親は、これまで数多く存在はしていました。たとえば日本の歴史を紐解いてみると、家督を次の世代につなぐことが大きな使命であった江戸時代の武士階級においては、子どもの教育また養育において、父親はかなり熱心に関わっていたことが記されています。教育・養育が父親の大きな役割の一つであったと言えます。古くから日本では「育てる父親」が存在していたのです。

日本に父親はいなかった

戦後にみられた「母の愛」などと象徴的に使われている「母性神話」は、決して日本の伝統的な理念でもなければ、また絶対的なものでもないのです。しかし戦後の高度経済成長を支えるために必要とされた、男性の労働力確保のために「家庭」が活用され、「働く男性、育てる女性」の社会的な公式が固定化されました。それらが唯一絶対的な価値観として、その時代の社会と家族を形づけました。もちろん市井の人々、また各家庭にはさまざまな葛藤や問題はあったと想像できます。けれど社会的な合意がある程度なされ、国民的なコンセンサスが取れていた時代においては、唯一無二の価値観の元で社会全体では幸せな時代であったと言えます。なぜなら明確な家族、生き方モデルが固定化されていたからです。社会の多くの家族のありようがそのモデルに沿ったものであり、そのような生き方さえしていれば、人並みの幸せを得ることができていた時代と社会であったのです。そのような流れが「一億総中流」というような、ある程度均一化した社会を作り出す原動力となっていたのです。

戦後そのような時代が、高度経済成長とともに長く続きました。その文化の中で、父親たちが子育てから遠ざけられました。同時に父親自身も子育ての場から去り、仕事中心の生き方を志向しました。そしてこのことに、合理的な根拠づけがなされるようになりました。それが「三歳児神話」の一つの理由でしょう。「三歳までは母の手で育てることが最も良い育児の方法」という考え方です。このような社会的な流れの中で、父親が育児をしないことが合理的に黙認されることとなりました。同時にその社会的な文化がより強固となり「父親は育児に関わるべきではない」という極端な志向が一般的に完成しました。父親の仕事中心主義の完成です。「滅私奉公」「企業戦士」「モーレッサラリーマン」という価値観と符合する、社会全体の合意形成がなされたということです。

高度成長を支えるための労働力の供給という観点から見れば、とても合理的かつ経済的なシステムの完成であると言えます。一つの時代の社会体制と経済的な必要性が生み出した、壮大な社会的コンセンサスの達成です。そのこと自体が失敗であったということではありません。社会全体が大きな目的（この場合は経済的発展）に向かう場合、このような国民総動員的な活動が求められ合意形成されることは、その時代と社会においては必要なものであったのでしょう。これらは社会的な優先順位の問題です。しかしその場合、優先順位が大きく下げられることで深刻な問題が残った分野があります。それが家族と子育てに関わる問題です。

その社会において何が起きたのでしょうか。大きく五つの視点で考えてみましょう。

① 父親の仕事のみの生き方の問題
② 母親の子育ての過重な負担
③ 子どもの育ちの脆弱さ
④ 家族の機能不全
⑤ 少子化の著しい進行

五つの視点から見る父親の子育て

① 父親の仕事のみの生き方の問題

社会的に働くことのみを義務付けられた男性は、仕事のみに専念していきます。それ以外の生き方が存在しないからです。そのことが長時間労働が前提の企業文化を生み出します。そのことから派生し過労死やメンタルヘルスの問題が起きています。それでも右肩上がりの経済成長の時代は、そのこと自体が問題視されませんでした。しかしバブルが弾け、働き方自体のありようが注目され問題視されはじめ、男性の働き方も含めた生き方がようやく社会的な課題となりました。

② 母親の子育ての過重な負担

働く男性の存在は、家事育児を一方的に担う女性を生み出しました。男性の長時間労働と相まってすべての家事育児を女性が担い、そこに「良妻賢母」という名称が与えられます。それ以外の生き方や選択肢がほとんど存在せず、その家事育児の良し悪しが、女性の価値をすべて規定してしまう唯一の物差しとなりました。父親を会社に奪われ地域社会で孤独な育児を迫られてきたのです。

その中で育児ができない女性はダメな女性、母親という大きなプレッシャーがのしかかります。それらが育児不安や育児ノイローゼの大きな要因であり、また産後うつや児童虐待の大きな背景となってきました。それらの解決が子育て支援などの大きな原動力となったのです。

③ 子どもの育ちの脆弱さ

母親のみの子育て環境や、地域社会で孤立している母親の元での子どもたちの育ちは、健全なものとなりうるでしょうか？　もちろんすべての子どもたちに問題があるということではありませんが、より豊かでさまざまな体験や経験はできにくいものとなるでしょう。それらの解消のために子育て支援などが発展してきました。しかしそれらは家族を支える一つの方法ではありますが、決して家族の代わりになるものではないはずです。

子どもたちは幼い時期から質の高い多くの豊かな経験や環境のもとで育てられ、はじめて健やかな成長ができるものです。父親不在の家庭環境では、重要な人的リソースとしての父親が存在していません。兄弟数や地域の子どもの数の減少は、子どもたちの人的ふれあいの機会の減少となり、育ちの弱さにつながります。

④ 家族の機能不全

結婚をして家族を作り、子どもを産み育てることは、さまざまな意義や思いを含んでいます。しかし単純に考えてみれば、そのことの究極的な思いは「幸せになる」ということでしょう。もちろん幸せの価値観は人それぞれで、一概に結婚や親になることだけが、その方法ではないと思います。しかし少なくとも結婚や出産において、当事者の中には幸せのイメージがあったと思います。しかし実際に結婚し出産しても、父親が家に帰ってこない仕事のみの生活の場合、残された母親や子どもたちは幸せを感じるのでしょうか。

それらの一つの危機が離婚でしょう。結婚生活を積極的に終えてしまうという選択です。近年の年間婚姻数と離婚数の統計では、約三割の夫婦が離婚をしています。もちろん当初から離婚を予定している夫婦はないはずです。何がそのような行動に行き着いてしまうのでしょうか。父親のみが問題であるとは言いませんが、家族を作っていくことの難しさがこのデータからもうかがえます。

⑤　少子化の著しい進行

子どもを持つという選択が社会の変化の中で、これまでとは別の意味を持つようになってきました。結婚、出産という昭和においてはある意味当然のこととされていたこれら一連の営みが、父親の家庭における不在、母親への過度な育児負担などにより社会問題化されてきました。またそれに続く、家族の崩壊や子育て環境の悪化などが続き、子どもの数の減少と子ども自体を持たない、そして家族自体を持たない人が増加しました。これらすべてが出生数減少の遠因となり、少子化が進行し続けています。その数値は年々悪化しており、ついにはわが国全体の人口減少という状況まで引き起こしました。

この少子化は当然のごとく高齢化とセットであり、わが国の人口に占める六五歳以上の高齢者率は二六%（二〇一六年）まで達しています。世界的に見ても例のない高齢化社会になっています。

父親の育児の欠如が引き起こす問題

このような視点で考えてみると、父親の育児の欠如が、すべてダイレクトではないとしても、現代社会のさまざまな問題の要因となっていることがわかります。もちろん複雑化する社会のさまざまな問題は、単一の原因による結果の表れなどという単純なものではありません。しかし別の見方をすれば、さまざまな要因の根底に「父親の育児の欠如」というものがあることに気づかされます。このような個別の問題であるというように捉えられていた事象は、実は根底においては一つにつながっているのです。

つまりこれら父親育児の欠如の問題を改善することにより、社会におけるさまざまな問題の解決の糸口が見つかると言えるのです。また時にはこれらの問題が劇的に改善され、そして解決に至るものもあり得ます。父親の育児がこれまであまり注目をされず、また対応や取り組みがほとんどなされていなかった社会においては、大きく改善の余地や取り組みの方法が考えられるからです。父親支援は、これまでほとんど社会において注目を集めることなく、父親の育児に関わることは世間的には放置、無視され続けてきました。

しかし少子化に対応するべき子育て支援が社会的に大きな課題となり、さまざまな政策や対応、プログラムなどの取り組みが熱心になされてきました。その中でさまざまなメニューがほぼ出揃いました。しかし残念ながら、その根底にある最大の問題の少子化はとどまることがなく、少子化対策はよりその対象を広げ制度を拡充してきました。その流れの中に、これまで対象とされていなかったものが入ってきました。それは地域社会であり、祖父母であり、企業であり、次世代の若者でありました。そして最後に残った存在が父親なのです。

つまり父親支援は、少子化対策をはじめさまざまな問題解決に向けた最後の切り札とも言えるものなのです。政府、地方自治体の少子化対策あるいは子育て支援の取り組みは、ほぼ全国的に見て飽和状態です。さまざまな取り組みをされていますが、かなり高い水準で実施されている活動は、その量・質ともに過去に例を見ないレベルです。地域のさまざまな場所において、広場や居場所が設置され、保育所、幼稚園、認定こども園では園庭開放がなされています。またさまざまな機関や専門職が相談を受け付けていますし、電話相談なども充実しています。これ以上の方策や対象者の拡充は見込めません。その中で「新しい顧客」として、父親が今ターゲットとされ始めています。このこと自体は決して悪いことでもありませんし、子育て支援の裾野を広げるという意味においては良い方向であると思います。

しかしこれまで全く無視され、放置されていた父親へのアプローチがスムーズに行われるとは思いません。またこれまでの取り組みは、ほぼ女性や母親を対象として行われてきました。その価値観や方法のまま実施されても、すべてが父親にうまく当てはまるとも思いません。父親を支援するには、父親の置かれている状況や、その特性や思いを十分に汲み取った上での対応や支援が必要です。

残念ながらわが国における子育て支援においては、そのような「父親のための支援」についての取り組みや研究やプログラムがほとんど存在していません。なぜなら母親を中心として、取り組み進められてきた歴史と文化が根強いからです。そのような問題について関心を持ち、今回この「子育て支援における父親支援」についての本の執筆に至りました。

わが国における父親支援についての専門書は、現在まで存在していません。その前提となる父親支援の取り組みが、全国的に散見される程度であり、まだまだ社会的な認知が低いからです。しかしそれでも社会のさまざまな場所や機関や、父親自身が父親と子育てに関わる取り組みをしています。今回そのような取り組みを含めて、現在の日本における父親支援について一冊にまとめることとなりました。

まだまだ父親支援自体が始まったばかりであり、その取り組みや実践、また理論など脆弱なものばかりです。それでもこのように一冊にまとめ、現在の状況や取り組みの問題点を明らかにしていくことは、次の父親支援につながるものになると考えます。そしてそのことが母親や子どもや家族支援への貢献、また少子化への何かしらの対応の一助になることを願っています。

二〇一七年六月

小崎恭弘

別冊発達33《目次》家族・働き方・社会を変える父親への子育て支援

CONTENTS

Ⅴ　今後の父親の子育て支援のあり方

●本書内では、以下の法律名については略称を使用している場合があります。
・雇用の分野における男女の均等な機会及び待遇の確保等に関する法律
　→男女雇用機会均等法
・育児休業等に関する法律→育児休業法
・育児休業、介護休業等育児又は家族介護を行う労働者の福祉に関する法律
　→育児・介護休業法
・女性の職業生活における活躍の推進に関する法律→女性活躍推進法
・次世代育成支援対策推進法→次世代法
●本書内では、特定非営利活動法人をＮＰＯ法人と表記している場合があります。

第 I 部

基礎編

I　基礎編

1　父親の子育て支援とは何か

小崎恭弘

1　父親とはだれなのか

1　家族を取り巻く問題の深刻化

父親と聞いて誰を思い浮かべますか？　もちろんそれは人によりさまざまであり、中には父親が存在していない人もいることでしょう。ここでいう「存在していない」とは、二つの意味があります。一つはすでに亡くなっておられ、実際に存在していないということです。そしてもう一つは、生きてはいるのですが、感覚的あるいは精神的に存在していないということです。生きているのに存在していない、これまさにお化けのようなものだと言えるでしょう。

このようなお化け的なものは何も特別なものではなく、二〇世紀の日本の家庭において父親はまさにそのような存在が当たり前でした。また現在においてもそのような傾向は、全くなくなったとは言い難い状況です。特に子育てや子どもとの関係性、つまり「育児」の場では、そのような状況が現代日本において顕著に見られます。

そのような状況にあるのは、さまざまな理由が存在しています。男性中心の働き方の問題、男性優位の日本の雇用環境・職場風土の問題、子どもを育てるという知識やスキルの欠如の問題、男性と女性のキャリア教育や教授科目の問題、父親の育児に対する学問的エビデンスの脆弱さの問題、子どもと母親の結びつきの強固な絆信仰の問題など、社会全体のさまざまな要因が複合的に結びつき、父親の育児というものを認めない土壌と風土ができあがったと言えます。

これらを一つにまとめて考えてみると、その根底には「母親＝子育て、父親＝仕事」という、社会的な公式が大きく存在していたことが読み取れます。現在の男女共同参画社会から考えると大きく違和感を感じますが、当時の社会においてそのこと自体はあまり問題視されなかったのでしょう。そのような価値観がその時代や社会においては、合理的な意義が認められ、判断がなされていたのだと思います。単にその時代背景などを理解せずに批判をする必要はないでしょう。

しかし現代において社会の変化のスピードが早くなり、またその揺れ幅が大きく激しい状況になりました。従来の当たり前や当然という感覚、あるいはさまざまな前提条件が大きく変化する社会状況において、人々の意識とそれに伴うライフスタイルも変化してきました。この社会の変化にもさまざまな理由が考えられます。ITC技術の革新、個人の自由なライフスタイルの志向、産業構造の変化による働き方の多様性、生殖医療をはじめとする家族の変容、伝統的な家族主義やコミュニティの瓦解、グローバル化による海外文化やライフスタイルの流入、経済発展の限界による企業文化の変革などです。

これまでの社会や家族、また個人のライフスタイルのあり方が大きく変容し、人々の生活のありようも大きな変革の時代が訪れました。これまでの常識や当たり前であった事象などが次々と変化し、また時には減少、縮小を繰り返し、そして時には消失してしまうことも見られました。この変化の波に、人々は否応なしに対応しなくてはなりません。それらの対応がこれまでの社会になかった事象の出現であり、新しい言葉や取り組みやシステムとなっているのです。

当然人の営みの根幹である子育てにおいてこの新しい取り組みは、さまざまな方向で見られるようになりました。これまで極めて家庭内の私的活動とされていた「子育て」を、社会的なものと位置づけ支援していく子育て支援なども、このような文脈で考えれば理解はしやすいと思います。家族や子育ても決して家庭内だけの私的思惑だけで、執り行うことが難しい時代であると言えます。

2　家族の定義のむずかしさと揺れ

またこのような社会の大きな変化は、従来存在していたもの自体のありようやそのものの存在までも変化をさせました。その一つが「家族」でしょう。家族とはどのように定義ができるでしょうか？　少し以前であれば「少数の近親者からなる生活の基本単位」などとしていました。しかしこれらの定義自体が、もはやできなくなってきています。これには大きく二つの事象が影響を与えています。一つはライフスタイルの多様化です。そしてもう一つは生殖医療の急速な発展です。

わが国の場合、子どもを持つという行為の前提条件として結婚が存在しています。換言すれば、結婚をしないと子どもが生まれないということなのです。父親とは、わが子を持ちはじめて存在できるものです。このことを考えると、この結婚を前提としない社会の構造は、父親自体の減少につながります。しかしこのことも、これまで考えられていた形式化された「父親像」の転換という、一事象に過ぎないのかもしれません。今後は結婚や血縁関係を前提としない、新しい父親の存在が見られるかもしれません。家族システム、制度全体の揺れの中で、父親の存在自体も大きな変革の中にあると言えます。

そしてこの新しい父親の創出は、すでに生殖医療においていくつか見ることができます。たとえば遺伝子操作による「デザイナーズベイビー」の存在などは、これまでの生殖行為による生物的な父親という概念を、根底から崩すものとなっています。複数の父親の遺伝子を持つ子どもの誕生もすでに現実としてあり、父親自体の定義がさらに困難な状況であると言えます。このことは母親においても然り、当然家族自体の定義の難しさにダイレクトにつながります。

つまり父親支援の前提の大きな問いとして「父親とは誰か?」という、根本的な問いを建て、まずはそれに対する答えを用意する必要があるのです。

3　父親とは誰なのか?

一般的に父親とは「両親のうちの男性」「男親」とされ、「母親」の対語として捉えられています。日常用語であり、改めてその言葉を規定したり、定義を考えたりすることなどはあまりなされていないものです。父親とは誰なのか? と突然たずねられても、なかなか答えにくいものだと思います。それはあまりに父親が当たり前すぎて、その存在をいちいち確認したり考えたりすることがないからだと言えます。

その父親ですが、いくつかの視点での存在が考えられます。

まずは生物学的な父親です。いわゆる血のつながりの中での存在です。遺伝子のつながりのある存在とも言えるでしょう。現在ほど生殖医療が発展しておらず、まして子どもの父親が誰であるのかを、かなり高い確率で特定ができるなどは法律や制度は想定していません。これまでの父親と子どもの関係の基本的な結びつきが、この血縁としての父親の存在でありました。また離婚が多くある社会においては、親の婚姻関係が解消されても親子の関係性は消滅することはなく、親権がいくら母親の元に移り父親からなくなったとしても親子であるという事実は決してなくなりはしません。これらも血のつながりが、一つの親子関係の絆となっているのです。

そして書類上あるいは戸籍上の父親です。日本を含む東アジアにおいては家名の継続はとても重要な事案であり、そのために戸籍制度が整っています。その中で、婿や養子などという、血縁を前提としない父親の存在が認められていました。そのような中においては、家名の継続のために父から継承者へさまざまな継承がなされていました。財産や土地、商売や屋号などです。また芸事や商いにおいては、父親の名前そのものの継承がなされていました。「三代目〇〇」や、成人すると特定の名前の変更を行うなども存在していきます。

また近年の離婚の増加を受けて、ステップファミリー（再統合家族）も増加しています。二〇一六年の統計によると、婚姻数の二六%はどちらかに離婚経験のある再婚者であり、全体の九%は両者ともに再婚同士のカップルであります。この場合、前夫の子どもは再婚と同時に血のつながりの全くない新しい父親を持つということになります。戸籍上養育の義務を負う、新しく始まる父子関係と言えます。

そしてこれらとは別に、子ども自体が感じている精神的な父親というものが存在します。これは自分自身を育ててくれた存在や、自らの成長や生育に大きく影響を与えた存在という意味合いが多いでしょう。幼少期もあれば青年期などにおいても、存在することもあります。たとえば、祖父や伯父など身近な近親者が養育や子育てに大きく関わり、本来の父親以上の存在や父親がわりになっていた場合などは、子どもたちがそのように感じることは十分にありうるでしょう。

また運動等クラブ活動の顧問などの指導者や会社やさまざまな活動の上司などが、誠心誠意とても熱心にそして愛情を込めて関わった場合などは、父親的な存在となる場合も見られます。これらは「父親（おやじ）」としての存在と言えます。このほかにも、経済的な父親であったり、思い出の中の父親など心的な父親や形式的な父親などの存在が見られると思います。

つまり現代において「父親」と言ってもさま

ざまな父親が存在しており、父親自体を規定することが、とても困難な状況にあると言えます。そのような父親を明確に規定することは、実は父親支援を歪曲することにもつながりかねません。なぜなら父親を規定する唯一の条件は「子ども」の存在と、その関係性にあるからです。子どもの存在抜きに父親は存在しませんし、婚姻や血縁などは、子どもとの関係性を規定する一つの要因ではありますが、それが絶対的なものでもないのです。父親の範囲を厳密に定めれば定めるほど、その場に存在する可能性のある子どもの排除となりうるからです。

このように考えてみると「父親とは誰か?」の問いの明確な答えは用意できないのですが、「子どもとの関係性の中に存在しうる父親」は一つの真理であると言えます。つまり子育て支援における父親支援は、二つの支援を考えなくてはなりません。一つは父親自身の支援であり、そしてもう一つは父親につながる子ども・母親を中心とした家族の支援です。そしてこのことは父親支援の大きな方向性を示しています。一つは父親自体が子どもとの関係性を通じて、親の喜びや生きがい、そして人としてのありようについて実感できる社会の達成を目指すということ。もう一つは、父親の子育てのあり方が、母親や子どもを中心とした、家族や地域社会などにおいて重要な意味があり、それを支えていくことが父親支援の大きな目的であるということです。

2　父親の子育てを支援する

1　父親支援の四つの視点

このように大きく多様化する父親を支援するということは、そのまま家族と父親の多様性を受け止めるということにほかなりません。全ての父親とそれにつながる子どもや母親、家族や社会全体を網羅する取り組みであると言えます。

これまでなされていた子育て支援は、その対象を母親とし、その活動を子育てに限定して取り組んできました。そのこと自体には大きく意味があり、当初は大きな成果を上げてきたのは周知の事実です。しかしエンゼルプランができたのが一九九四年であり、子育て支援の取り組みがなされ二十数年が経過しました。折々にそれぞれに発展し展開を続けてきた子育て支援ですが、その根底の対象と活動において大きな変化は見られていません。残念ながら少子化の進展は食い止められず、その進行はますます悪化しています。

そのように考えると、多様性を内包している父親支援の活動は、これまでの子育て支援の枠組み全体の見直しと、そのありように大きな変化をもたらします。そしてこの変化はこれまでの子育て支援全体のパラダイムシフトになると考えます。たとえば子育て支援の対象を、母親から父親そして夫婦家族社会へと広げていきます。なぜなら、父親の多くは会社等で働いており、父親の育児支援を考え実践する場合に、その会社や企業のあり方、働き方にまでその意識や取り組みを広げなくてはいけないからです。またその活動も子育てを中心としながらも、子育てのみに限定はできません。父親が子育てをできない社会的な問題や原因の解決にまで、視野を広げ取り組まなくては対応ができないからです。

つまり父親支援とは「父親が親としての力が発揮できるようにするための、当事者や支援者、企業、機関などからのかかわり方や環境の整備の総称」であり、社会全体の子育てに関わる取り組みを包括するものだと言えます。このような視点に立って考えると、父親支援はこれまでの子育て支援のありようとは少し異なった軸の取り組みが必要になることがわかります。

それらは以下の①~④の四点に集約できるでしょう。

①　エンパワメント

父親が子育てについての正しい知識や理解、価値観を得られるように父親をエンパワメントする。本来親として持っているはずの力や能力を十分に発揮できるような、学びや取り組み、環境を作り上げる。

②　パートナーシップ

父親が母親とのパートナーシップについて理解し、夫婦ともに子育てができるようにする。夫婦の生き方、働き方の多様性を受け止めて、それぞれの能力や志向などお互いの良い関係性のありようを築き上げられるように支援を行う。

③　ワーク・ライフ・バランス

父親が仕事や、生活、家庭、地域との良いかかわりができるように、ワーク・ライフ・バランスを意識した生活者になれるようにする。企業や社会全体の制度や文化を視野に入れ、これまでの男性の働き方中心のライフスタイルの変化を視野に入れた支援を行う。

④　ネットワーク

父親自身が積極的に育児や家庭生活の主人公として暮らしていけるように、地域社会の環境に対してかかわりやネットワークができるようにする。地域社会やいろいろなソーシャルメディアなどを活用し、社会的な成熟とつながりを持って市民として活躍できるように支援する。

この四つの視点は、従来の子育て支援においてあまり取り上げられていない項目です。つまり子育て支援全体において父親支援に取り組むことは、これまでになかった新しいロジックや知見の導入となりうるのです。子育て支援の今後の大きな転換への足かがりが、父親支援にはあります。

それらをより具体的に示すと、次の三点に集約することができるでしょう。

・父親支援は子育て支援のこれまでの価値観の発展として位置づけられる

・子育てから働き方を含めた、幅の広い生き方の支援と社会の変革の意識につながる

・子育てから遠い存在を子育ての領域に引き寄せる、ロジックと文化の転換が行われる

父親支援はこのように子育て支援の否定や対立ではなく、これまでの子育て支援の持っている土壌の上に成り立つものであり、対象者を明確にした上でそれらへのかかわりを軸として、これまでの子育て支援をより発展させる可能性を大きく含んだものであると言えるでしょう。

2　父親支援の具体的なあり方

それでは父親支援における対象者とは一体誰を指し、その目的とはどのようなものなのでしょうか?

対象者は広く父親であると言えますが、その父親もいくつかに分類することができます。図Ⅰ-1-1はその対象者を大きく二つの軸で考えた場合の支援内容とのかかわり方を表したものです。縦軸は支援する父親の対象を表していま す。つまり支援対象が広く社会的な存在としての父親と、家族や子どもにとっての個人的な関係性の中に存在している父親であるということです。このどちらも父親であるのですが、公的父親と私的父親としての両面が存在しています。それぞれによりその支援のありようは変化することになります。そして横軸はその父親に対する支援が個別性なものであるのか、あるいは全体性なものであるのかという支援内容の方向性を表しています。

この支援対象と方向性の二つの軸を元に、父親支援の内容を考えていきましょう。具体的には、次の四つに分類をすることができます。

Ⅰ　支援対象（公的）支援の内容（全体性）
――法律、システム等制度政策

多くの父親を対象とし社会全体で父親を支援していくという取り組みです。これは社会全体でのコンセンサスを得ることが求められ、規模や実行力も大きなものとなります。具体的には、法律の改正や社会全体のシステムなどの改定や創設ということになります。実際には、法律の改正などを伴った男性を対象とした育児休業制度の改定や、男性のみではないですが働き方改革に伴うシステムの構築などがあげられます。

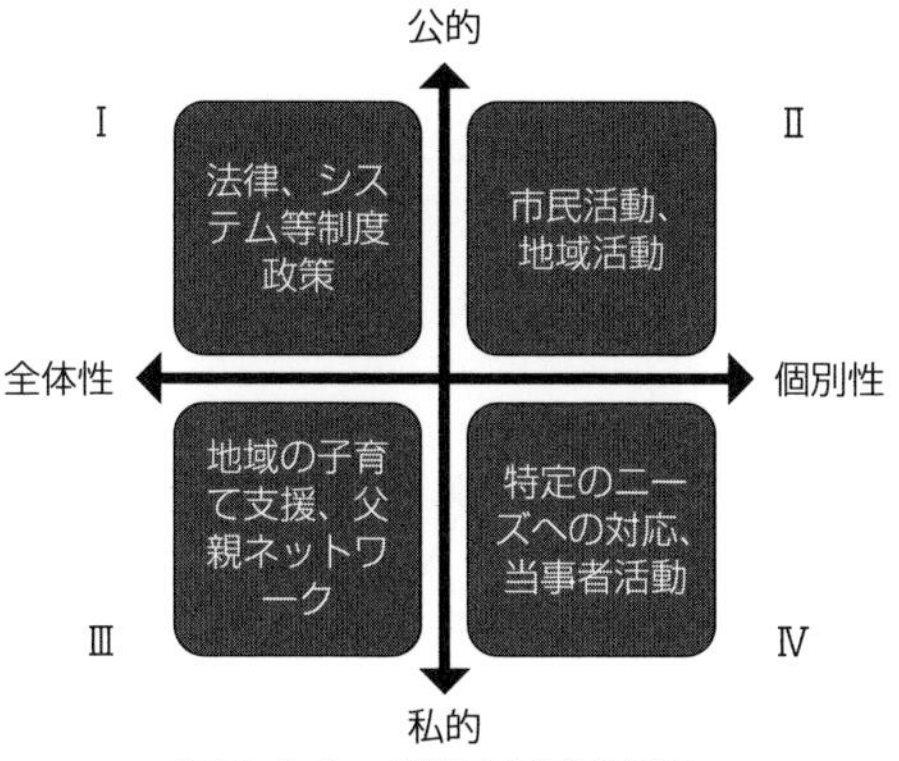

図Ⅰ-1-1　父親支援の枠組み
出所：筆者作成。

Ⅱ　支援対象（公的）支援の内容（個別性）
――市民活動、地域活動

社会全体で直接的にそれぞれの父親を支える活動です。NPOや地方自治体における父親支援の活動です。公的な支援の要素が強いのですが、それぞれの自治体やNPOの地域性や活動が全国均一ではなくそれぞれの地域課題や独自性に見られると言うことでは、個別性が高い活動です。

Ⅲ　支援対象（私的）支援の内容（全体性）
――地域の子育て支援、父親ネットワーク

地域の子育て支援の活動において、独自に父親の支援やプログラムの提供を行っている活動です。また父親自身のネットワーク作りや地域の父親活動なども含みます。父親と子どもとの遊び場の提供や、プログラムの提供を行い、具体的な親子関係の構築や発展を目指しているものなどがその中心としてあげられます。

Ⅳ　支援対象（私的）支援の内容（個別性）
――特定のニーズへの対応、当事者活動

何かしらの特定のニーズがあり、それが社会的に欠如している場合、その父親の特定のニーズに対応し支援を行う形です。それぞれの課題の全てが私的なものではないのですが、父親のみを対象とする支援がほとんどない現代においては、これらは個人を支援する必要性が高いものである場合が多いです。

このような四つの領域は、決してそれぞれが個別に存在するものではありません。主としての対象はそれぞれに示した通りですが、それらの支援の内容や進展、発展においては、他領域とも連携したり、また領域をまたいでの支援などもあります。社会のシステムや支援の内容がより複雑になり、またさまざまな分野にわたり総合的な支援を行う場合においては、これら個別の軸をしっかりと意識しながらも、より臨機応変な支援の対応が求められることになります。

こざき　やすひろ
大阪教育大学教育学部教員養成課程家政教育講座准教授。

2 父親の子育て支援が求められる社会的背景

小崎恭弘

現代社会のように父親の育児がこれほど注目を浴び、また必要とされる時代はありませんでした。父親の育児がこの様に必要とされる背景としては、社会全体の変革があげられますが、それは次の七点に集約されます。

1 少子高齢化社会の危機感
2 母親を中心とした「育てる側」の不安とその抑止
3 子どもの育つ環境の劣悪さとその不安への対応
4 男女共同参画社会の到来
5 企業の経営戦略と人材戦略
6 共働き家庭の増加に伴う家庭内のバランスの維持
7 男性自身の家族志向への変化

1 少子高齢化社会の危機感

少子高齢化の状況が予想以上に進展しており、その大きな変化の直接的影響が男性に及ぶようになってきています。この事象は主として二つの領域への視点として捉えることができます。

一つは自らの今後の将来設計に関わる、年金や医療などの社会保障における変化です。自らの老後の生活への不安と言えます。高齢化はその年金負担の社会的増大、個人の負担金の増額を引き起こしています。同時に少子化は、世代間の負担バランスの不平等感を招いています。そもそも年金自体の制度設計がこの急激な少子化に対応できるか、という根本的な議論にもなっています。その結果、年金の支給年齢の引き上げ、支給額の引き下げが起き、そして社会保障費負担の増大など、この国の将来設計自体の根本的な見直しが迫られています。つまり父親の将来の不安要因の増大が起きています。このことに対する意識が、少子化を強く印象付けています。

そしてもう一つの変化は、企業人や社会人として働いている男性が、その業務や仕事において急激な少子化への対応に迫られています。これは別の言い方をすれば「縮小するパイ（人口）への対応」と言えます。二〇一五年は前年より二九・九万人の人口減少が起きており、この数値は過去最高であり、人口減少社会の到来を告げています。二〇〇五年の国勢調査の結果を受けて「一年前の推計人口に比べ二万人の減少、我が国の人口は減少局面に入りつつあると見られる」と総務省統計局は発表しました。[*1] このことによりわが国における人口減少化が本格的に始まりました。その後加速度的に人口減少が進んでいます。

このことは企業の経営計画や経営戦略の変化という事象を生み出しています。具体的には、購買者数や購買層の変化への対応、企業活動を支える人材・労働力の不足、企業文化や熟練工の技術などの伝統継承の困難さなどです。このような企業戦略の変化は、企業内で働く多くの男性の関心事として取り扱われるようになってきました。そのことが男性の育児や少子化に対する関心事項となってきたのです。

2　母親を中心とした「育てる側」の不安とその抑止

子育ての多くを母親が一人で担っているのが、現在のわが国における状況です。たとえば、「共働き世帯の六歳未満の子どもを持つ父親と母親の育児時間」[*2] をみると、父親の家事関連時間が三九分であり、うち育児時間は一二分です。それに対して、母親の家事関連時間は四時間五三分であり、うち育児は四五分となっています。

そのような過度のアンバランスさは、子育てや家事を一方的に母親に押しつけていることを示しています。この子育ての過重な負担が、母親の子育てに対する諸問題の大きな要因となっています。それは子育てに対する不安やストレスとして認識されています。つまり、育児不安や育児ノイローゼという状況です。またそれらから派生し、児童虐待の大きな一因ともなっています。厚生労働省の発表[*3] によると、二〇一五年度の全国の児童相談所での虐待相談対応件数は過去最高の一〇万三二八六件でした。そしてその虐待の加害者は「実母」が五〇・八％と最も多くを占めています。また被虐待児の子どもの年齢は〇～三歳未満が一九・七％、三歳～学齢前が二三・〇％と、就学前の幼い子どもで半数近くを占めています。

このことだけを取り上げて「母親失格」や「母性の欠落」といったような母親批判を行うことは、問題の本質を見誤った見解です。現代社会において、子育ての中心は母親であり、母親以外は子育てをしていない状況にあります。先の数値からもわかるように、一日一二分のかかわりしかしていない男性を「父親」としてよいのでしょうか。このこと自体に疑問を感じます。といって、父親だけの問題や努力不足ということではありません。その意識や想いがあっても、それが実践できないという社会のシステムや構造、文化的な問題であると考えられます。

このような子育ての環境の悪化という社会背景が、父親たちの意識を子育てに向かわせたのです。児童虐待の「被害者としての子ども」「加害者としての母親」その間に立つ存在として、子どもと母親を守り家族をつくるという意識が、父親としての新しい役割として位置づけられています。それだけに子育て自体が、大変に苦しく困難な時代に突入したと言えます。その環境の中で、父親が子育てや母親の育児に対して、敏感に反応しているのです。

3　子どもの育つ環境の劣悪さとその不安への対応

先ほどは「育てる環境」としましたが、同じレベルで子ども自身が「育つ環境」の劣悪さが、現代社会において危惧されています。近年の少年非行の件数の推移をみると、[4] 刑法犯少年、触法少年（刑法）ともに、検挙人員数や人口比において減少傾向にあり、少年事件は減少していますます。しかし少年に関わる事件などが減少しているという感覚は持ちにくいものがあります。その理由としては、少年犯罪の数ではなく内容が凄惨であったり、残虐であったりし、人々や社会の印象に残るようなものとなっているからです。

また少年犯罪は、加害者だけの問題ではなく同時に少年が被害者となることや、また少年が直接巻き込まれてしまうこともあり、数の増減以上に社会的に大きな影響を与えることにつながります。

わが子の安全な環境や育ちは、親であれば当然に願い望むものです。しかし、わが子だけの安全というものは存在しません。わが子が安全な環境や地域は、その他の子どもや住民にとっても安全な地域や社会であると言えます。子どもたちが巻き込まれる可能性のある少年犯罪の印象が、父親をわが子の安全の担保のために、皮肉にも子どもや地域社会に目を向けさせているると言えます。

4　男女共同参画社会の到来

一九九九年に成立した男女共同参画社会基本法はその目的において、以下のようにしており、国、地方自治体、そして国民の責務について明記しています。

「第一条　この法律は、男女の人権が尊重され、かつ、社会経済情勢の変化に対応できる豊かで活力ある社会を実現することの緊要性にかんがみ、男女共同参画社会の形成に関し、基本理念を定め、並びに国、地方公共団体及び国民の責務を明らかにするとともに、男女共同参画社会の形成の促進に関する施策の基本となる事項を定めることにより、男女共同参画社会の形成を総合的かつ計画的に推進することを目的とする。」

また定義では、以下のように示しています。

「第二条第一項第一号　男女共同参画社会の形成

男女が、社会の対等な構成員として、自らの意思によって社会のあらゆる分野における活動に参画する機会が確保され、もって男女が均等に政治的、経済的、社会的及び文化的利益を享受することができ、かつ、共に責任を担うべき社会を形成することをいう。」

この法律が施行され十数年が経ち社会のあらゆる分野において、男女共同参画の理念が浸透してきました。いわゆる男性らしさ、女性らしさと言われる「固定的性別役割分業」の緩和が起きています。男性保育士や男性看護師は増え続け、女性の電車やタクシーの運転手なども増えています。もちろん職業領域だけでなく、男女共同名簿の導入や高等学校の家庭科の男女共修など、教育分野などにもその影響は起きています。またそのような社会の転換の中で、人々の意識も確実に変化し、これまで女性の領域とされてきた子育てなどにも父親たちが積極的にかかわりを求め、また実際の育児に携わるようになってきています。

以前男性は「風呂、飯、寝る」という三語で、家庭生活ができていたと言われています。現在の男女同権や共同参画の理念、あるいはパートナーシップを基盤においた夫婦関係からは想像ができないものです。つまり現代において夫婦の関係性の公平な意識づけやフラットな役割分担のありようが、男性の子育てを推進する大きな一つの力となったと言えます。このことは、男女がその性別により生き方や存在を左右されるのではなく、性別も含めた個人のパーソナリティや個性をより発揮した多様で豊かな生き方が、社会的にようやく認められるようになってきたと言えます。もちろんすべての場面や領域でそのようになったわけではありませんが、社会の男女共同参画意識の変化は、近年大きなものがあり父親の育児をより強固に推進する一つの原動力となっています。

5　企業の経営戦略と人材戦略

現在進行している人口減少はそのまま労働人口の減少につながり、企業活動の根幹をなす「人材」が足りないという状況が起きています。看護師や保育士などの専門職の人材不足が大きく話題になっていますが、そればかりではなく働く人自体の減少が続いています。またそれと同時に、昨今「ブラック企業」などと揶揄されるように、企業における働き方が大きく注目を浴びています。その背景には、これまでの日本における特に男性労働者の働き方が劣悪すぎ、そのことにまつわる問題の大きさが存在します。長時間労働、長時間通勤をはじめとする滅私奉公的な企業での働き方や、過労死やうつ自殺とされるような命を投げ出してまで働き続ける姿勢などが、ようやく社会のさまざまな場面で問題視され始めたのです。

これら労働を取り巻く諸問題に対して、企業側もさまざまな対応策を打ち出しています。ダイバーシティマネージメントや働き方の改革です。そしてその一つの大きな柱が、ワーク・ライフ・バランス（以下、ＷＬＢ）の推進です。ＷＬＢとは一般的に「仕事と生活の調和」とされており、働くことと生活することのバランスを意識し、調和の取れた生き方を志向する理念や実践を表します。政府は二〇〇七年には、「仕事と生活の調和（ワーク・ライフ・バランス）憲章」「仕事と生活の調和推進のための行動指針」をそれぞれ打ち出し、その推進に努めています。

ただし企業は単に社員の福利厚生のために、このような方針を打ち出しているのではありません。人口減少社会において、労働者の減少は避けられない状況です。そのような中において企業が生き残るためには、限られた人員の中でより効率的な働き方が求められます。また同時に優秀な人材の確保が重要になってきます。そのような人材戦略において、ＷＬＢは一つの大きな方向性であり、多様で優秀な人材を働き方の改革という視点で、意識的に集めようとしているのです。つまりＷＬＢの推進は企業のこれからの永続的な活動を行うための経営戦略であると言えます。この企業のＷＬＢの志向は、そこで働く父親自身を家族や子育てを含めた、企業人以外の生き方への転換を行ったと言えます。

6　共働き家庭の増加に伴う家庭内のバランスの維持

ここ約四〇年間の専業主婦世帯と共働き世帯の推移をみると[*5]昭和五〇年代には、専業主婦家庭数が共働き家庭数の約二倍存在しています。いわゆる「男性片働きモデル」であり、それを支える専業主婦という定型モデルが存在していました。その後共働き家庭が増加し、平成の前半においてほぼ同数となり、現在は共働き家庭が専業主婦家庭の一・五倍程度になっています。現在の一つの家族モデルは「共に働き、共に育てる」というものであると言えます。もちろん働き方は正規雇用・非正規雇用、自営業・企業雇用など、さまざまな形態があり一様ではありません。それでも「共働き」というライフスタイルが社会の中で多くを占めているということがうかがえます。

共働き家庭においては、家計収入に対する女性の割合がある一定数を占めることになり、「労働」という領域が決して男性のみの専売特許ではなくなります。専業主婦が多く存在していた時代は、男性が労働領域のほとんどを占めていました。その代わり女性が「家事・育児」という家庭内労働を担っており、生活の中での住み分けが明確に行われ、そしてそのことで家庭経営が潤滑になされていました。個々にはさまざまな問題が存在していたと考えられますが、それが社会全体の単一モデルとなっていました。ほかのモデルがほとんどなく、社会全体の共通モデルが存在していました。

しかし現在の共働き家庭の増加は、その明確な家庭内役割分業の存在を許さなくなりました。稼ぐ女性の存在は、育てる男性を喚起しました。そして実際に家庭内の家事・育児領域に、男性の進出が見られるようになってきました。一つの特徴的な事象が、男性の料理であり、また「イクメン」いわゆる男性の育児です。

たとえば保育所の送り迎えなどでも、以前は朝夕ともにほとんどが母親でした。しかし昨今は朝の送りは父親が多く行っていたり、また夕方のお迎えも父親の姿が見られます。特に保育所は共働き家庭が多いこともあり、その子育てする父親の姿は顕著に見られます。

母親の労働領域への進出は、家庭内の稼ぎ役割の分割を引き起こし、それに伴い家庭内家事・育児の分割も引き起こしました。「労働・家事・育児＝夫婦」という新たな公式の誕生です。またこれらを支える社会的な背景として雇用の分野における男女の均等な機会及び待遇の確保等に関する法律（男女雇用機会均等法）や女性の職業生活における活躍の推進に関する法律（女性活躍推進法）などの成立や推進ということがあげられます。社会全体で、女性を中心とした労働力の確保とそれに向けた社会システムや文化の構築がなされており、そのことが夫婦間のこれまでの役割分担の解体につながり、それが父親の家庭進出を求めたということが言えます。

7　男性自身の家族志向への変化

いわゆるバブルの時期において、男性は働くことのみに集中し家庭を顧みないことが多くありました。長時間労働が当然であり、滅私奉公、社畜などと揶揄されていました。しかしその時代においては、そのことが当然のことであり、またそのことにより得られる利益も多くありました。給与の上昇や、会社での地位の向上など、日本の経済や社会が明るい未来を信じており、邁進できた時代、希望にあふれる時代であったと言えます。それを支えたのが、いわゆる終身雇用、年功序列などの日本型雇用システムであり、右肩上がりの経済発展、好景気でした。

そのような時代もバブルの崩壊とともに、長い不景気、失われた一〇年などと言われる経済活動の停滞時期に突入します。経済活動の悪化は、これまでの男性の労働環境での優位、社会的な優位の存在を脅かし始めました。企業は残業にかかるコストや管理者のポストなど、これまで男性の多くが占めていた領域の引き締めや廃止を行いました。これらがリストラ（再構築）として、男性の優位であった地位を一気に崩壊させたのです。

このことが男性の家庭回帰という現象の一因となりました。従来男性の幸福は会社の中にすべて存在していました。給与や社会的な地位であり、仲間ややりがいや達成感などでした。しかしそのようなものの多くが、会社組織からリストラという名の下、ともに消失していきました。会社という存在場所を失った男性が、ようやく自らの生き方や存在、あるいはパートナーや家族、子どもといった、生活や日常というものに意識を持ち始めたと言えます。「失って初めて大切なものに気づく」、映画のセリフのような現象が、父親を家庭に戻す大きな要因となったと言えます。このこと自体は人の生き方として大変重要な気づきであり、夫婦や家族、また子育てという、人としての営みへの男性の回帰であります。反対に高度成長期以降多くの男性は、この人としての営みに無関心であり、かかわりを持ってこなかったし、こられなかったのです。現在このように父親たちが夫婦関係や子育てについて関心を持つことは、本来的には当然なことです。その当然なことができなかった、これまでの時代的な反省がここにきてなされているとも考えられます。

注

*1 総務省統計局ホームページ（http://www.stat.go.jp/data/kokusei/2005/kihon1/00/01.htm）（二〇一七年三月二〇日確認）

*2 総務省（二〇一二）「平成二三年社会生活基本調査」（http://www.stat.go.jp/data/shakai/2011/pdf/houdou2.pdf）（二〇一七年三月二〇日確認）

*3 厚生労働省（二〇一六）「平成二七年度福祉行政報告例の概況」（http://www.mhlw.go.jp/toukei/saikin/hw/gyousei/15/dl/kekka_gaiyo.pdf）（二〇一七年三月二〇日確認）

*4 内閣府（二〇一六）『平成二八年版子供・若者白書』（http://www8.cao.go.jp/youth/whitepaper/h28honpen/pdf/b1_03_02_03.pdf）（二〇一七年三月二〇日確認）

*5 内閣府男女共同参画局（二〇一六）『平成二八年版男女共同参画白書』（http://www.gender.go.jp/about_danjo/whitepaper/h28/zentai/pdf/h28_genjo1.pdf）（二〇一七年三月二〇日確認）

こざき やすひろ
大阪教育大学教育学部教員養成課程家政教育講座准教授。

I 基礎編

3 「育メン」とは何か
―父親の育児参加の意味を探る―

石井クンツ昌子

1 「育メン」の歴史

二〇一〇年に「イク（育）メン」が新語・流行語大賞にノミネートされてから、日本の父親の育児参加が脚光を浴びてきています。政府は同年に「イクメンプロジェクト」を立ち上げ、まだ数少ないとはいえ育児休業を取る父親は増加傾向にあり二〇一六年には過去最高の三・一六％になりました。近年では男性社員の育児休業取得を制度化あるいは推奨する企業も出てきました。日常生活の中でも、たとえば通勤時間帯に背広姿の男性が子どもを抱っこひもに入れて歩く姿などを見る機会も増えています。

このように日本では、子育てをする男性が増えてきているのは明らかですし、男性の育児参加に関する国民の意識も変化してきていると言えるでしょう。ここでは、まず日本における父親の育児・子育て参加の変遷を簡潔にたどりながら、現代の「育メン」現象に至る社会・経済的な背景を探ります。

1 江戸時代の教育する父親

下級武士の日記から江戸時代の父子関係を明らかにした太田（一九九四）によれば[*1]、子どもの身体的な世話をしていたのは主に母親や祖母でしたが、家長である父親は「家」の継承を重要視していたために、家業についての知識を子どもに伝授する役割を担っていました。つまり、江戸時代の父親は子どもを教育するという役目を果たす場合が多く、同時に子育てにも関わっていたことが想像できます。

2 明治から大正への家父長としての父親

明治期に入ると家庭内性別役割分業が固定化して、男性には稼ぎ手としての経済的役割、女性には母親としての世話役割が期待されるようになりました。この時代は、市場労働と家事労働が分化され、夫の収入のみで生計を立てられる家庭に専業主婦が現れ始めるなど、いわゆる「近代家族」の成立期とされています。この近代家族では、子どものケアは母親に任され、典型的なサラリーマンの父親は育児や子育てから遠のくことになります。

3 高度成長期の大黒柱の父親

明治・大正時代を「大黒柱の父親と育児・家事をする母親」に象徴される近代家族の成立期だとすれば、第二次世界大戦後の高度成長期の家族において、この性別役割分業はより固定化したと言えると思います。その結果、男性の長時間労働が一般化し、家庭における「父親不在」が問題視されることになりました。また、この時代の父親は「夫＝お金を運んでくるだけの人」などと揶揄されることがあり、父親がいかに育児に関わっていなかったのかが明らかです。

4 現代の多様な父親と育メンの台頭

高度成長期の固定的な家庭内性別役割分業が揺らぎ始めたのは一九九〇年以降であり、父親の「存在」が再発見された時代とも言えます。このきっかけを作ったのは少子社会の到来、発達心理学や家族社会学の父親研究の発展や男性学の台頭などです。第一の少子化に関してはその傾向に歯止めがかかるという前提のもとで、一九九〇年代後半から政府が父親の育児に関する啓発を実施してきています。一九九九年に当時の厚生省が展開した「育児をしない男を父親とは呼ばない」キャンペーンはその走りと言えるでしょう。このようなキャンペーンに対しては賛否両論がありましたが、少なくとも「育児をする父親」が議論の中心となり、育児は母親だけの役割とする伝統的な考え方に広く社会で疑問が投げかけられたきっかけになりました。

第二に、父親の再発見に貢献したのは発達心理学や家族社会学を中心とした父親・母親研究です。日本では、柏木らによる子どもの発達と父親役割の関係についての実証研究が進み[*2]、父親の育児参加は子どもによい影響を与えることなどが明らかにされてきました。また、家族社会学では、牧野の研究から[*3]父親の育児参加が母親の育児不安を軽減することに役立つ可能性が示唆され、その結果、父親の育児参加研究が多く生み出されるきっかけとなりました。さらに、一九九〇年代から盛んになってきた男性学の影響もあります。欧米ではすでに一九八〇年代から男性学が活況を呈していましたが、日本に男性学を紹介した伊藤は一九九〇年代を「男性問題の時代」として、伝統的な性別役割分業を変える必要性があることを指摘しました[*4]。

この父親再発見の時代に入り、父親の存在が重要視され始めましたが、同時に父親の家庭内役割に関する考え方が二極化した時代でもありました。一方では『父性の復権』[*5]で論じられたように、育児に参加するというよりは確固とした理念を掲げて社会のルールを子どもに教えるのが父親の役割であるという主張と、育時連（男も女も育児時間を！連絡会）などが提唱した父親も育児をすることは重要だという考え方です[*6]。また、この時代には育時連以外でも父親の育児・子育てを奨励する団体の活動が見られるようになりました。その一例として、日本の伝統的な男性性や父親役割に疑問を感じ、男性が男らしさに縛られない生き方を模索するために「メンズリブ研究会」が発足したのは一九九一年でした。

「育児を楽しめる格好いい男」が本来の「育メン」の意味ですが、一九八〇～九〇年代も育児に関わっていた父親が存在していました。しかし、これらの父親が育メンの男性と明らかに違う点がいくつかあります。それは、現代の「育メン」は自分の意志で育児をしていることが多いこと、また男性の育児参加を肯定的に捉えており「男なのに育児をしていて恥ずかしい」といった一昔前の育児をする父親が経験していた羞恥心を払拭していることだと思います。さらに、一九八〇～九〇年代では育児を積極的にする男性は稀で、そのために異人種のように見られていたのが、育メン世代の男性たちにとってはすでに同じ会社で育児休業を取得した父親がいるなど、ある意味育児をする父親はあまり「目立たない」存在になりつつあることでしょう。

2　現代の「育メン」

一九九〇年代の男性・父親運動は脚光を浴び、父親の多様性を社会に提示したという意味で有意義なものであったと言えますが、二〇〇〇年代に入り、これらの運動は勢いがなくなってきました。[*7] しかし、これらの運動があったからこそ、現代の育メン現象へつながってきたとも言えるでしょう。

それでは、現代の男性の育児参加は父親自身にとって、そして広く社会の中で、どのような意味を持つのでしょうか。ここでは、第一に現代の父親の育児・子育て参加について、その文化の醸成と行動の乖離について述べます。第二に、「育メン」の現代的な意味について、父親役割意識と父親行動、そして父親を取り巻く社会・労働環境から見えてくることについて説明します。第三に、父親の育児・子育てがもたらす影響について考えます。最後に、日本の父親はどのように「育メン」になるのか（なれるのか）、そこにはどのような支援が必要なのかについて考えてみます。

1　「育メン」文化と行動の乖離

日本では二〇〇〇年代に「男性の育児参加はよいことである」という考え方が浸透してきました。これは男性と女性の性別役割分業意識（男は仕事、女は家庭」に対する考え方）が革新的になってきていること、育メンを対象とする雑誌の発刊や体験談の紹介が多くなってきていることからも明らかです。また、「育メングッズ」の開発が進み、多くの店舗やオンラインショップで紹介されています。

このように日本では育児をする父親像は現代社会の中で比較的容易に受け入れられるようになり、保育園へ送り迎えをする父親を見ても違和感がなくなってきていることから、父親の育児を容認する「文化」が醸成されてきていると思います。しかし、政府が主導する「働き方改革」が実施され始めている今でも、多くの父親が育児に十分に参加できていない現状もあります。二〇一〇年に育児・介護休業法が大幅に改正され、かなり父親フレンドリーな条項が盛り込まれたとはいえ、母親の約八割が取得していて、父親の場合は三％前後と低迷しています。よって、日本では父親文化が形成されてきているとはいえ、実際に育児や子育てという行動まで到達できていない父親が多く、父親文化と父親行動には大きな乖離が見られるのです。そして、育児をしたいという「理想」と、仕事が忙しいので時間が取れないという「現実」の狭間で右往左往している父親が多いわけです。

2　「育メン」の現代的な意味
——父親の役割意識と父親行動

前述したように、育メンは積極的に育児に関わる男性たちのことを指しますが、まず父親の育児・子育て参加の意味を考え、父親役割意識と父親行動について父親を取り巻く社会・労働環境も考慮しながら社会学的視点から考えてみます。

一口に父親の育児と言っても、さまざまな形が考えられます。ラム（Lamb, M.E.）[*8]らは父親の子育て参加を「関与」「利便性」「責任」の三つの側面から定義しています。「関与」は世話などの直接的な子どもとの接触であり、「利便性」は常に子どもとの接触が可能なこと、「責任」は子どもの成長や行動に責任を持つということを指します。日本の父親研究では主に「関与」に関するものが多く、通常「子どもの世話」や「一緒に遊ぶ」などの尺度で測られている場合が多いです。しかし、この「子どもの世話」も、乳幼児や未就学児の場合は「おむつを替える」「お風呂に入れる」「食事を用意する」などですが、就学児の場合は「一緒に買い物に行く」「宿題を手伝う」「一緒にスポーツをする」などがあげられます。[*9]

社会学では、父親の子育てに関わる意識について「父親アイデンティティ」や「父親役割意識」として捉えていることが多いです。父親アイデンティティは父親役割に対する重要感と定義され、親としての役割は重要だと思っている父親ほどより子育てに参加しているということです。[*10]しかしこの因果関係は逆の場合も考えられます。また育メンは必ずしも最初から高い父親役割意識を持っているわけではなく、子どもを持ち、子育てに関わる中で「思いやりが深まった」「考え方が柔軟になった」などの意識の変化も見られます。[*11]

このように父親が育児をすることで人間として成長したなどの感想が聞かれる一方で、働く環境により育児や子育てを実現できない父親が多いのも現状です。理由としては色々と考えられますが、特に多いのは長時間労働、職場の上司や同僚の理解がないことや職場における両立支援がない、あるいは弱いことがあげられます。

育メンは子育てに積極的にかかわりながら、その行動を常に楽しんでいると見られがちですが、実際はどうなのでしょう。育児参加の父親自身への影響を見ると、母親と同様に、育児ストレスや育児不安を経験している父親が少なくないことがわかっています。たとえば、冬木の研究[*12]では、育児や家事を頻繁に行っている父親ほど、身体的疲労を感じており、心理的拘束などの育児負担感が高いということです。

現代の日本で、子育てをする父親にはどちらかというとポジティブなイメージがあり、育メン文化は定着してきているようです。しかし、実際に育児をしている父親は未だ少なく、育メンのイメージだけが先行しているようにも見えます。また、ポジティブなイメージが多いので、父親の育児ストレスや育児負担感が見落とされる可能性も大いにあります。現代の育メンの意味を考える上で、父親の役割意識の高まりだけではなく、どのように行動に移せるのか、そしてどのように育児ストレスを軽減できるのかも考えることは重要です。よって父親の育児参加を可能にする支援はまだまだ不十分であると同時に、今後さらに期待されることです。

3　育メンがもたらす影響

育メンの意味や意義を考える上で重要なのは、父親が育児に参加することによりどのような影響があるのかです。先行研究でもっとも多いのは父親の育児の子どもへの影響に関してです。たとえば、二人親家庭では幼少時から父親が頻繁に関与してきた子どものほうが、父親とあまり接触がない子どもと比較して社会性が高いことがわかっています。[*13]

他にも、夫が育児をすることにより、妻の育児ストレスが軽減され[*14]、その結果、母親の加虐的な養育行動が回避される確率が高まることも明らかにされました。父親自身への影響としては、育児経験を通して自身が成長したことや、育児休業から復帰後の会社における人間関係が向上したことなどが報告されています。[*15]

4　育メンになることと必要な支援

ここではどのように育メンになるのかと必要な支援について考察します。男性の育児参加を促進する要因については、統一した知見が得られているいくつかの要因に絞って説明します。

最初に時間的余裕とは、毎日の生活の中で自由に使える時間が多いことを指しますが、父親でも母親でも自由な時間を多く持つほうがより育児をしているということです。第二に、家庭内需要とは、父親の育児参加を必要とする家庭内環境のことで、たとえば親と別居している場合、子どもが多い場合、末子の年齢が低い場合は、父親の育児参加の必要性が増し、その結果、父親がより育児に関わるということです。第三に、職場で両立支援があること、これまで育児休業を取得した父親がいること、上司や同僚が男性の子育てに理解があることなども促進要因です。

日本の研究では、これらの要因が男性の育児参加を促していることが明らかになっていることから、父親支援を考える上で、どのような支援がいつ必要なのかが見えてきます。つまり長時間労働の是正や企業のワーク・ライフ・バランス施策を徹底して実施する支援や上司や同僚に理解を促す啓発運動などが必要とされる父親支援の形として浮かび上がってくるでしょう。

3　これからの「育メン」

1　「育メン」は増えていくのか

今後、育児・子育てをする父親は増えていくのかと問われれば、「イエス」だと思います。しかし、父親の育児参加の意味が多様であることから、子どもの身体的世話（おむつを替える、洋服を着せるなど）をする父親が急増するというよりも、むしろ子どもと一緒に遊ぶなどの楽しいことをする父親が増えていくと予想します。

日本で積極的に子どもの世話をする「育メン」を増やしていくためには、父親の育児を促進する政策や制度の充実、そして男児・男性の意識を変えていく男女共同参画に関する教育の徹底が必要だと思います。政策・制度面では、男性が取得しやすい育児休業にすることやワーク・ライフ・バランスを促進することが今後も引き続き求められます。二〇一六年の四月に施行された女性活躍推進法は女性の職場における活躍を推進する施策の一部であり、今後女性の就労や就労継続が増えていくとすれば、当然、夫の育児参加はより必要とされていくことから父親支援政策・制度の向上が重要です。

このように男女共同参画に関する政策や制度は充実してきていますが、それだけでは父親の育児参加は増えていかないと思います。この動きに並行して、男女、特に男児・男性の育児や家事に対する意識を変えていくことも必要です。その意味では、特に、家庭内における男女共同参画について学べる実践的な内容を含む家庭科教育の充実は、これからの男女の意識を変えていくためには必須です。

2　「育メン」がいない社会?

日本では、育児休業を含む父親支援に関する政策・制度の充実や教育による意識の変化により、父親の育児参加は少しずつでも増えていくと思います。しかし、父親の育児参加についてあえていえば、理想とするのは「育メンがいなくなる」社会ではないでしょうか。つまり、育児をする男性が「育メン」としてもてはやされるのではなく、それが当たり前になる社会です。育児をしている母親を「育ウーマン」とは言いません。これは女性なら育児や子育てをするのが当たり前だと思われているからです。今後は「育児をするのは父親でも当たり前」という社会を築き上げていくことが重要だと思います。

男性の育児を特別扱いするのではなく、女性と同じように親であるから男性でも育児をするのは当たり前という社会を目指すには、色々な場面での父親の子育て支援を強化することが喫緊の課題です。二〇一〇年度の育児・介護休業法の改正で、父親が育児休業を取得しやすくなったのはある意味前進だとは思いますが、男性の取得率は未だ低いままです。このような制度の充実は必須ですが、たとえばひとり親家庭の父親や障害児を持つ父親、ゲイの父親などの支援も必要であり、既存の制度に多様性を持たせることは最低限必要であると考えます。

注

*1　太田素子（一九九四）『江戸の子――父親が子どもを育てた時代』中央公論社。

*2　柏木惠子編（一九九三）『父親の発達心理学――父性の現在とその周辺』川島書店。

*3　牧野カツコ（一九八二）「乳幼児をもつ母親の生活と育児不安」『家庭教育研究所紀要』三、三四-五一頁。

*4　伊藤公雄（一九九五）「男の性もまたひとつではない」井上輝子・上野千鶴子・江原由美子・天野正子編『男性学』岩波書店、七七-一〇八頁。特に八四頁。

*5　林道義（一九九六）『父性の復権』中央新書。

*6　たじりけんじ（一九九〇）『父さんは自転車にのって――男の育児時間ストてんまつ記』ユック舎。

*7　多賀太（二〇〇六）『男らしさの社会学――揺らぐ男のライフコース』世界思想社。

*8　Lamb, M.E. (1987) A biosocial perspective on paternal behavior and involvement. In J.S. Lancaster, J. Altman & A. Rossi (Eds.). *Parenting across the life span: Biosocial perspectives.* New York: Academic Press, pp. 11-42.

*9　石井クンツ昌子（二〇〇九）「父親の役割と子育て参加――その現状と規定要因、家族への影響」『季刊家計経済研究』八一、一六-二三頁。

*10　同前書。

*11　石井クンツ昌子（二〇一三）『「育メン」現象の社会学――育児・子育て参加への希望を叶えるために』ミネルヴァ書房。

*12　冬木春子（二〇〇八）「父親の育児ストレス」大和礼子・斧出節子・木脇奈智子編『男の育児・女の育児――家族社会学からのアプローチ』昭和堂、一三七-五九頁。

*13　Pleck, J.H. (1997) Paternal involvement: Levels, sources, and consequences. In M.E. Lamb (Ed.). *The role of fathers in child development* (3rd Ed.) New York, NY: John Wiley & Sons, pp. 66-103.

*14　尾形和男・宮下一博（一九九九）「父親の協力的関わりと母親の育児ストレス、子どもの社会性発達および父親の成長」『家族心理学研究』一三(一)、八七-一〇二頁。

*15　石井クンツ昌子編（二〇一六）『男性の育児参加を促進する要因――育児休業取得者へのヒアリングから見えてくること』調査研究報告書第一生命財団。

いしい　くんつ　まさこ
お茶の水女子大学基幹研究院人間科学系教授。

4 わが国における父親の子育ての現状

増井秀樹

1 父親が子育てに関わるようになった背景

近年、「イクメン」と呼ばれる、育児を積極的に行う男性が注目されています。厚生労働省は二〇一〇年、働く男性が育児をより積極的にすることや育児休業を取得することができるよう、「イクメンプロジェクト」と呼ばれるプロジェクトを始動しました。このように、父親が子育てに関わる必要性が社会的に認識されるようになってきていますが、本章ではその社会的背景について押さえておきましょう。

　父親が子育てに関わるようになった一つの大きな要因として女性の生き方、働き方の変化があげられます。かつて、子どもを産むことは女性として、世代としてのつとめであるという認識がありました。しかし現代においては、仕事と両立する生き方、結婚しても子どもを産まない生き方など多様な生き方も認められつつあります。共働き世帯数は年々増加傾向にあり、一九九七年には専業主婦世帯を上回っています（図I-4-1）。また、女性の労働力率のいわゆるM字カーブの底は、上昇傾向にあります。さらに、二〇〇九年には三〇歳未満の単身世帯の可処分所得において、女性がわずかながら男性を上回りました（図I-4-2）。二〇一四年では再度男性が女性を上回りましたが、女性が経済的に男性同等になるということが、単なる目標としてではなく実現可能なものとして示されたことから今後の動向に注目すべきでしょう。

　このような変化の中で、避妊技術が向上したこともあり、子どもをもうけるかどうか、もうけるとすれば何人にするかなど、かつて自然現象だったものが親の選択が入る余地が大きくなりました。そのことを象徴するように、子どもを「授かる」という言い方に代わって子どもを「つくる」という言い方が日常的になりました。[*1]また、合計特殊出生率（女性が一生の間に産む子どもの数）は二〇一四年で一・四二であり、人口維持の指標とされる二・〇七～二・〇八を大きく下回ったままです（図I-4-3）。

　このように女性の生き方は子育てや育児だけ

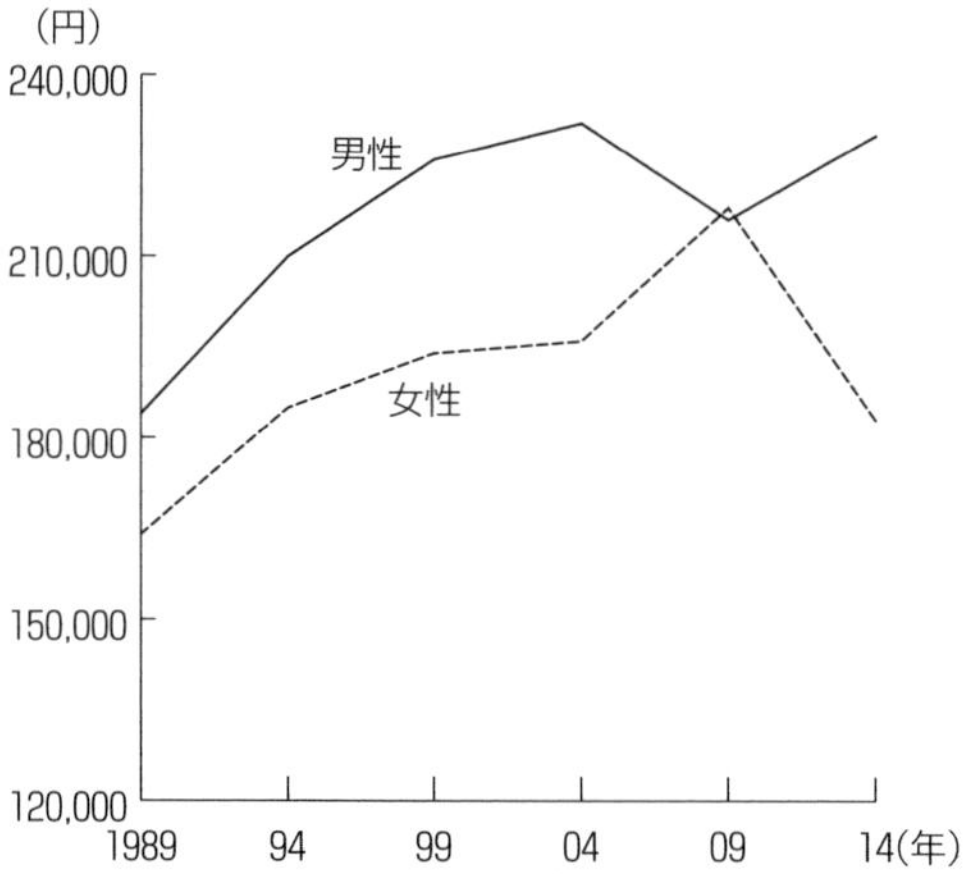

図Ⅰ-4-2　30歳未満の単身世帯の可処分所得（男女別）

出所：総務省全国消費実態調査。

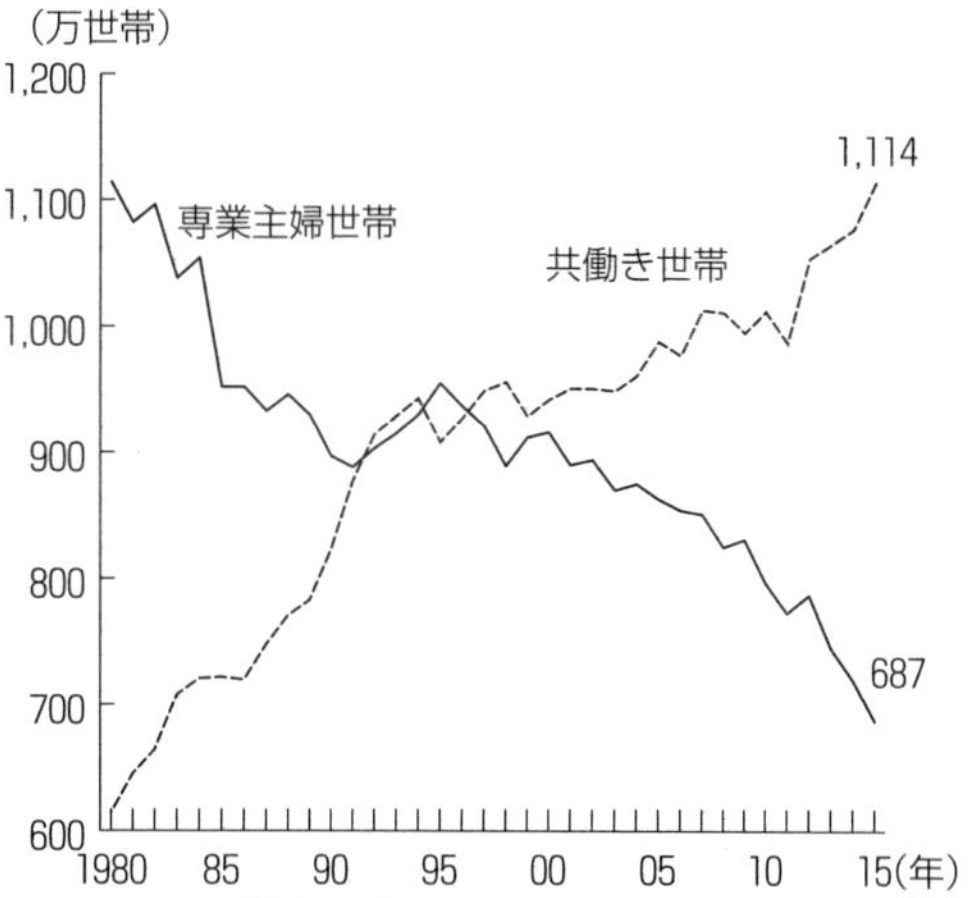

図Ⅰ-4-1　共働き世帯数の増加と専業主婦世帯数の減少

出所：独立行政法人労働政策研究・研修機構。

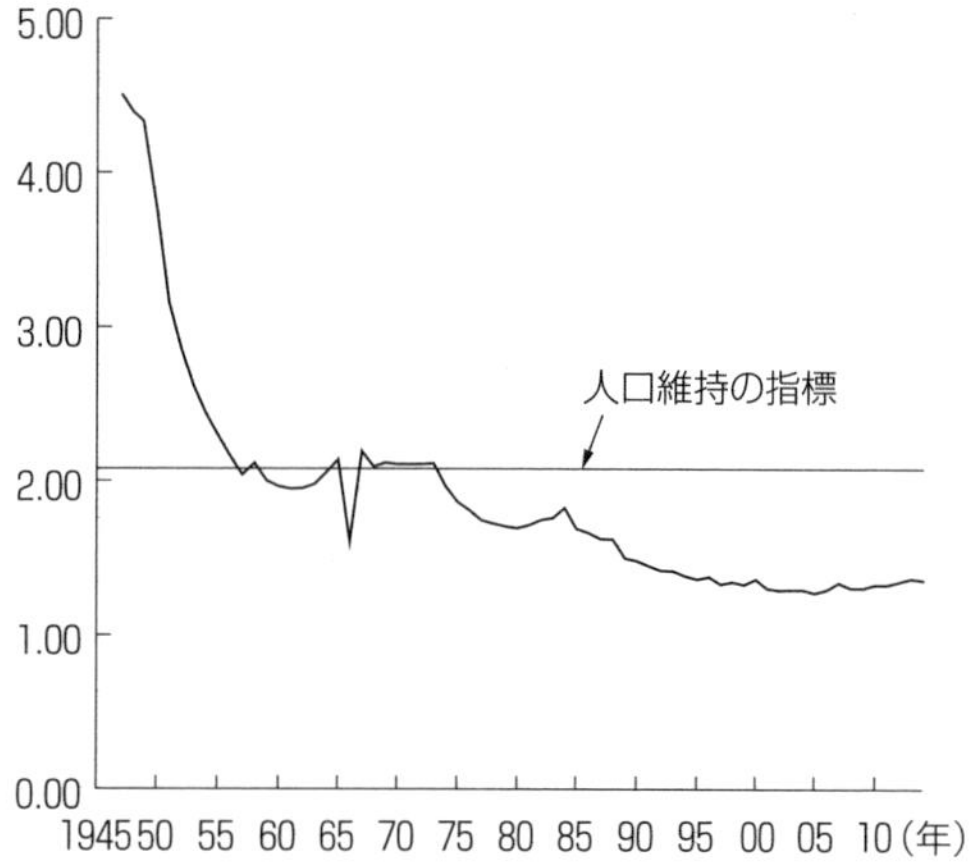

図Ⅰ-4-3　合計特殊出生率の変化

出所：厚生労働省人口動態統計。

に縛られないものとなってきていますが、それに伴って、男性の側も仕事一辺倒の生き方や家計の主たる担い手としてのみではなく、家庭や地域社会で活躍することが期待されています。また、家事・育児に対する男性自身の意識も高まっています。厚生労働省の「今後の仕事と家庭の両立支援に関する調査結果」によると、半数以上の男性が「男性も家事・育児を行うことは当然である」と回答しており、約三割の男性が育児休業を取得したいと考えています。

2　父親の子育ての現状

では、実際のところ父親はどの程度子育てに参加しているのでしょうか。結論から言えば、「男性も家事・育児を行うことは当然である」という意識とは裏腹に、種々の統計は実際には父親の子育て参加が低調であることを示しています。たとえば、六歳未満の子どものいる夫婦において、夫の家事関連時間は一日あたり一時間七分（うち育児時間は三九分）であるのに対して、妻は七時間四一分（うち育児時間は三時間二分）と大きな開きがあります（図Ⅰ-4-4）。このことは、女性が社会進出しているにもかかわらず、家事や育児の負担が重くのしかかっているという点から見ても問題です。また、図Ⅰ-4-5で示した通り、他の国の父親と比べてみても、日本の父親は家事や育児に参加しているとは言えません。

約三割の男性が取得したいと回答していた育児休業についても、実際の取得率は二・六五％です[*2]（厚生労働省「平成二七年度雇用機会均等調査」）。この数値は過去最高の数値ではありますが、取得したいと考えている男性の割合や女性

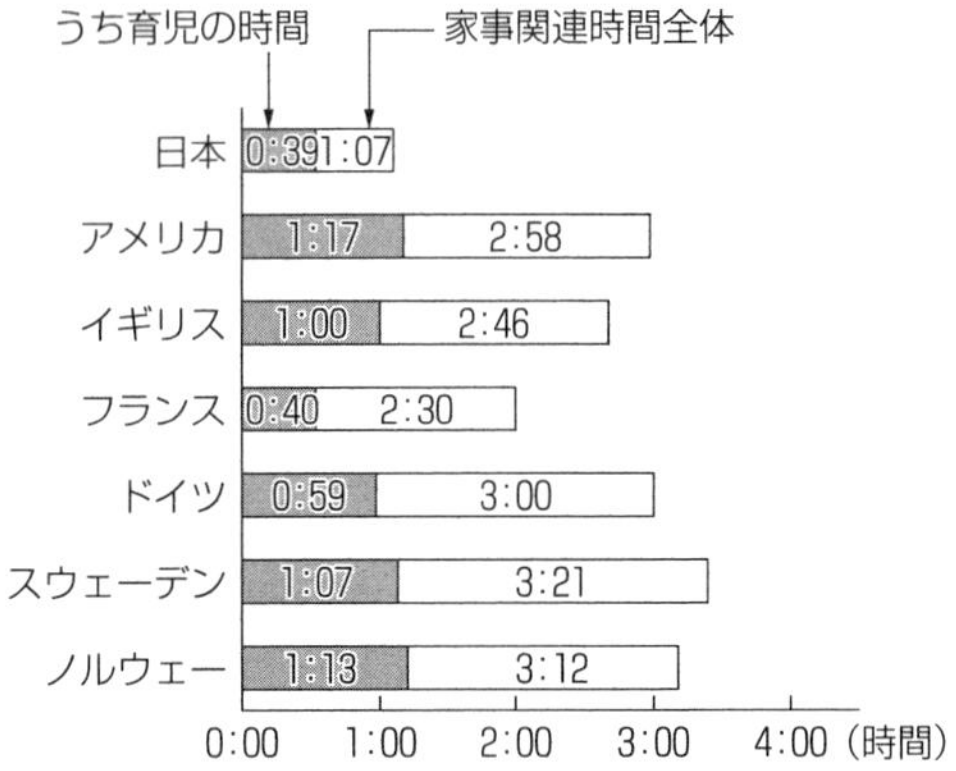

図Ｉ-4-5　男性の家事・育児時間（国際比較）

注：日本の数値は，「夫婦と子どもの世帯」に限定した夫の１日当たりの「家事」,「介護・看護」,「育児」及び「買い物」の合計時間（週全体平均）である。

資料：Eurostat “How Europeans Spend Their Time Everyday Life of Women and Men” (2004), Bureau of Labor Statistics of the U.S. “American Time Use Survey” (2013) 及び総務省「社会生活基本調査」(2011年）より内閣府作成。

出所：内閣府ホームページ。

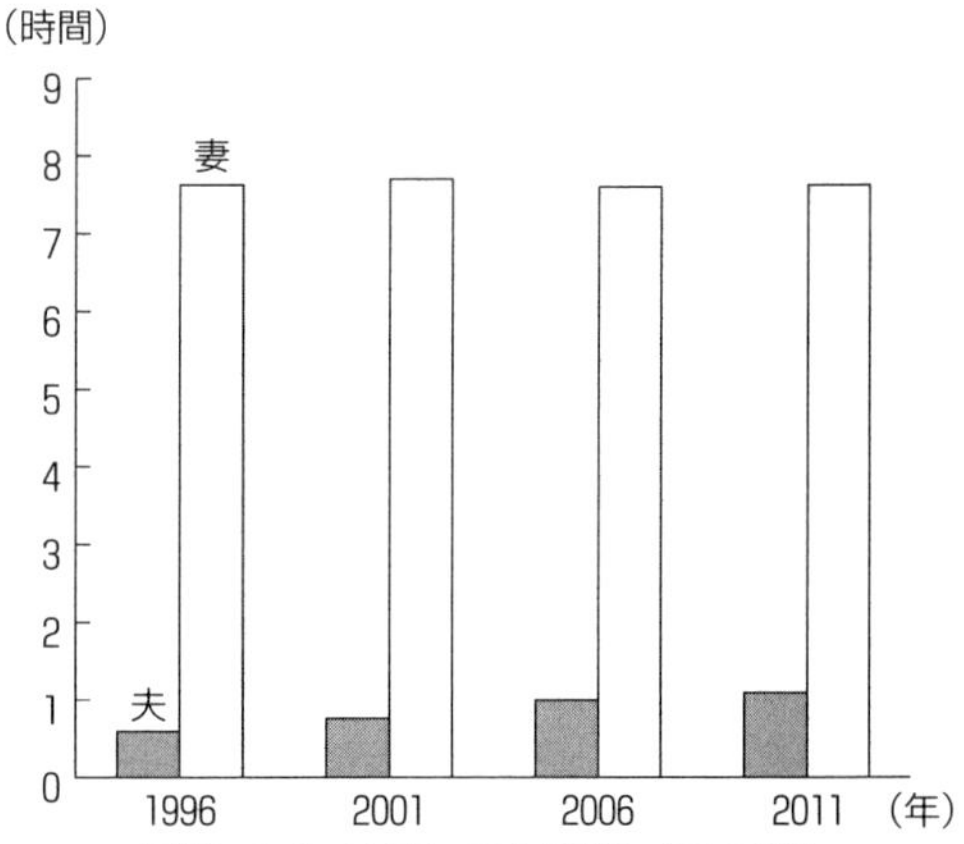

図Ｉ-4-4　家事・育児時間（男女別）

注：６歳未満の子どもを持つ夫・妻の家事関連時間（夫婦と子どもの世帯，週全体）。
家事関連時間…「家事」,「介護・看護」,「育児」,「買い物」の合計。

出所：総務省統計局ホームページ。

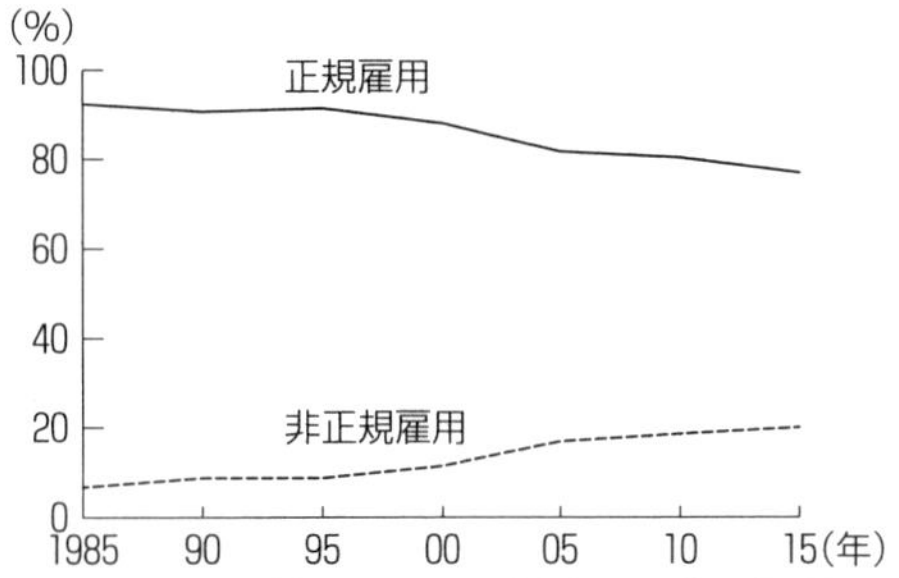

図Ｉ-4-7　男性における正規雇用・非正規雇用の割合の推移

出所：総務省「労働力調査」。

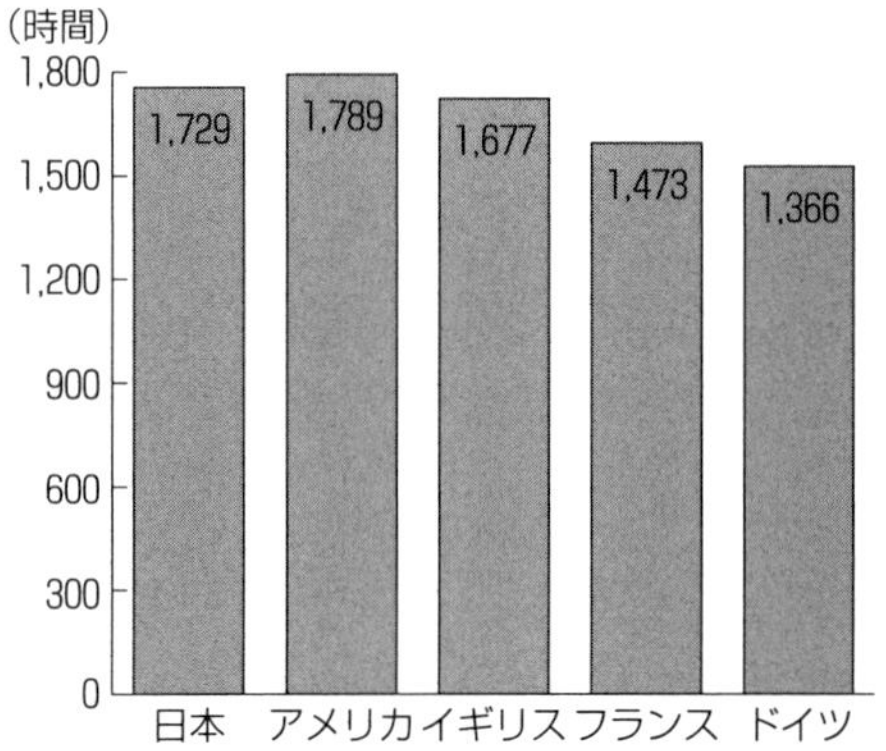

図Ｉ-4-6　年間労働時間（2014年時点での比較）

出所：OECD ホームページ。

の取得率八一・五％と比べると低水準にあると言わざるを得ません。厚生労働省は二〇〇二年に「二〇一二年までに一〇％、二〇二〇年までに一三％」の取得を数値目標として掲げましたが、一三％の目標はともかく、一〇％さえ程遠いのが現状です。

このような現状の背景には、性別役割分業意識や夫婦間の収入や学歴などの力関係など、いくつかの要因が指摘されていますが、長時間労働もその一つです。労働時間が長ければ、その分家事や育児に関わる時間が少なくなるからです。男性の労働時間は一時期よりも低下してはいるものの、欧米と比べると長い傾向にあると言われています（図Ｉ-4-6）。ただし、一方で男性においても非正規雇用の割合が増加していることにも注意が必要です（図Ｉ-4-7）。正社員の割合は二〇年前と比べると一〇％以上減っており、その分非正規雇用者の割合が増加しています。つまり、長時間労働や過労死等、心身を疲弊する男性がいる一方で、労働時間は少ないものの賃金が少ない非正規雇用の男性も増加しており、労働時間が二極化していることが考えられます。後者については子育ての時間は確保できるかもしれませんが、子どもを育てるだけの経済的余裕がない、それ以前に経済的理由から結婚することさえためらわれる層かもしれません。内閣府の「家族と地域における子育てに関する意識調査」では、[*3]将来結婚する意志のある男性に「結婚を決心する状況」を尋ねたところ、最も多かったのが「経済的に余裕ができること」でした。

3　結びと今後の課題

父親の育児参加に対する社会的関心が高まっている一方で、これまでみてきた統計資料からは、女性や他の国の男性と比べて、日本の父親は、家事・育児に十分に参加しているとは言えません。まずは、これらの数値を上昇させることが求められているでしょう。

ただし、次のような点に留意しておく必要があります。一つは、ここで示されているのは全体的な傾向であって、支援の現場においては個々の父親が置かれている環境にも目を向ける必要があるということです。たとえば、本人が働いているかどうか、働いているならば正規雇用か非正規雇用なのか、母親はどうなのか、祖父母のような周りに頼れる人がいるかどうかなどによって支援の仕方は違ってくるでしょう。男性の生き方は女性ほど多様であるとは言えませんが、それでも父親を「一家の稼ぎ手」、「家事や育児の補助的な存在」として一枚岩として見ないことが今後重要になってくるでしょう。

もう一つは、量的指標だけでは見えてこない家事や育児の質にも注意する必要があります。たとえば、家事や育児を父親が「手伝う」という表現に母親はしばしば苛立ちます。乳児を育てている家族では「父親もおむつ替えはするけれど、うんちの時は母親になる」という話もしばしば耳にします。これらの話からうかがえるのは、単に参加すればよいというだけでなく、どのように参加するのか、最終的な責任が母親にあるのか、それとも対等に参加するのかという問題です。

確かに現状は、時間という量的指標さえ低いのですが、これらの問題は、今後家事・育児への父親の参加が進むにつれて考えていかなければならないことが予想されます。

注

＊1　中山まき子（一九九二）「妊娠体験者の子どもを持つことにおける意識――子どもを〈授かる〉・〈つくる〉意識を中心に」『発達心理学研究』三(二)、五一－六四頁。

＊2　厚生労働省「平成二七年度雇用機会均等調査」(http://www.mhlw.go.jp/toukei/list/dl/71-27-07.pdf)

＊3　内閣府「平成二五年度家族と地域における子育てに関する意識調査」(http://www8.cao.go.jp/shoushi/shoushika/research/h25/ishiki/index_pdf.html)

参考文献

独立行政法人労働政策研究・研修機構「専業主婦と共働き世帯」(http://www.jil.go.jp/kokunai/statistics/timeseries/html/g0212.html)
厚生労働省「平成二七年人口動態統計」(http://www.mhlw.go.jp/toukei/saikin/hw/jinkou/kakutei15/index.html)
厚生労働省「今後の仕事と家庭の両立支援に関する調査結果（二〇〇八年）」(http://www.mhlw.go.jp/houdou/2008/05/h0520-1.html)
内閣府ホームページ「夫の協力」(http://www8.cao.go.jp/shoushi/shoushika/data/ottonokyouryoku.html)
ＯＥＣＤホームページ Hours worked. (https://data.oecd.org/emp/hours-worked.htm)
総務省統計局ホームページ「少子化対策のために」(http://www.stat.go.jp/data/shakai/2016/wakaru/index.htm)
総務省統計局「労働力調査（年平均）」(http://www.stat.go.jp/data/roudou/rireki/gaiyou.htm)
総務省統計局「平成二六年全国消費実態調査」(http://www.stat.go.jp/data/zensho/2014/)

ますい　ひでき
京都大学大学院人間・環境学研究科博士後期課程在籍中。

I 基礎編

5 平成の父親の子育て意識・実態の変化

高岡純子

1 乳幼児の父親はどう変わったのか

日本の出生数は二〇一六年に九七万六九七九人となりました。現在、親世代の中心である四〇歳代が生まれた一九七〇年台の出生数は約二〇〇万人でした。その後、急速に少子化が進行する時代に育った親たちは、現在どのような子育て観を持っているのでしょうか。「子どものころから今までに赤ちゃんに身近に接したり世話をしたりする機会がありましたか」という問いに、約半数の乳幼児の父親・母親が「ない」と回答しています。二人に一人は、赤ちゃんという存在が身近にいないまま親になり、自分の子どもが生まれてはじめて赤ちゃんと接することになります。また、仕事と子育ての両立をする母親が増加しており、父親に期待される家庭での役割は益々大きくなっています。そのような中で、現在、乳幼児を持つ父親はどのように変化しているのでしょうか。ベネッセ教育総合研究所では〇歳から六歳就学前の子どもを持つ父親を対象に、二〇〇五年、二〇〇九年、二〇一四年の三回にわたり、父親の子育ての実態や意識の変化を把握しました。乳幼児期の健やかな育ちを支える父親のあり方についてみていきたいと思います。

2 父親の子どもとのかかわり

「家事や育児に今以上に関わりたいか」を乳幼児の父親に聞いたところ、「今以上に関わりたい」と答えた父親は、二〇〇五年には四七・九%であったのに対して、二〇一四年は五八・二%に増加しており、家事や育児によりかかわりたいと思う男性が増えている傾向にあります。では実際のかかわり方はどうでしょうか。出産への立ち会いは、二〇〇五年の四七・六%に対して、二〇一四年は六四・六%と増加しています。育児へのかかわりは若干減る傾向にあり、家事へのかかわりは若干増加しています（図

I-5-1）。家事では「ごみを出す」と「食事の後片付けをする」が増加していますが、育児に関する項目では「子どもを叱ったりほめたりする」「子どもと一緒に室内で遊ぶ」「子どもが病気の時、面倒を見る」など、日常的に関わる多くの項目で減少しています。今以上に家事や育児にかかわりたいという意向があるにもかかわらず、実際の子育てのかかわりが増えていないのはなぜでしょうか。この背景として、平日の父親の帰宅時間がこの九年間でかわらないことがあげられます。

図I-5-2は、父親の平日の帰宅時間を示したものですが、二一時台以降に帰宅をする父親が全体の四割を占めています。その傾向は二〇〇五年から二〇一四年にかけて、大きく変化をしていません。〇歳から六歳児の就寝時刻は、二一時台がピークであることを考えると、父親が仕事から帰宅する時刻には、すでに子どもが寝ている家庭も多いと思われます。筆者が乳幼児期の子どもを持つ父親数名にインタビューを行ったところ、「子どもが寝付く時刻に帰ると子どもの目が覚めてしまうので、その時刻をはずして帰って来てほしいと妻にいわれているため、本屋で時間をつぶしてから帰っています」という父親もいました。父親自身が子育てに関わりたいと思っていても、平日は関わることのできないケースも多いのではないかと思われます。父親の帰宅時刻を東アジア四都市で比較すると（北京・上海・ソウル・東京）、北京・上海の父親の帰宅時間のピークは一八時台、ソウルの父親は一九時台であるのに対して、東京の父親は二〇時台です。国際的にみても、東京の父親の帰宅時間は遅いと言えるでしょう。

平日と休日に子どもと一緒にすごす時間では、平日では「一時間～二時間未満」、休日では「一〇時間～ほぼ一日」が最も多くなりました。先述した北京・上海・ソウルの父親では、平日は「三～四時間未満」、休日は「五～六時間未満」が最も多く、東京の父親は、平日に子どもと一緒に過ごす時間が少ない代わりに、休日に長い時間を子どもと一緒に過ごしているのではないかと思われます。

3　父親の子育て意識

父親たちは、子育てについてどう感じているでしょうか。「子どもとの接し方に自信が持てない」と回答する割合が年々高まっており、二〇〇五年の三六・五％から二〇一四年には四四・三％へと増加しています。

また、今後の子育てや自分の生活に、どのような不安を抱えているのでしょうか。父親としての将来の不安について聞いたところ、不安が高い項目は「将来の子どもの教育費が高いこと（五八・五％）」「育児費用の負担が大きいこと（五二・八％）」「子どもが無事に元気に育つかどうか（三二・六％）」「自分の収入が減少しないかどうか（三二・一％）」の順でした（表I-5-1）。子どもの教育費や養育費、自身の収入など、経済的な項目が不安の上位に多く上がっています。さらに育児に関わる頻度が高い父親ほど、将来の子どもの教育費負担、子どもの進路・成績、自分の体の健康など、将来にわたる育児への不安が多岐にわたっている傾向が見られました。子どもに実際に多く関わることで、どのように育てるかについて長期的に考えるからこそ、将来の不安につながっているのではないかと思われます。

また父親が子育てに関わることにより、家事や育児を助け合っている夫婦は、助け合っていない夫婦に比べて、子育ての不安感が低く、子育て肯定感が高い傾向があります。子育て肯定

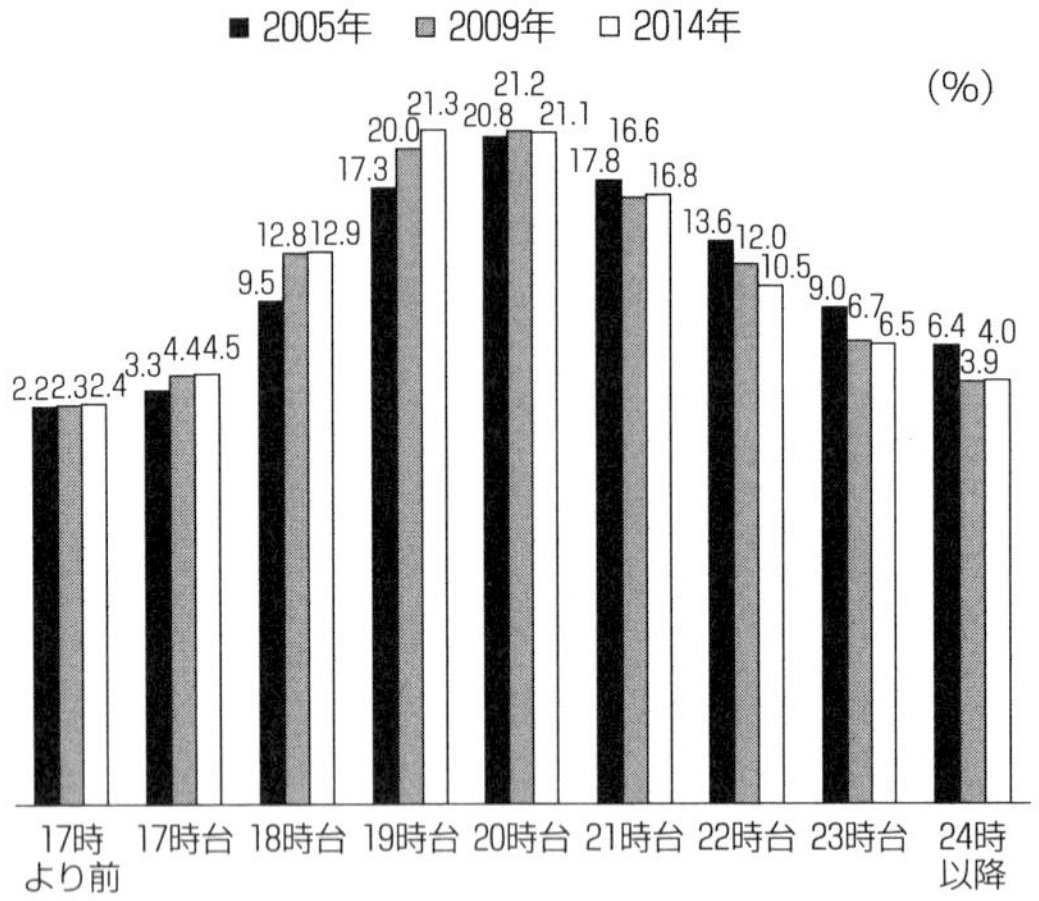

図Ⅰ-5-2　平日の父親の帰宅時間

注：現在の職業で「無職」「その他」と回答した人は除外。45歳以下の父親。

出所：「第3回乳幼児の父親についての調査」(2014年)。

表Ⅰ-5-1　子育てや自分の生活に関して今後不安なこと

(%)

将来の子どもの教育費用が高いこと	58.5
育児費用の負担が大きいこと	52.8
子どもが無事に元気に育つかどうか	32.6
自分の収入が減少しないかどうか	32.1
子どもの進路・成績のこと	31.4
自分の体の健康	30.2
子どもを育てるには不安な社会であること	28.4
住宅の購入費用が高いこと	21.4
自分が失業しないかどうか	20.2
家が狭いこと	17.9

注：2014年の降順，19項目のうち上位10項目を表示。複数回答。45歳以下の父親。

出所：「第3回乳幼児の父親についての調査」(2014年)。

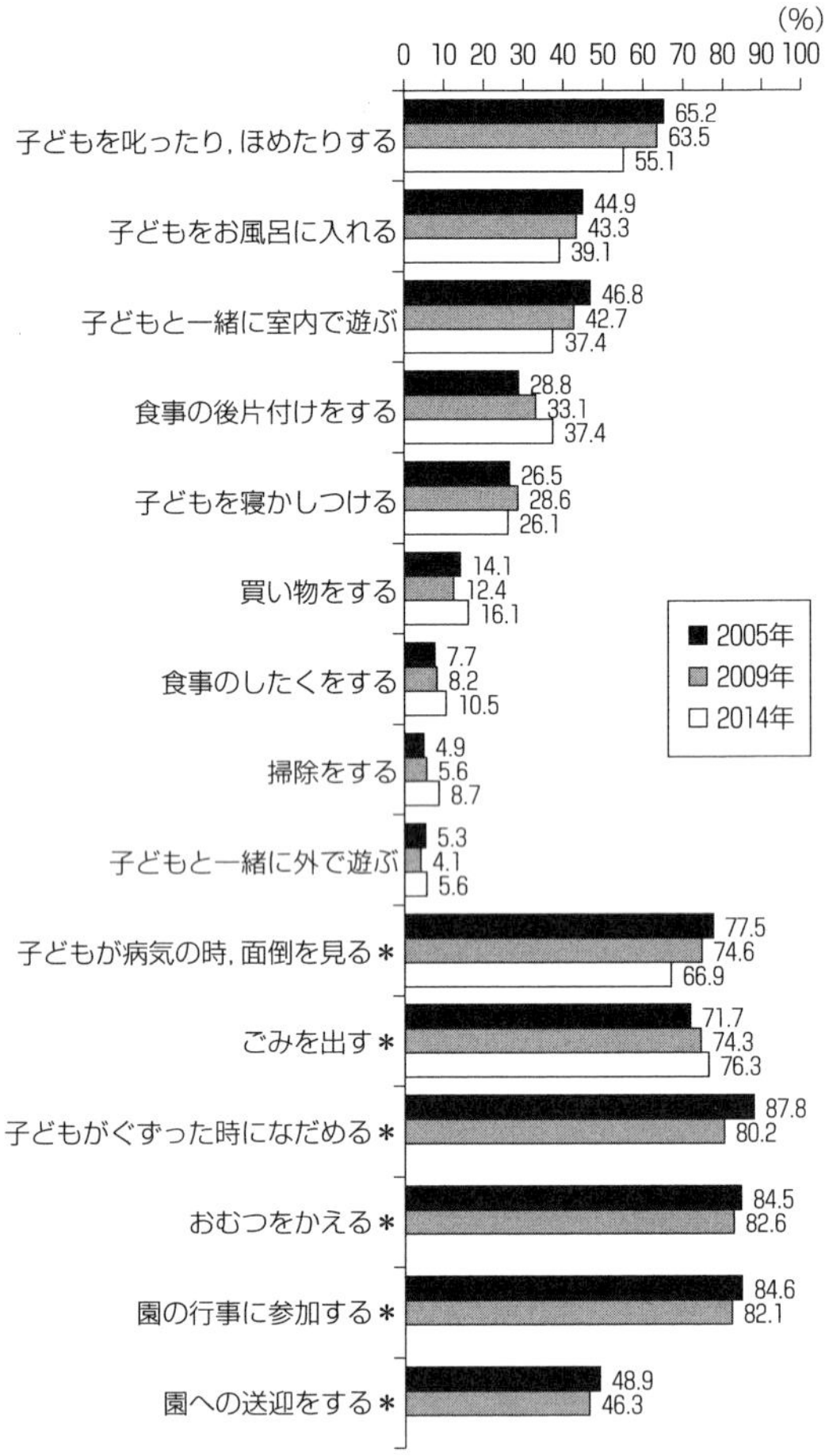

図Ⅰ-5-1　家事・育児へのかかわり

注1)：「ほとんど毎日する」＋「週に3～5回する」の%。＊は「いつもする」＋「ときどきする」の%。「該当しない」を除いた数値。

注2)：経年比較のため，45歳以下の父親のみ。

出所：「第3回乳幼児の父親についての調査」(2014年)。

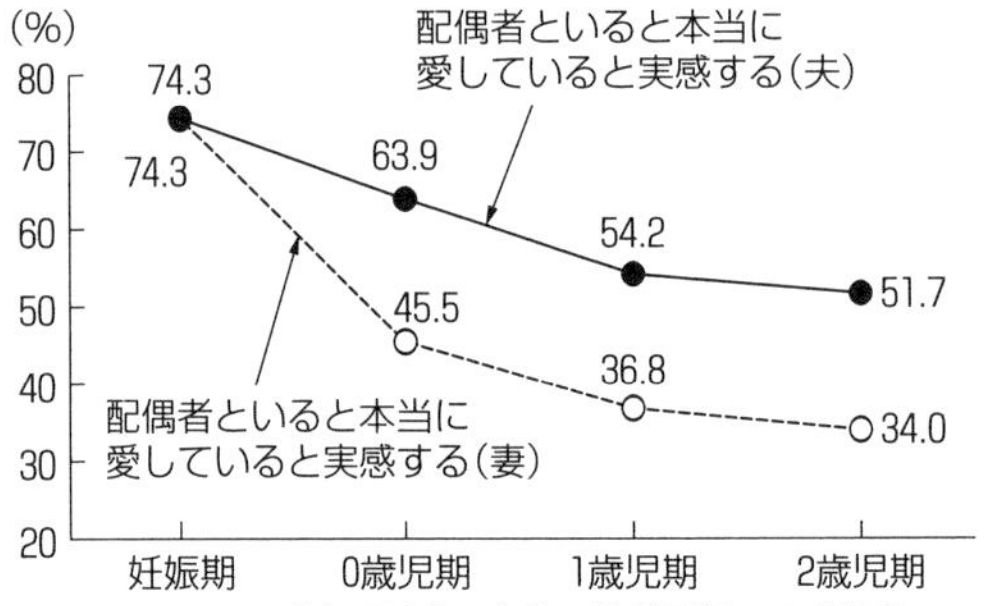

図Ⅰ-5-3　夫婦関係の変化（妊娠期～2歳児）

注：「あてはまる」の割合。

出所：「妊娠出産子育て基本調査縦断調査」(2006-2010年)。

感の高さは、子どもにとっての良質な生育環境につながります。また、夫婦での家事や育児の助け合いは、夫婦関係の良好さにもつながっています。これも、良質な生育環境のひとつです。図I-5-3は、第一子の妊娠から子どもが二歳になるまで、同じ夫婦を対象に調査を行い、愛情の変化を聞いたグラフです。妊娠期は、「配偶者といると、本当に愛していると実感する」に「あてはまる」と答えた割合は、七四・三%で夫も妻も差はありません。しかし、出産後は「夫を本当に愛していると実感する」妻の割合は大きく減少していきます。子どもが〇歳のときは、四五・五%、一歳では三六・八%、二歳では三四・〇%となり、妊娠期から四〇・三ポイントも減っています。一方、夫の割合は、妻と同様に減少していくものの、子どもが二歳では五一・七%で、妻に比べると減少幅は緩やかです。妊娠期と子どもが〇歳期で、変わらずに「あてはまる」と回答している妻は、愛情が下がった妻よりも、「夫は家族と一緒に過ごす時間を努力して作っている」「夫は私の仕事、家事、子育てをよくねぎらってくれる」と感じている割合が高くなっています。夫が家族と共に過ごす時間を作ることや妻の仕事や育児をねぎらうことは、夫婦関係の良好さを保つ秘訣の一つのようです。しかし、子どもが乳幼児の夫の年齢層は三〇~四〇代が中心であり、職場では働き盛りの忙しい時期でもあります。父親としてのワーク・ライフ・バランスをどのように考えるかが今後の課題となるでしょう。

4　父親のワーク・ライフ・バランスをどう考えるか

日本での父親の育休取得率は、二〇一六年度は三・一六%でした。また、先ほども触れたように、父親の帰宅時間は九年間で大きく変わらない傾向が見られます。父親の働き方に、職場の環境はどのように影響しているのでしょうか。

子どもの誕生前後から一歳二カ月までの間に、父親が出産や育児のために休暇をどのように取得しているかを聞いたところ、父親全体の約半数、五三・五%が出産や育児のために仕事を休んでいます。休みの取り方を見ると「有給休暇」三九・四%、「特別休暇」一八・三%、「育児休業制度」四・八%となっており、育児休業制度よりも有給休暇や特別休暇のほうがより多く利用されています。育児休業制度を取得しない理由としては、「忙しくてとれそうもないから」「職場に迷惑をかけるから」「前例がないから」が上位を占めており、九年前からほぼ変わりません。周囲に気兼ねをして、育休を取らず、短い休みを有給休暇や特別休暇で取っている父親が多いことがうかがえます。二〇一五年三月に閣議決定された少子化社会対策大綱（内閣府）では、二〇二〇年までに「父親の育児休業取得率」一三%との数値目標をたてていますが、達成への道のりは遠いと思われます。

ワーク・ライフ・バランスの実現には、「短時間勤務制度」「子どもの看護休暇」などの職場の両立支援制度の有無に加えて、父親の子育てに対する理解など、職場の風土も大切です。職場の風土や環境については、「子どもの出産時には休みを取りやすい」「子どもの園の行事などの際には休みを取ったり早退したりしやすい」といった項目で肯定的な回答が六割以上を占める一方で「男性の子育て参加を大事にする風土（社風）がある」は三五・一%にとどまるなど、ばらつきが見られました。図I-5-4は、帰宅時間と柔軟な働き方を支援する職場との関連を見たものですが、二〇時台以前に帰宅している父親のほうが柔軟な職場環境に対して肯定的な回答をしている傾向にありました。このよ

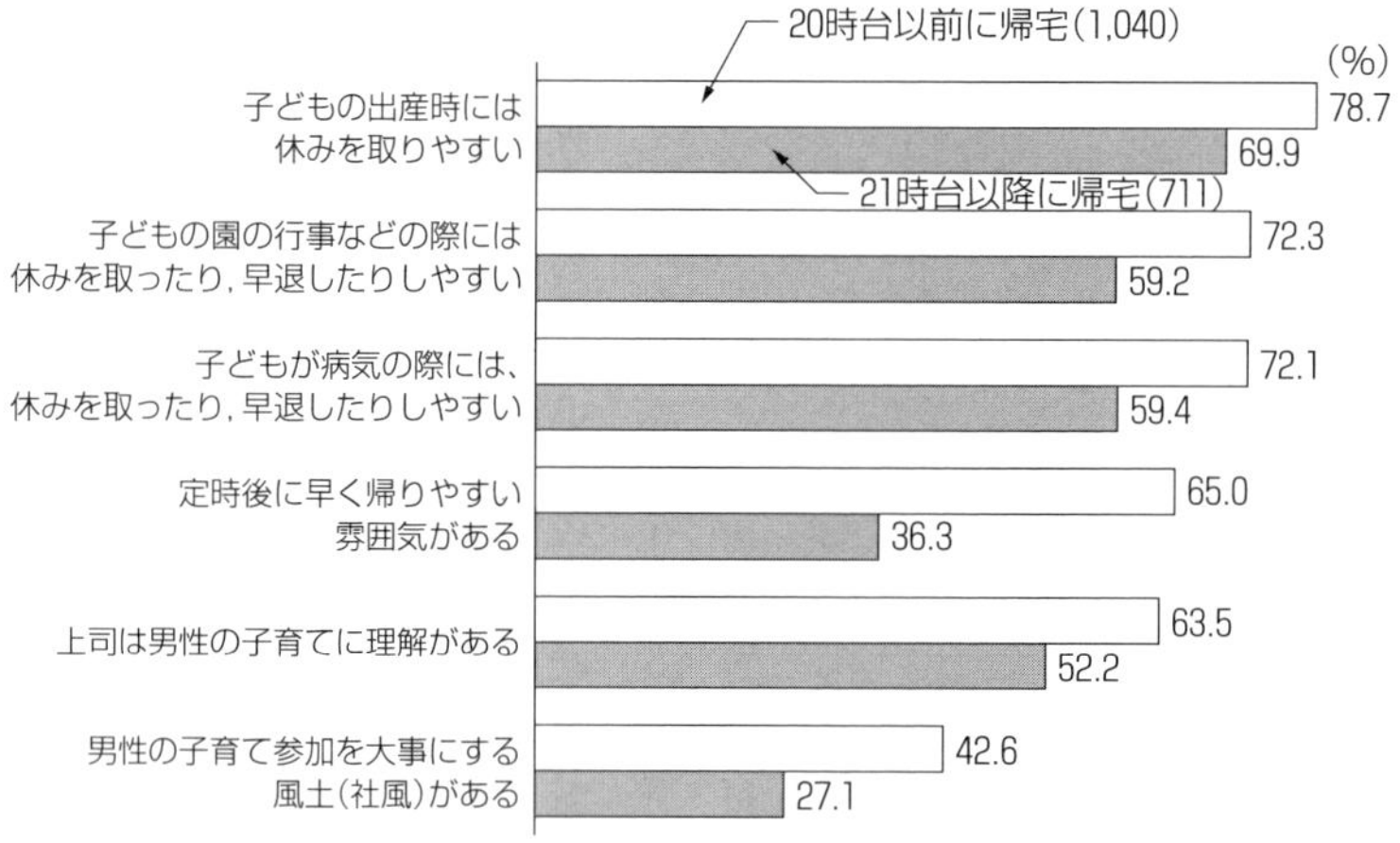

図Ⅰ-5-4　ワーク・ライフ・バランスについての職場環境

注：「とてもあてはまる」＋「まああてはまる」の%。現在の職場で「内職・在宅ワーク」「無職」「その他」の回答者は集計母数から除外。大学卒業以上で算出。49歳までの父親。

出所：「第3回乳幼児の父親についての調査」(2014年)。

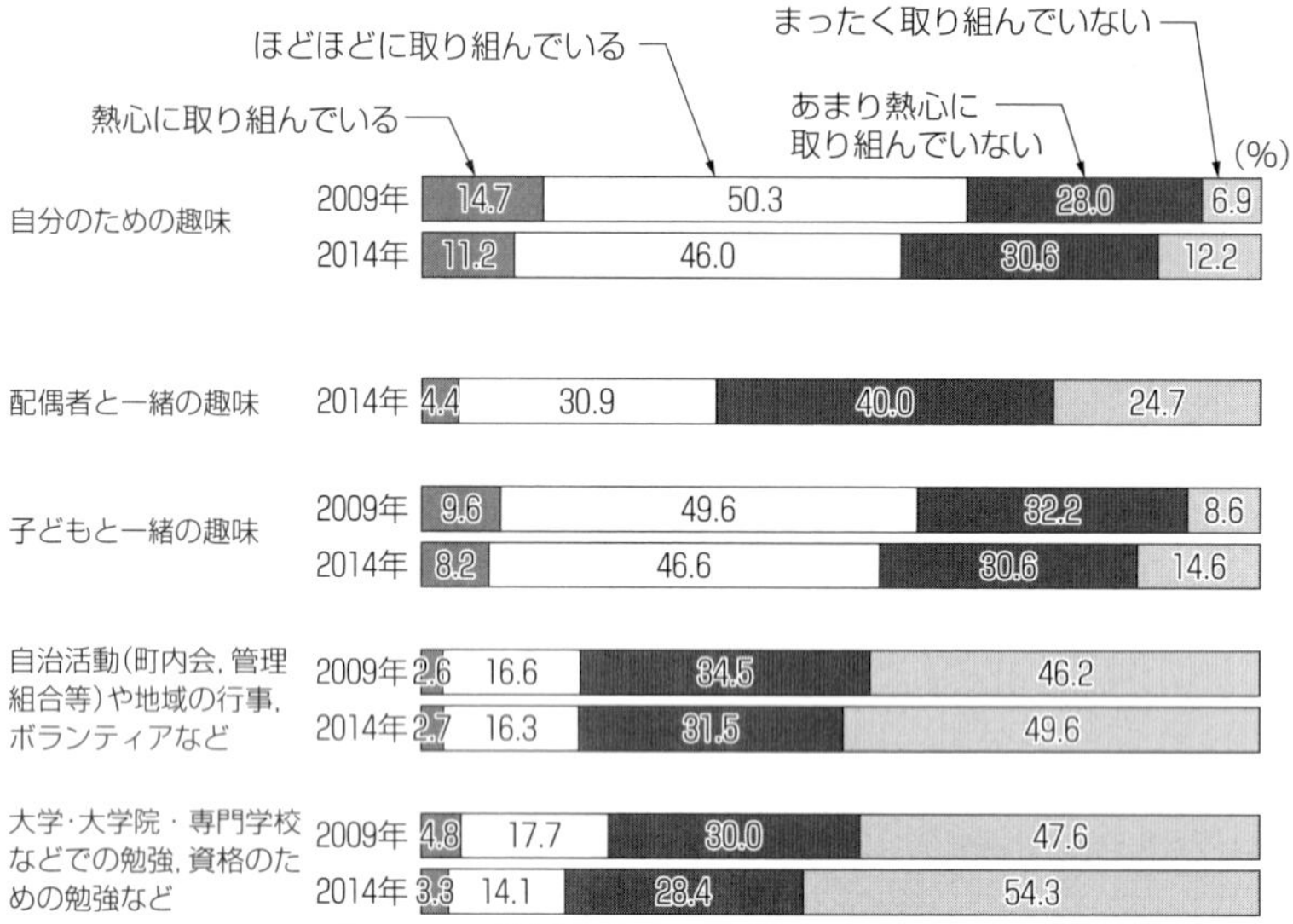

図Ⅰ-5-5　地域の中での活動（経年比較）

注：「配偶者と一緒の趣味」は2014年のみの項目。45歳以下の父親のみ。

出所：図Ⅰ-5-4と同じ。

うに職場の風土を作っていくことが解決の根本にあると思われます。

5　仕事以外の活動に熱心に取り組んでいる父親は一〜二割

仕事でも子育てや家事でもない、第三の場を父親はどのように過ごしているのでしょうか。「自分のための趣味」「自治活動や地域の行事、ボランティアなどの活動」等について見たのが図Ⅰ-5-5です。自分の趣味に熱心に取り組んでいる人は一一・二%、子どもや妻と一緒の趣味ではもっと少なくなっています。また、自治活動や資格のための勉強は、「熱心に取り組んでいる」「ほどほどに取り組んでいる」を合わせても二割弱であり、低い割合となりました。今後取り組みたい活動について聞いたところ、「子どもと一緒の趣味」「自分の趣味」「妻と一緒の趣味」があげられており、自治活動や資格のための勉強より家族と一緒に趣味の時間を過ごすことを望んでいる様子がうかがえます。

6　これからの父親支援の課題

これまでみてきたように、近年、父親の出産の立ち会い率は増加し、また「家事や育児に今以上にかかわりたい」と考える父親も年々増加しています。父親たちが積極的に家事や子育てへの参加を希望する傾向はうれしいことです。しかし日々の家事や育児への関わりは微増にとどまっており、父親の育児参加にはまだまだ課題が見られます。出産の立ち会いは、短期的に関わることができますが、家事や育児は、長期的で日常的なかかわりが必要とされます。子どもが生まれた後、〇歳のころから父親と子どもが育児を通じて親密に関わること、また夫婦で助け合うことは、妻の負担を軽くするだけでなく、父親自身の子育ての自信や楽しさ、子育て肯定感につながっていきます。父親の家事・育児参加は、労働時間や職場の子育てサポートとも深く関係しており、子育てに理解のある風土を持つ職場が今後さらに広まっていくことを期待したいと思います。共働き世帯が増え、父親の役割への期待が高まる中で、社会全体で父親のワーク・ライフ・バランスのあり方を見直し、子どもの生育環境を良好にする新しい枠組みを考える時期に来ているのではないでしょうか。

参考文献

ベネッセ教育総合研究所（二〇一四）「第三回乳幼児の父親についての調査」。

ベネッセ教育総合研究所（二〇一五）「第五回幼児の生活アンケート」。

ベネッセ教育総合研究所（二〇一〇）「乳幼児の父親についての調査国際調査」。

ベネッセ教育総合研究所（二〇〇六〜二〇一一）「妊娠出産子育て基本調査縦断調査」。

「乳幼児の父親についての調査」

・第一回調査：二〇〇五年、首都圏の〇歳から六歳（就学前）の乳幼児を持つ父親二九五六名

・第二回調査：二〇〇九年、首都圏の〇歳から六歳（就学前）の乳幼児を持つ父親四五七四名

・第三回調査：二〇一四年、首都圏の〇歳から六歳（就学前）の乳幼児を持つ父親二六四五名

＊調査方法：三回ともインターネット調査

たかおか　じゅんこ

ベネッセ教育総合研究所次世代育成研究所次世代育成研究室室長／主任研究員。

6 少子化対策における父親の子育て支援

小崎恭弘

1 子育て支援と父親

一九九〇年の一・五七ショックに始まるわが国の少子化は、年々その状況が深刻化しており、二〇一六年の出生数は一〇〇万人を初めて下回り、九八万人と過去最低を記録しました。[*1] その間政府も少子化に対しては大きな問題意識と危機感を持ち、さまざまな政策を矢継ぎ早に行ってきました。しかし残念ながら効果的な政策にはならず、その間も少子化は進行を続けています。

そのようなか少子化の要因や対策などが社会全体に共有化され、また広まっていく中で新しい動きがみられるようになってきました。これまで子育ての対象とされていなかった層に、子育て支援の意識づけがなされ、関心が持たれるようになったのです。その代表が「父親」です。

これまで父親は子育ての場に、ほとんど存在していませんでした。父親の育児時間の調査においては、六歳未満の子どもを持つ父親の育児時間は一日約三九分であり、母親では一七四分です。母親は父親の四・四六倍育児時間を費やしています。[*2]

しかし社会構造の変化で、働く女性が増えたことや男女共同参画社会の到来、より個人の生き方が重視される社会風潮などが相まって、近年育児を積極的に行う父親たちの存在がみられるようになってきました。いわゆる「イクメン」(積極的に育児をする男性)の出現です。政府も二〇一〇年より「イクメンプロジェクト」を開始し、社会全体で父親の育児を支援する整備が整いつつあります。[*3]

そのような現状を捉えた場合、これまで政府の行ってきた子育て支援における父親への育児支援が一つの転換期を迎えたと言えます。ただしこの現状は突然に見られたものではなく、これまでの子育て支援の歴史の中における「父親支援」の取り組みの成果であると考えます。本章でこれまでの子育て支援対策、特にエンゼルプランから始まる子育てプランを中心に、子育て支援において父親支援がどのような文脈でなされ、また実施されてきたかを検討します。その上においてわが国における父親支援の取り組みの変遷をたどり、その取り組みと意義について明らかにすることを目的とします。父親支援の歴史的な変化とその時代の中での位置づけについて、考えていきましょう。

2　少子化対策の歴史的変遷
――少子化対策における各プランの位置づけ

わが国では一九九〇年の「一・五七ショック」を契機に、出生率の低下と子どもの数が減少傾向にあることを認識しはじめました。その少子化に対応するように、具体的な計画が一九九四年一二月に「文部、厚生、労働、建設各省（当時）」の四大臣合意により策定されたのが「今後の子育て支援のための施策の基本的方向について」（エンゼルプラン）であり、今後一〇年間に取り組むべき基本的方向と重点施策を定めた計画でした。

その後、一九九九年少子化対策推進関係閣僚会議において、「少子化対策推進基本方針」が決定され、この方針に基づく重点施策の具体的実施計画として、「重点的に推進すべき少子化対策の具体的実施計画について」（新エンゼルプラン。大蔵、文部、厚生、労働、建設、自治（当時）の六大臣合意）が策定されました。

そして次世代を担う子どもを育成する家庭を社会全体で支援する観点から、二〇〇三年地方自治体および企業における一〇年間の集中的・計画的な取り組みを促進するため「次世代育成支援対策推進法」が制定されました。同法は、地方自治体および事業主が、次世代育成支援のための取り組みを促進するために、それぞれ行動計画を策定し、実施していくことをねらいとしたものでした。

同年には「少子化社会対策基本法」が制定されました。同法は、少子化に対処するための施策の指針として、総合的かつ長期的な少子化に対処するための施策の大綱の策定を政府に義務づけており、それを受けて、二〇〇四年「少子化社会対策大綱」が少子化社会対策会議を経て、閣議決定されました。

少子化社会対策大綱に盛り込まれた施策について、その効果的な推進を図るため、二〇〇四年少子化社会対策会議において、「少子化社会対策大綱に基づく具体的実施計画」（子ども・子育て応援プラン）が決定され、二〇〇五年度から実施されています。子ども・子育て応援プランは、少子化社会対策大綱の掲げる四つの重点課題に沿って、国が、地方自治体や企業等とともに計画的に取り組む必要がある事項について、二〇〇五年度から二〇〇九年度までの五年間に講ずる具体的な施策内容と目標を掲げ、施策の項目数は約一三〇に及ぶ総合的な計画です。

その後、二〇〇九年一〇月、内閣府の少子化対策担当の政務三役（大臣、副大臣、大臣政務官）で構成する「子ども・子育てビジョン（仮称）検討ワーキングチーム」を立ち上げ、有識者、事業者、子育て支援に携わる地方自治体の担当者等からの意見聴取や国民からの意見募集などを行い、二〇一〇（平成二二）年一月二九日、少子化社会対策会議を経て、少子化社会対策基本法第七条に基づく大綱を閣議決定しました。

そして新たな少子化社会対策大綱の策定に向けて、二〇一四（平成二六）年一一月に、内閣府特命担当大臣（少子化対策）の下、二〇一四年一一月に、有識者による「新たな少子化社会対策大綱策定のための検討会」を発足させ、検討を進めました。同検討会は、二〇一五（平成二七）年三月に「提言」を取りまとめ、政府においては、大綱の検討を行い、少子化社会対策会議を経て同年三月二〇日に新たな少子化社会対策大綱を閣議決定しました。新たな少子化社会対策大綱は、従来の少子化対策の枠組みを越えて、新たに結婚の支援を加え、子育て支援策の一層の充実、若い年齢での結婚・出産の希望の実現、多子世帯への一層の配慮、男女の働き方改革、地域の実情に即した取組強化の五つの重点課題を設けています。また、重点課題に加え、長期的視点に立って、きめ細かな少子化対策を総合的に推進することとしています。これに基づき二〇一五年より「子ども・子育て支援新制度」が実施されています。

3　子育て計画（プラン等）にみる父親支援

これまで政府より出された、子育て支援におけるプランでは父親支援はどのように捉えられるのでしょうか。各プランにおいて、それぞれに見ていきましょう。

①　エンゼルプラン

エンゼルプランでは、わが国の少子化の原因を背景として次が挙げられています。

・女性の職場進出で子育てと仕事の両立の難しさ
・育児の心理的、肉体的負担

これらは全てその要因を女性の問題として捉えており、この当時の少子化の原因は女性にあると考えられていたことがわかります。その結果、子育て支援の対象は全て女性となり、子育てに関して父親を支援するような内容は見られません。育児休業に関して記述がありますが、特に性別に関して触れられていないものの、想定としては女性のみが取得するものとして考えられていたと推測できます。女性支援という色合いが強く見られます。

②　新エンゼルプラン

新エンゼルプランでは仕事と子育ての両立のための雇用環境の整備、働き方についての固定的な性別役割分業や職場優先の企業風土是正として、次のことが挙げられています。

・育児休業を取りやすく、職場復帰をしやすい環境の整備
・子育てをしながら働き続けることのできる環境の整備
・出産・子育てのために退職した者に対する再就職の支援
・職場における固定的な性別役割分業の是正
・男女の雇用機会均等の確保

新エンゼルプランでは同年に策定された男女共同参画社会基本法の影響もあり、働き方についての固定的な性別役割分業の是正という内容が見られます。少子化の影響を受けとめ労働力の減少・不足に対して、女性の労働力の補填という視点が見られます。しかし、父親の子育て支援に結びつくまでには至っておらず、子育ての中心は依然女性にあったと推測することができます。

③　子ども子育て応援プラン

子ども子育て応援プランでは仕事と家庭の両立支援と働き方の見直しとして次のことが挙げられています。

・男性の子育て参加促進に向けた企業等における取り組みの推進
・希望する者すべてが安心して育児休業等を取得「育児休業取得率　男性一〇％、女性八〇％、小学校修学始期までの勤務時間短縮等の措置の普及率二五％」
・男性も家庭でしっかりと子どもに向き合う時間が持てる
・育児期の男性の育児等の時間が他の先進国並みに

・男性の子育て参加促進に向けた取り組みの推進「企業トップを含めた職場の意識改革、管理職や従業員への研修の実施、育児休業取得者が出た場合の雇用管理ルールの明確化等の取り組みを推進する」

・ファミリー・フレンドリー企業の普及促進

これらから見られることは、子ども子育て応援プランは男性の子育てについて初めて触れられた子育て支援プランであり、男性に子育て支援が必要な根拠を各種データから明示しています。このプラン策定の背景には、厚生労働省から二〇〇二（平成一四）年に発表された「少子化対策プラスワン」がありその内容が大きく影響を与えています。

○少子化対策プラスワン

1「男性を含めた働き方の見直し、多様な働き方の実現」

・子育て期間における残業時間の縮減

・子どもが生まれたら父親は誰もが最低五日間の休暇の取得

・短時間正社員制度の普及

2「仕事と子育ての両立の推進」

・育児休業取得率（男性一〇%、女性八〇%）、子どもの看護休暇制度の普及率（一〇%）、小学校就学の始期までの勤務時間短縮等の措置の普及率（二五%）として、具体的目標を設定

・目標達成に向け、さまざまな促進策を展開

これらの策定の背景は、進行する少子化に対しての社会的な関心がますます強まったこと、そしてこれまでの女性のみを対象とする支援には効果が見られず、少子化の進展がますます顕著化していることなどが挙げられます。子育て支援の範囲が、女性から男性も含めたものに拡大されるターニングポイントであると言えます。

④　子ども子育てビジョン

子ども子育てビジョンでは、子育てのみならずその背景として、仕事と子育ての両立など、ワーク・ライフ・バランスに焦点を当てて支援を行う姿勢が強化されています。

・長時間労働の抑制及び年次有給休暇の取得促進

・ライフスタイルに応じた多様な働き方の選択肢の確保

・男性の育児休業の取得促進（パパ・ママ育休プラス）

・父親の育児に関する意識改革、啓発普及

・男性の家事・育児に関する意識形成

・育児休業や短時間勤務等の両立支援制度の定着

・両立支援制度を利用しやすい職場環境の整備

・育児休業の取得等を理由とする不利益取扱いの防止

前プラン以降の父親に対する支援の内容が、さらに充実されより具体的な制度などが整えられています。それは「パパ・ママ育休プラス」であり、これは父親と母親が両方とも育児休業を取得すると育児休業取得可能期間が延長されるという制度です。これにより、父親の育児休業取得率を上げようと試みたのです。これらの変化には、子育て支援をより広い社会システムの中で行おうとする視点が見られます。つまり父親も子育てを行う当事者であるという視座であり、ここにきて父親支援の社会的な土壌づくりが行われたと言えます。

⑤　現在の少子化社会対策大綱

現在行われている計画は、従来の少子化対策の枠組みを越えて、新たに結婚の支援を加え、子育て支援策の一層の充実、若い年齢での結婚・出産の希望の実現、多子世帯への一層の配慮、男女の働き方改革、地域の実情に即した取り組み強化の五つの重点課題を設けています。

エンゼルプラン	・母親支援　保育政策が中心的なプラン
新エンゼルプラン	・女性支援　社会的な課題の明確化
子ども子育て応援プラン	・父親支援　企業を含めた社会政策
子ども子育てビジョン	・両立支援　社会全体のバランスを意識
子ども・子育て支援新制度	・働き方支援　男女問わず労働力の確保

図Ⅰ-6-1　各プランの対象とその意義
出所：筆者作成。

「男性の意識・行動改革」
・長時間労働の是正
・人事評価の見直しなど経営者等の意識改革
・男性が出産直後から育児できる休暇取得
「ワーク・ライフ・バランス」・「女性の活躍」
・職場環境整備や多様な働き方の推進
また具体的には、
・男性の配偶者の出産直後の休暇取得率八〇%
・男性の育児休暇取得率一三%

4　子育てプランにおける父親支援の変遷

これまで五つのプランから、父親支援のありようについてその変遷を見てきました。これらの変遷は、その当時の社会的な背景や子育てを取り巻く環境の変化などに、大きく影響を受けています。これまでの五つのプランにおける、それぞれの意義を図Ⅰ-6-1としました。

エンゼルプランには父親そのものの記載がなく、このプランにおいて父親が子育ての場において想定されていなかった状況がわかります。また新エンゼルプランにおいても「固定的な性別役割分業の是正」という項目は見てとれますが母親への過度の負担の軽減がその趣旨です。子育て支援の創成期においては、その主体は母親のみが想定されており、父親への支援という意識自体が存在していないと言えます。

具体的にわが国におけるプランにおいて「父親」が明記されたのは、子ども子育て応援プランからであることがわかります。特に二つの視点から父親の育児に言及しています。全体では「男性の子育て参加促進」と銘打ち、「男性の子育て参加促進に向けた企業等における取り組みの推進」と働き方を意識した企業と父親の関係性について明記しています。そして「男性も家庭でしっかりと子どもに向き合う時間が持てる」という、家庭生活における父親のあり方について述べています。前プランと比較した場合には、その取り扱いの変化が大きいことがよくわかります。

この理由として「子ども子育て応援プラン」作成前において、少子化の進行が強く社会的に認識され、二〇〇三年には「次世代育成支援対策推進法」「少子化社会対策基本法」と、少子化の進行に対応する法律が相次いで策定されました。法的根拠を持った少子化対策が強力に推し進められるようになったのです。そのためにこれまで、子育て支援の範囲とは考えられていなかった、社会のさまざまなポジションのものが「少子化・子育て支援」の文脈の中に、矢継ぎ早に取り入れられたと言えます。その一つの大きな柱が企業であり、またもう一方が父親なのです。つまり父親支援は単に「父親を育児に参加させる」という、家庭回帰的な力動がその契機ではなく、「少子化対策」における最終的な手段として、社会的な要請の中において実施されたと言えます。

その後それらを加速させる形で「子ども子育てビジョン」において、父親支援がより明確に取り扱われることになりました。特にこれまで長時間労働が当然とされていた父親の働き方をその照準として「ワーク・ライフ・バランス」（仕事と生活の調和）がキーワードとなり、家庭生活と労働環境を同時に巻き込む理念と政策が実施されたのです。

そして現在においては、少子化の進行を一部認めながら、その影響による「人口減少」「労働力不足」に対応する対策が社会で見られるようになりました。それが「女性活躍推進」であり「一億総活躍」として政府の方針に組み入れられ、法律や社会体制の整備となっているのです。それほど少子化の影響が大きくなり、今後のわが国の将来設計において、特に人口政策における危機感が社会的に共有されていると言えます。「父親支援」はもはや、各個人、家庭における問題ではなく、社会全体の少子化対策の文脈においては、国家的な戦略であり国をあげてより具体的な支援と、そのあり方を検討する段階であると言えるのです。

5　父親支援の変遷を捉える視点

各プランにおいて記載されている項目や内容について、それぞれに検討してきました。これらを見て気づかされるのは、父親支援がその時代の中で、時代の変化に合わせる形で、発展してきており、そして現在の形があるということです。このことはとても示唆的です。

つまり今後ますます少子化が進展する中で、父親も含めた少子化対策は大きな変化が予想されるということです。その変化の内容は、とても不透明であり予測が大変に困難なものであると言えます。しかしどのような変化があろうと、「子どもを産み育てる」という営み自体に基本的な変化はあまりないでしょう。問題はその基本的な営みを取り巻く、社会の変化が激しく、速くそして大きいということです。その変化に合わせる形で、人々の生活も変化し続けていきます。また社会のシステムや法律、制度も同様に変化し続けていきます。現代はこれまでの歴史的な変遷を踏まえて、今後の新しい社会の、新しい子育て支援と父親支援を考えるタイミングであると言えるでしょう。

注

＊1　厚生労働省（二〇一五）「平成二七年人口動態統計」。
＊2　総務省（二〇一一）「平成二三年社会生活基本調査」。
＊3　厚生労働省イクメンプロジェクト（http://www.ikumen-project.jp）

こざき　やすひろ
大阪教育大学教育学部教員養成課程家政教育講座准教授。

I 基礎編

7 ジェンダーの視点から見た父親の育児支援

多賀 太

「育児をしない男を、父とは呼ばない。」という衝撃的なキャッチフレーズとともに、旧厚生省が父親の育児参加キャンペーンを行ったのは、一九九九年のことでした。あれ以来、父親の育児参加を求める声はますます高まっているように思えますが、それに見合うだけの社会の支援体制が十分整ったかといえば、必ずしもそうとはいえないでしょう。

父親の育児参加促進のために今後いかなる支援が必要とされているのでしょうか。本章では、今後求められる父親支援の方向性を、特にジェンダーの視点から考えてみたいと思います。

ジェンダー（gender）とは、もともとは、男性名詞や女性名詞といった文法上の名詞の性を指す用語でしたが、一九六〇年代の英語圏で、生物学的性別（sex）と区別して、社会的文化的に形成される人間の男女の違いを指す用語として用いられるようになりました。

日本社会におけるジェンダー現象の特徴といえば、先進産業国の中でも「男は仕事、女は家庭」という性別役割分業が強固で、固定的な女性像／男性像による個々人への縛りが極めて強い点が挙げられます。したがって、ジェンダーの視点から父親支援のあり方を考えようとするならば、性別役割分業体制や固定的な男性像が父親の育児参加のあり方にいかなる影響を与えているのかを見極めたうえで、父親、母親、子どものいずれにとっても望ましい形で、父親たちがより多く育児に参加できるための方向性を探ることになります。

以下では、性別役割分業のもとでの育児の問題をめぐる従来の指摘を概観し、父親たちが安心して育児に参加できる環境整備として求められる取り組みを提起するとともに、育児のスキルと動機づけの形成を促すうえでの有効な視点について考えてみたいと思います。

1 性別役割分業のもとでの育児の問題

1 「父親不在」をめぐる議論

性別役割分業のもとでの父親のあり方に対す

る批判は、少なくとも一九七〇年代から盛んに行われてきました。

男性の育児参加運動の草分けとして知られる「男の子育てを考える会」は、すでに一九七八年の段階で、性別役割分業が、女性にとって抑圧的であるだけでなく、男性を非人間的な生産労働へと追いやり、子育てなどの生命をはぐくむ「人間らしい」活動から疎外するという意味で、男性に対しても抑圧的なものであることをいち早く主張していました。[*1]

ただし、当時盛んに聞かれたのは、そうした観点からの問題提起よりも「父親不在」を嘆く声でした。すなわち、多くの父親たちが仕事中心の生活を送り、家庭で子どもと接する時間がほとんどなかったり、家庭にいても存在感がなく権威が失墜し、子どもの育ちへの影響力を行使できなくなっていることが危惧されたのです。[*2]

筆者がインタビューしたサラリーマンの語りからも、その様子がうかがえます。次の語りは、一九四〇年代後半生まれで、一九七〇年代前半の入社以来、ある総合商社で働いてきたミノルさん（仮名）が退職間際に語ったものです。

> シドニーに家族で住んでいたときは、週末も取引相手やら日本からの訪問客やらの接待で三カ月間全く休みが取れないこともあって、近所の爺さん婆さんたちからは「おまえのところは母子家庭か」って言われるくらいで。息子が高校生のときには、パースに単身赴任、娘が大学受験のときにはニューヨークに単身赴任で、節目節目の肝心なところで父親が全然いない状態でした。いまだに女房からは「父さんはひどい。子どもの教育を何も見ていない」と言われますよ。だから僕は、子どもたちに一切「勉強しろ」って言ってませんし、言えなかった。もう、ほったらかしです。そういう意味では、女房がよくやったと言えば、よくやったんですね。[*3]

「父親不在」の議論は、性別役割分業のもとでの子育ての問題を、父親のあり方に焦点化して提起し、父親の子育てへの関与の必要性を訴えた点で、大きな意義があったといえます。しかし、限界もありました。

2　母親の育児不安

「父親不在」ならびにその系列に位置づくその後の議論においては、父親が子どもへの影響力を行使できないことの問題が語られる一方で、子育てを一手に引き受ける母親の負担や苦しみはあまり問題にされませんでした。

すでに一九七〇年代には、子育てについて思い悩み精神的にきわめて不安定になる神経症的な状態に陥っている母親たちがいることが注目され、そうした状態は「育児ノイローゼ」と呼ばれました。一九八〇年代になると、子どもの状態や育児のやり方について漠然とした恐れや不安を覚える感情を多くの母親たちが抱えていることが明らかとなり、そうした状態は、家族社会学者の牧野カツコによって「育児不安」と命名されました。[*4]

育児不安の背景としては、都市部で核家族化が進み、サラリーマンの夫は長時間労働で、妻に育児責任が集中したこと、子育て情報が氾濫し、「よりよい」子育てへの圧力が増したこと、さらに、そうしたなかで、「母親であれば子どもに対する愛情が自然にわいてくるはず」という「母性愛神話」によって追い詰められたことなどが指摘されました。

3　ケアする父親像の台頭

「父親不在」をめぐる議論においては、父親の子育てへの関与といっても、もっぱら「子どもの社会規範の学習や価値観・行動様式の確立を支援する「社会化」(socialization)、よりひらたくいえば「しつけ」への関与を求める声が中心でした。しかし、一九九〇年代になると、父親に対して、乳幼児の「世話」(care) も含めた育児へのトータルな参加を求める声が強くなってきました。

育児不安の研究からは、母親への育児責任の集中と孤立を解消し、育児不安を軽減するうえで、父親の育児参加の有効性が示されました。[*5] また、父親による乳幼児の世話への参加は、子どもの発達を促進したり、父親自身の生涯発達を促したりする効果があることも明らかにされました。[*6]

さらに、「育児をしない男を、父とは呼ばない。」のキャッチフレーズに代表されるように、男女共同参画と少子化に歯止めをかけたい政府が、夫の育児参加不足が女性の社会進出と出産意欲を妨げているとして、乳幼児の世話を含めた男性の育児参加を積極的に提唱し始めました。

こうして、「しつけ」のみならず、従来は母親の役割と見なされてきた乳幼児の「世話」も含めて、父親が育児に参加することの重要性がますます語られるようになってきました。

しかし、これだけ父親の育児参加を求める声が高まっても、父親たちの育児参加は、それほど劇的には進みませんでした。育児をしたくてもできない状況に置かれていたからです。次のインタビュー事例を見てみましょう。

2　父親の育児参加のための条件整備

1　稼ぎ手責任と育児責任の葛藤

国家公務員のアキオさん（仮名、面接時三〇歳代前半）は、ある中央省庁管轄下の事務所の課長職。平日はほぼ毎日午前八時三〇分から深夜の一時か二時まで仕事をしており、職場に泊まることも珍しくありません。週末も土曜か日曜のいずれかは職場に出かけていき、残りのもう一日も自宅で仕事をしています。管理職なのでいくら残業しても給与が上がるわけではありませんが、あまりに業務量が多すぎてどれだけ効率を上げてもこのような働き方になってしまいます。

こうした「超」長時間労働に加えて、彼には数年おきに全国区での転勤があります。彼の妻は、結婚後も仕事を続けることを希望していましたが、小さな子ども二人（面接時五歳と四歳）を夫婦だけで育てていかねばならないことを考えて、当分の間働くことを諦めていました。

アキオさんは、彼のキャリアを優先した結果、妻が働きたいのに働けず家事と育児をほとんど一人で担わざるを得なくなっていることに対して申し訳なく思っていました。彼は、できる限り妻の育児負担を減らそうと、週末に少しでも時間がとれたときには家族と一緒に買い物をしたり、子どもを入浴させたり、外に遊びに連れていったり、子どもに本を読み聞かせたりしています。それでも、平日の家事・育児はすべて妻に任せざるを得ません。

この職に就いている限り、昇進したり部署が変わったりして仕事の質は変わっても、労働時間が減る見込みはほとんどないとのこと。家族の生活費を稼ぐ責任を考えると、この仕事を辞めることは考えられないといいます。こうして、仕事と育児の両方を重視しながらも仕事優先の生活を送らざるを得ない状況のもとで、アキオさんは思い悩んでいました。[*7]

2　構造的要因への着目

従来の父親の育児参加を求める議論や施策は、父親たちが仕事に関われない構造的な要因を十分に問わないまま、啓発を通して父親たちの意識を改革し、あとは彼らの個人的な努力に問題解決を委ねようとする傾向にありました。しかし、アキオさんの事例を見ればわかる通り、そうしたアプローチは、ほとんど効果がないばかりか、育児をしたくてもできない父親たちをますます追い詰めることになりかねません。

多くの調査が、日本の父親の育児参加度は、意識よりも労働時間に規定されることを明らかにしています。[*8]労働時間が減ればそれだけで父親の育児参加が増えるとは限りませんが、長時間労働をしているかぎり、どうあがいても父親は育児に参加できません。まずは必要条件として、父親たちを長時間労働から解放する必要があります。

3　雇用労働システムの改革へ

日本の労働市場では、育児などの家庭責任との両立が不可能なほどの長時間労働と引き換えに安定した賃金を得られる正規雇用か、それができないなら低賃金の不安定雇用に甘んじるかのいずれかの選択を余儀なくされるという雇用の二極化が生じています。こうした状況下で、夫婦二人だけで仕事と育児の両方を担うとすれば、自ずと、一方が主たる稼ぎ手となって長時間労働をし、もう一方は仕事を辞めるか非正規の短時間労働をしながら主に育児を担当する、という分業になりがちです。そして、「夫稼ぎ主」規範の強い日本では、ほとんどの場合、夫が前者の役割を果たすことになります。

したがって、父親が安心して育児に参加できるためには、二つの点での変革が必要です。一つは、母親の経済的自立の促進による、父親の稼ぎ手役割の軽減です。スウェーデンをはじめ、父親の育児参加が目覚ましく進んだEUの国々では、男性の育児参加促進に関する議論は、女性の雇用機会均等や経済的自立への取り組みとセットで行われてきました。父親が育児に十分に参加するためには、その時間を確保するために安心して労働時間が減らせるよう、稼ぐ役割の一部を母親にも担ってもらう必要があるからです。ところが日本では、父親の育児参加の議論は、「夫稼ぎ主」家族モデルを十分に問い直すことなく展開されてきました。[*9]したがって、日本ではまず、「夫稼ぎ主」家族モデルを問い直し、妻をもう一人の稼ぎ主として位置づけるとともに、それを可能にするだけの女性に対する雇用機会均等を実現する必要があります。

ただし、家庭責任との両立が不可能なほどの長時間労働をしなければ正規雇用でいられない従来の雇用労働慣行をそのままに、女性に対して男性と対等な雇用機会を開いただけでは、夫婦が共に適度に働いて適度に稼ぎ、共に家庭責任を担うという生活を送ることは困難です。

したがって、雇用の二極化を解消し、家庭責任を負った労働者であっても、適度に働いて適度に稼ぎつつ、仕事と家庭責任を両立できるような雇用労働慣行を実現していくことが求められます。具体的には、同一価値労働同一賃金の原則のもとで、ライフステージのどの時期にどの程度働いてどの程度稼ぐかを労働者の側が柔軟に選べるようにすることが必要でしょう。また、新卒で一括採用された同期従業員の間で長期間にわたって業績を競わせ徐々に選抜をしていくという、いわゆる「遅い選抜」を改め、子育てや介護が必要なライフステージでは労働時間を減らしたり休業したりしても、それらが将来にわたる決定的な不利とはならず、その前後の実績が正当に評価されてキャリアを積み上げられるような昇進管理システムを構築する必要があるでしょう。

3　育児の動機づけとスキルの形成

他方で、労働時間を減らせる条件が整ったとしても、それはあくまで育児参加の必要条件でしかありません。実際に父親たちが育児に参加するためには、その動機づけと、育児に必要とされるスキルの獲得も重要になってきます。その際にも、ジェンダーの視点は有効です。

1　育児と「男らしさ」

われわれの社会は、社会的につくられた固定的な男女像に沿った行動が求められる場合が少なくありません。そうした社会で長年社会化(socialize)されてきた男性たちは、女性たちとは異なる意識や志向をもつ傾向にあり、それが、育児参加への障害になったり、母親とは異なった育児への関わり方に表れたりします。もちろん、それらを無条件に肯定するわけではありませんが、少なくとも現時点で、そうした男女で異なる傾向があるのだとすれば、そうした性差に敏感な視点から父親の育児支援を展開することは有効でしょう。

男性たちの多くは、自己の「男らしさ」を否定されるような行為を極端に避けようとする傾向があります。もし、育児を「女らしい」ものや、本来は母親がすべきものと見なす風潮が強ければ、あるいは男性自身がそうした意識を強くもっていれば、男性たちは育児への参加に抵抗を示すでしょう。あるいは、せいぜい母親の代理や、手伝いとして行っているというレベルに留まり、自立した育児の担い手にはなかなかなれません。

したがって、男性たちが抵抗なく育児に関われるために、育児という行為を社会の理想的な男性像と男性アイデンティティの構成要素として位置づけ、育児はそれを行う男性の男らしさを減ずるものではないどころか、育児する男性こそある意味で「男らしい」と見なされるような社会的風潮づくりも求められます。

確かに、「イクメン」という用語の広まりとともに、そうした変化は着実に起こっているように思えます。しかし、育児に参加する父親が肯定的に捉えられるためには、稼ぎ手責任という従来の男性に求められてきた役割を果たすことが前提になっている雰囲気もいまだうかがえます。育児をするために仕事を休んだり減らしたりする男性が「男から降りた」と見なされる状況のもとでは、たとえそのことによって雇用や家計収入が脅かされることがなくても、男性たちは抵抗なく育児に関わることはできません。

したがって今後は、育児をすることはそれを行う男性の男らしさを減ずるものではないという価値意識に加えて、家庭責任を果たすために仕事を休んだり収入を得ていなかったりする時期があっても、それは決してその男性の男らしさを減ずるものではないという価値意識をいかに広めていくかということが、男性が安心して積極的に育児参加できるための環境を整備していくうえでの一つの鍵となるでしょう。

2　同性のロールモデルからの学び

父親も、母親と同じように子どもの世話をしたり、子どもと愛着関係を築いたりすることができます。ただし、父親には、妊娠、出産、授乳ができないため、親としての責任感を育み、育児参加への動機づけを形成したり、子どもとより深い愛着関係を築くための機会を、母親以上に、意識的につくっていくことが必要とされます。子どもの誕生前であれば、プレパパ講座に参加したり、妊婦疑似体験をしてみたり、出産に立ち会ったりすることは非常に効果的です。子どもが生まれたら、意図的に世話やスキンシップの機会を確保することも重要でしょう。

その際、同性のロールモデルの果たす役割は大きいと考えられます。すでに育児を実践している先輩父親からそうしたスキルを学ぶ機会があれば、新米父親たちは、より容易に、育児とは母親の役割の代行などではなく、父親として当たり前に行うことであるという意識を形成し、自立した育児の担い手になっていけるでしょう。

また、今の若い父親たちの多くは、先に見た事例のように、稼ぐ責任という伝統的な男性役割と、子どものケアという新しい父親役割の間で葛藤を感じています。したがって、単なる育児のスキルを伝えるだけでなく、そうした男性に起こりがちな悩みや葛藤を共有し、互いにアドバイスをし合えるような「パパ友」同士の自助グループ形成を促すことなども、父親支援のあり方として有効でしょう。

4　父親の育児参加の促進へ向けて

以上、本章では、父親の育児支援に求められる方向性について、稼ぎ主責任の軽減と、父親のニーズに敏感な視点からの支援という二つの側面から検討してきました。

私たちの社会は、いまだに男性を稼ぎ主と見なし、家庭責任を免除された男性を標準的な労働者と見なして長時間労働をさせる労働慣行が支配的です。こうした状況下では、父親たち個々人の努力だけで父親の育児参加を促進するには自ずと限界があります。安心して育児に参加できる条件整備として、まずは国を挙げてそうしたシステムを抜本的に改革していくことが必要となります。

同時に、父親たち一人ひとりに、育児に必要なスキルを身につけてもらい、育児に積極的に参加する意識を高めてもらうことも必要です。その過程で、父親たちに母親たちとは異なる志向やニーズを有する傾向があるとすれば、少なくとも過渡的な対応として、そうした志向やニーズを踏まえた支援を展開することで、さらに父親の育児参加を高めることができるでしょう。

注

*1　男の子育てを考える会編（一九七八）『現代子育て考 そのⅣ 男と子育て』現代書館。

*2　NHK（一九七四）「70年代われらの世界」プロジェクト編『オヤジ――父親なき社会の家族』ダイヤモンド社。

*3　多賀太編（二〇一一）『揺らぐサラリーマン生活――仕事と家庭のはざまで』ミネルヴァ書房、一二八頁。

*4　牧野カツコ（一九八一）「育児における〈不安〉について」『家庭教育研究所紀要』二、四一-五一頁。

*5　牧野カツコ・中西雪夫（一九八五）「乳幼児をもつ母親の育児不安――父親の生活および意識との関連」『家庭教育研究所紀要』六、一一-二四頁。

*6　牧野カツコ・中野由美子・柏木惠子編（一九九六）『子どもの発達と父親の役割』ミネルヴァ書房。

*7　前掲書、*3、一〇五-一〇九頁。

*8　松田茂樹（二〇〇二）「父親の育児参加促進策の方向性」国立社会保障・人口問題研究所編『少子社会の子育て支援』東京大学出版会、三一三-三三〇頁。

*9　高橋美恵子（二〇一四）「ジェンダーの視点から見る日本のワーク・ファミリー・バランス――EU諸国との比較考察」『フォーラム現代社会学』一三、七五-八四頁。

たが　ふとし
関西大学文学部教授。

Ⅰ 基礎編

8 福祉的視点からの父親の子育て支援

松本しのぶ

1 福祉的視点からの父親の子育て支援とは

児童福祉法第三条の二では、「国及び地方公共団体は、児童が家庭において心身ともに健やかに養育されるよう、児童の保護者を支援しなければならない」とされ、保護者支援が定められています。子どもが育つ家庭は、どの子どもも健やかに安心して暮らせる場所でなくてはなりません。本章では、福祉的な課題を理由として特別な配慮や支援が必要な子育て家庭の父親について考えます。とりわけ、児童虐待防止、ひとり親支援、障害児の家庭支援を取り上げ、その分野での父親の子育て支援に着目し、その課題を検討します。

2 児童虐待予防と父親の子育て支援

平成二七年度の児童相談所における児童虐待相談の主な虐待者別対応件数を見てみると、実母による虐待は五万二五〇六件と一番多く、次いで実父が三万七四八六件となっています。[*1]

虐待が起こる要因は、その家庭の経済状況、親の成育歴や精神疾患等、さまざまな理由が複雑に絡み合っています。なかでも、核家族化などを背景に、母親に育児負担が集中することによる肉体的、心理的な疲労や相談相手がいないことが、母親による虐待の大きな要因であると考えられています。

母親に育児負担が集中する背景の一つとして、「女性は家事と育児を行い、男性は仕事をする」というわが国の伝統的な性別役割分業があげられます。そのような捉え方の社会であっても、昔は、母親は複合家族や地域のなかで他の人々の助けを借りながら育児ができていました。しかし、現代は、核家族化や地域関係の希薄化などにより、母親一人で子育てを担わざるを得なくなってしまっています。そのため、母親の育児負担を軽減する目的で、母子保健サービスを中心とした児童虐待対策が進められ、さらなる家庭内の育児負担軽減の一つの方法として、父親の育児関与が求められるようになりました。

父親の育児へのかかわりが重視されるのは、母親の育児時間等を減らすためだけではありません。大関らが行った六歳未満の子どもを持つ父母に対する調査から、父親の育児参加は、母親が認知する夫婦愛着を促進し、夫婦愛着が母親の自尊感情を高め、結果的に母親のメンタルヘルス向上に関連することがわかっています。[*2]したがって、母親の育児不安を取り除くための虐待予防の一環としても父親の子育て支援は有効であると考えられ、少子化対策や女性の活躍の推進といった目的とともに、二〇〇〇年頃から各地で取り組まれるようになりました。

一方、父親による虐待を防ぐ対策も必要です。父親が虐待を行う背景も母親同様、さまざまなものが考えられますが、父親自身のメンタルヘルスの問題もあげられます。杉本・横山は、乳児から小学生の子どもを持つ父親に対する調査を行い、父親が育児ストレスを強く感じているほど虐待的子育てを行いやすいことを明らかにし、父親の育児ストレスが高じないよう、両親学級や父子手帳などを通じて子どもが持っている特性に対する理解を促す必要があるとしています。[*3]さらに、父親のメンタルヘルスには、「父親が望んだ妊娠出産か」が影響していることも明らかとなっており、父親の子の受容や親性の獲得、父子の愛着形成等への支援が期待されています。[*4]また、近年では、子育てに積極的に関わる父親が増えてきており、「育児休暇をとるなど、父親も第一責任者として子育てに向き合えば、育児不安を感じる」[*5]ため、ますます父親自身の育児に関する不安や負担感を軽減する支援が、今後は必要となってきます。

なお、父親による虐待が起こった場合、虐待の再発が起こらないように虐待者である父親自身のケアも必須です。「父親が稼ぎ母親は家事・育児を担う」「家族は父親に従う」などの家族規範を持つ親は、子どもを力で従わせようとすると言われています。[*6]また、田村は、DV・児童虐待を行う父親について、先世代から受け継がれた家庭内暴力のパターンを無意識的に受け継ぎ、暴力を供するジェンダー社会の被害者であるとも言えると指摘し、加害者支援は、その加害性の免責のためではなく、そのような暴力によってのみしか自己主張できない、脆弱な男性性をいったん崩し、あらたな、機能的な男性性を身につけることである、と述べています。[*7]

虐待を行う父親の特性から、父親が虐待を起こす根底には、性別役割分業意識と家父長制度的な性支配があることがわかります。したがって、父親にその意識を変容させる試みが支援としては必要だと言えます。また、世代間連鎖を防ぐために、父親自身が子どもの頃に経験した父親のかかわりとは違う「父親モデル」を提示することも重要です。

3　ひとり親世帯の父親の子育て支援

平成二五年の国民生活基礎調査の結果では、ひとり親世帯の五四・六％が相対的貧困の状態にあることがわかっています。[*8]近年、子どもの貧困に関する問題が注目されるに伴い、ひとり親世帯の状況も社会により知られるようになってきました。

平成二三年度全国母子世帯等調査から、ひとり親世帯の現状を見てみると、[*9]推計では、全体の母子世帯数は約一二四万世帯、父子世帯数は約二二万世帯となっています。そのうち、母子のみの世帯が六一・二％、父子のみの世帯が三九・四％となっており、父子世帯の方が子どもの祖父母等と同居して日常的なサポートを受けている家庭が多いと考えられます。

表Ⅰ-8-1　父が仕事を変えた理由（2011年）

総　数	収入がよくない	勤め先が自宅から遠い	健康がすぐれない	仕事の内容がよくない	職場環境になじめない	労働時間があわない
129 (100.0)	25 (19.4)	5 (3.9)	6 (4.7)	2 (1.6)	5 (3.9)	27 (20.9)

社会保険がない又は不十分	休みが少ない	身分が安定していない	経験や能力が発揮できない	自営業等で就業していたが離婚したため	その他
1 (0.8)	6 (4.7)	3 (2.3)	2 (1.6)	8 (6.2)	39 (30.2)

出所：厚生労働省（2012）「平成23年度全国母子世帯等調査」。

次に、子どもの貧困と大きく関わる親の就業について見てみます。父子世帯になる前の親の就業状況は、父の九五・七％が就業しており、このうち「正規の職員・従業員」が七三・六％と最も多く、次いで「自営業」が一四・九％、「パート・アルバイト等」が四・五％となっています。しかし、調査時点における就業状況は、父子世帯の父の九一・三％が就業しており、このうち「正規の職員・従業員」が六七・二％、「自営業」が一五・六％、「パート・アルバイト等」が八・〇％となっています。つまり、父子世帯となった後に不就業や非正規の働き方に変わった父親の割合が増えていることがわかります。

また、父子世帯になる前に就業していた者のうち、父子世帯になったことを契機に転職をした者が二四・〇％おり、仕事を変えた理由として、「労働時間があわない」が二〇・九％と比較的多くなっています（表Ⅰ-8-1）。ひとり親世帯では、残業や宿泊を伴う出張が難しく、学校行事や子どもの病気などで平日に休まざるを得ない状況があります。そのため、父親が家事・育児をしながら、父子世帯になる前と同じ条件の仕事を続けることは難しいと推察できます。なお、この統計は、「転職」の数であり、同じ会社に勤務していても残業等が少ない部署へ転属をした数は含まれていないことを考えると、ひとり親になって働き方を変えた割合はさらに高くなると思われます。親の就業が不安定な状況は、子どもの貧困を助長します。父子世帯に対する就業支援は、非常に重要であると言えます。

次に、ひとり親の困っていることについて見てみると、母子世帯の場合、「家計」が四五・八％、「仕事」が一九・一％、「住居」が一三・四％となっていますが、父子世帯の場合、「家計」が三・五％、「仕事」が一七・四％、「家事」が一二・一％となっています。このことから、母子世帯と比較して、父子世帯では家事が生活の中で負担になっていることがわかります。これは性別役割分業の中で、男性が家事に不慣れなことも影響していると考えられます。

また、相談相手については、「相談相手あり」と回答した割合は、父子世帯では五六・三％であり、母子世帯の八〇・四％と比較すると非常に少ない状況です。さらに、相談相手がいない父子世帯の半数が「相談相手が欲しい」と答えており、父親が他者に相談したくないわけではなく、相談できる相手が見つからない状態であることがわかります。

このような状況の父子世帯に対し、わが国は長い期間十分な支援をしてきませんでした。神原は、父子世帯が経済的には母子世帯と比して収入が多いということ、実数が少ないこと、また、子育ては母親がすべきものというジェンダー規範の根強さゆえに、これまで福祉施策がほとんど講じられないままに放置されてきたとし、それは行政による父子家族の排除とみなさせるのではないかと指摘しています。[*10] このような批判や父子世帯の当事者の声に押される形で、近年、父子世帯への支援は急激に進んできました。二〇一〇年には児童扶養手当が父子世帯にも支給されるようになり、二〇一四年には、「母子及び寡婦福祉法」が「母子及び父子並びに寡婦福祉法」に改称されました。そして、「父子に対する福祉の措置」に関する章が創設されました。さらに、母子福祉資金貸付等の支援施策の対象を父子世帯にも拡大するほか、母子自立支援員、母子福祉団体等や基本方針、自立促進計画の規定に父子世帯も対象として追加され、名称も「母子・父子自立支援員」、「母子・父子福祉団体」等に改称され、やっと父親を意識した支援が始まったとも言えます。

今後は、父子世帯の公的施策の充実だけではなく、相談者がいない状況を考えると、父子世帯の父親が気軽に相談できるように、当事者の集まりや近隣住民などによるネットワークづくりも重要な支援であると考えられます。

4　障害児の父親の子育て支援

障害児を持つ父親の子育て支援を、父親の育児関与、父親の障害受容の二点から検討します。

第一に、障害児の父親の育児関与から父親の子育て支援について考えてみます。障害児の子育ての多くは、母親が担っています。これは、子どもの障害の有無にかかわらず、わが国では未だ性別役割分業によって、母親が育児の大半を担う構造となっているからです。ただし、障害児のいる家庭では、障害の種類や程度の差はあっても、子どもの育てづらさやケア行為が健常児よりも多いうえに、通院や療育施設への送迎等、育児にかかる負担は他の家庭よりも大きいことが容易に想像できます。したがって、母親が働きに出ることは難しく、その分、父親が稼得せざるを得ない状況となっています。このことは、鍛治が、「障害者家族は、母親の就労が困難になりやすい特徴があるため、父親はケア役割よりも稼ぎ手としての役割が求められ、必然的に、父親がケアを含めて子どもと関わりを持つ時間は制限される」と指摘しています。[*11*12] たとえ、父親自身に育児に関わりたい思いはあったとしても、家族のために長時間働かなくてはならず、そうすると、子どもと関わる時間がとれないというジレンマを障害児の父親は抱えやすい状況であることがわかります。

一方で、母親の育児負担が大きいからこそ、障害児の父親は仕事を控えて、家事・育児に関わらざるを得ない場合もあります。しかし、それは多くの父親にとっては簡単ではありません。なぜならば、父親が子どものケアをするためには、職場に配置転換などの業務の軽減を求めることは、それまで築き上げてきた「職業人」としての自らを否定することになり、「男性性」を大きく揺らがせ、価値観を根底から覆さなければならないからです。[*13] 近代社会において職業領域が「男性領域」として定義されているとすれば、労働時間を減らして家庭で育児を行うという選択には、「男」から降りるというイメージがどうしてもつきまといます。[*14]

つまり、障害児の父親は、家庭と仕事との折り合いをどうつけるのか、自分自身の価値観と葛藤する場合もあるということです。したがって、障害児の父親支援においては、ワーク・ライフ・バランスを制度面だけでなく、父親自身の価値観の変容を含めて支援していく必要があると言えます。また、障害のある子どもを持つ父親は、障害児を持つ父親モデルを自分の幼い頃の父親に置き換えにくく、父親モデルを持ちづらいとされています[*15]。そのため、父親が他の父親から子育ての方法や仕事との両立などを学べるように障害児の父親同士のネットワークの構築ができるような支援が必要です。

　第二に、障害児の父親の障害受容から、父親の子育て支援について考えます。親の障害受容は、子どもの療育への動機づけにつながるため、障害受容は早い方がよいとされます。また、山岡・中村は、父母の障害認識の齟齬が、家庭内の葛藤につながる要因ともなることを指摘しています[*16]。母親は日々のかかわりから子どもの障害に気づきやすいですが、日常的な子どもとのかかわりが少ない父親は、子どもの抱える課題に気づきにくく、障害の認識が母親よりも遅く、必要な支援がわかりにくいと考えられます。したがって、父親の障害受容を支え、夫婦の障害認識が近づくような支援が障害児の家庭には必要となってきます。

5　福祉的視点からの父親の子育て支援の課題

福祉的ニーズを持つ家庭の父親支援を概観しましたが、その課題として、以下の二点があげられます。

　第一に、福祉的ニーズがある子育て家庭に対する支援は、主たる養育者である母親を中心としてこれまで行われてきた点です。その背景には、性別役割分業意識があり、子どもと長時間向きあう母親に対する支援が展開されてきました。裏を返せば、長時間子どもと向きあう父親は少数派であり、そこで生じている家事・育児負担やそれに伴う父親自身のストレス、育児と就業との両立困難な状況等については見過ごされてきたと言えます。

　第二に、ワーク・ライフ・バランスの問題です。わが国では、長時間労働がやむを得ない状況であり、そのため、子育てに関わる時間はどうしても短時間となります。したがって、障害児の育児等、家庭に生じた福祉的ニーズを父親が担うことが難しい状況が生じています。また、育児を優先すれば、「出世」を諦めなくてはならないと父親が考えてしまう意識と社会システムがそこにはあります。そして、ひとり親世帯において、仕事と家事・育児を両立するためには、退職や非正規雇用への変更を余儀なくされることも多く、その結果、子どもの貧困を生みだす状況となっています。

　前記の二点の課題は、福祉的な特別なニーズがない家庭の父親支援にも共通することです。しかしながら、福祉的課題を抱えている家庭の父親にとっては、その二つの課題がより一層大きな影響を及ぼし、配偶者や子どもに負担を与える要因となっているとも言えます。まずは、この二つの課題に対する制度・施策の整備および支援を行うことが、福祉的ニーズのある家庭の父親を支える基盤となります。そのうえで、虐待予防ならば支配的暴力を行わないためのプログラム実施やカウンセリング、障害児の親であれば障害受容に至るまでの父親支援、ひとり親であれば家事支援の手助けをする等、それぞれの特徴的なニーズに対応することが必要です。さらに、自分の育った家庭とは違う父親役割を求められるため、同じ境遇にある父親と出会う機会を提供し、相談相手や「父親モデル」が得られるような支援が必要だと言えます。

女性は、これまで、就職やセクシャルハラスメントといった社会構造の中での性差別を受けてきたと言えます。しかし、現在の父親を対象とした子育て支援の少なさを考えると、「子育て支援」という枠組みの中では、男性が性差別を受けてきたとも言えるのではないでしょうか。また、一方で、障害児を持つ父親やひとり親家庭の父親が直面している仕事か育児かの選択を突き付けられるワーク・ライフ・バランスの問題は、これまで社会での女性の活躍を阻んできた要因と同じものです。男女共同参画の中で、子育て家庭に必要な制度・支援の基盤を整えるために、社会システムの転換と社会で暮らす人々の意識変容を行うことが喫緊の課題でしょう。それとともに、性差や福祉ニーズの特徴に合わせた支援を展開していくことが、今後の父親支援では求められています。

注

＊1　厚生労働省（二〇一六）「平成二七年度福祉行政報告例の概況」(http://www.mhlw.go.jp/toukei/saikin/hw/gyousei/15/index.html)（二〇一七年五月二〇日確認）

＊2　大関信子・大井恵子・佐藤愛（二〇一四）「乳幼児を持つ母親と父親のメンタルヘルス――夫婦愛着と自尊感情との関連」『女性心身医学』一九(二)、一八九-一九六頁。

＊3　杉本昌子・横山美江（二〇一五）「父親の虐待的子育てに関連する要因の検討」『小児保健研究』七四(六)、九二七頁。

＊4　大関信子・大井けい子・佐藤愛・池田礼美（二〇一三）「乳幼児を持つ母親のメンタルヘルス――父親のメンタルヘルスと関連要因」『女性心身医学』一八(二)、二五三頁。

＊5　柏木惠子（二〇一一）『父親になる、父親をする――家族心理学の視点から』岩波書店、五三頁。

＊6　中澤香織（二〇一二）「家族構成の変動と家族関係が子ども虐待へ与える影響――母親の家族内における立場に注目して」『厚生の指標』五九(五)、二四頁。

＊7　田村毅（二〇〇三）「男性と家族援助――心理臨床の立場から」『子ども社会研究』九、日本子ども社会学会、一三六頁。

＊8　厚生労働省（二〇一四）「平成二五年国民生活基礎調査の概況」(http://www.mhlw.go.jp/toukei/saikin/hw/k-tyosa/k-tyosa13/index.html)（二〇一七年五月二〇日確認）

＊9　厚生労働省（二〇一二）「平成二三年度全国母子世帯等調査」(http://www.mhlw.go.jp/seisakunitsuite/bunya/kodomo/kodomo_kosodate/boshi-katei/boshi-setai_h23/)（二〇一七年五月二〇日確認）

＊10　神原文子（二〇〇七）「ひとり親家族と社会的排除」『家族社会学研究』一八(二)、日本家族社会学会、一八-一九頁。

＊11　鍛治智子（二〇一六）「知的障害者の親によるケアの『社会化』の意味づけ――地域生活支援における親の役割の考察に向けて」『コミュニティ福祉学研究科紀要』一四、立教大学、七頁。

＊12　鍛治は、ここで用いた「ケア役割」をケアの担い手であることへの社会的な期待であり、またそれが人々に内面化されたものとして捉えている。

＊13　中根成寿（二〇〇五）「障害者家族の父親のケアとジェンダー――障害者家族の父親の語りから」『障害学研究』一、明石書店、一七七頁。

＊14　多賀太（二〇〇五）「男性のエンパワーメント？――社会経済的変化と男性の『危機』」『国立女性教育会館研究紀要』九、国立女性教育会館、四五頁。

＊15　泊祐子・竹村淳子・牛尾禮子・長谷川桂子・塚本康子（二〇一三）「健常児をもつ父親研究との比較による障がいのある子どもをもつ父親の父親意識の形成の特徴に関する文献検討」『小児保健研究』七二(三)、日本小児保健協会、四五七頁。

＊16　山岡祥子・中村真理（二〇〇八）「高機能広汎性発達障害児・者をもつ親の気づきと障害認識――父と母との相違」『特殊教育学研究』四六(二)、日本特殊教育学会、九九頁。

まつもと　しのぶ
京都光華女子大学こども教育学部講師。

9 カナダにおける父親支援

坂本純子

1 カナダの父親たちの肖像

1 WLBを体現する若き首相トルドー

伊勢志摩を舞台に二〇一六年開催された先進国首脳会議G7には、カナダの四四歳（当時）の若きリーダー、ジャスティン・トルドー（Justin Trudeau）首相の姿がありました。

いち早く来日し、若々しく颯爽とした風貌から〝カナダのイケメン首相〟と呼ばれ、二世首相であることや閣僚を男女同数にしたり、先住民や難民として移住してきた人物を登用するなどカナダ政治に注目を集めました。なかでも話題となったのが、結婚記念日と重なったサミット前日を休みにし、夫人と登山や観光を楽しんだことでしょう。子どもと過ごす姿や家族や友人を大切にする様子が、国民の共感と支持を集めている首相は記者会見で公務を休むことへの質問に対し「国に仕えるにはワーク・ライフ・バランスが必要」と強調したと伝えられています。

二〇一六年四月にカナダ政府が発表した「ワーク・ライフ・バランス（以下、WLB）の満足度に関する概況報告書」[*1]によると、フルタイムで働く親の七五％が「満足している」「非常に満足している」と回答していました。一方、「満足していない」と答えた二四％の不満理由のトップは「家庭生活の時間が足りない」で五九％、次いで「長時間労働」が三六％でした。

ここでいう長時間労働には、「週五〇時間以上働いている」という尺度が用いられています。日本では過労死ラインといわれる「週六〇時間以上の就業時間」がよく引き合いに出されますが、そもそもモノサシが大きく違っています。仕事と生活の両立が社会問題化している日本にとって、トルドー首相の休日とWLB発言は波紋を呼びましたが、カナダの親たちには違和感のない回答だったのかもしれません。

2 夫婦で担う、家事と育児、そして仕事

六月には、日本と同じく父の日が設けられているカナダですが、二〇一六年六月一日の政府のホームページには、カナダの父親に関するデータ[*2]が公開されています。これによると、カナダの父親人口は約八六〇万人、一八歳以下の子を育てる父親は約三八〇万人でした。ここには生物学的父親だけでなく養父・義父も含まれます。

一二歳以下の子どもを育てるカナダの父親が育児に費やした時間は、一日平均一三一分。日本は三九分[*3]ですから、カナダの父親は日本の三倍以上も育児に費やしていることになります。家事については八八％の父親が担っており、その割合は増加傾向にあります。日本の共働き家庭の父親は三二・八％[*4]ですから、カナダの父親は倍以上、家事も担っていました。

日本同様に伸び悩んでいる数字が、男性の育児休業の取得率です。ケベック州を除くカナダ全土の父親の育児休業取得（取得予定含む）割合は九・四％で、女性に比べ低い割合にとどまっています。しかし、ケベック州だけは例外で、七八％もの高い取得率を実現しているのです。

フランス語を公用語とし、男女平等を基本的人権と考え推進してきたケベック州では、欧州や北欧に近い福祉政策が取られてきました。

二〇〇六年に導入された保護者のための保険制度（Régime québécois d'assurance parentale：QPIP）では、ノルウェーのパパクオーターをモデルに、父親だけが取得できる五週間の育児休業・給付を設け取得向上を実現しました。

3　多文化主義による一五〇年の成長戦略

カナダは二〇一七年に建国一五〇周年を迎えました。そして二〇一六年はカナダの国勢調査[*5]の年で、これによるとカナダの人口は三五一五万一七二八人と、東京都・神奈川県・埼玉県・千葉県を合わせた規模です。世界第二位の国土にこの人口ですが、三分の一がトロント、モントリオール、バンクーバーの都市に集中しています。

過去一五年間のカナダの人口増加率はG7諸国の中で最も高く、二〇三一年には四〇〇〇万人を見込んでいます。一八六九年に移民法を制定して以来、積極的に移民を受け入れ、拡大成長を続けてきた国です。政府の「二〇一六年移民に関する年次報告書[*6]」は二〇一五年の新規永住移民が二七万一〇〇〇人を超えたと伝えています。出身国はフィリピン、インド、中国、イラン、パキスタン、シリア……の順に多く約二〇〇カ国におよびます。そして二〇一七年の移民計画では、二八万～三二万人と拡大が予定されています。

カナダとアメリカは移民による開拓からの歴史を持つ国ですが、多文化国家を表現する際、アメリカは「人種のるつぼ」、カナダは「サラダボウル」や「モザイク」と表現されます。

福祉国家としてのカナダを一九九〇年代半ばに紹介した『サラダボウルの国カナダ』の中で小出は「カナダのめざすのは、レタスはレタスとして、トマトはトマトとして活かされる社会です。『るつぼ』のようにアメリカとは異なり、全体を溶かし混ぜ合わせてしまう発想のアメリカとは異なり、できるかぎり互いの差異を尊重し合い、多様な人々のありようを認め合い共生する社会です[*7]」と記しています。

シリア難民を、“You are home”“Welcome home”と親しみを込めて出迎えたトルドー首相は、難民問題に厭世的なムードが支配する国際社会に一石を投じる姿として世界中に伝えられました。カナダは多文化主義（Multiculturalism）を国力にすることに成功している貴重な国であり、今後さらに移民を受け入れ成長しようとしています。しかし、移民として暮らす家族にとって、カナダは楽園なのでしょうか。

4　サラダボウルの父親たち

二〇〇四年に訪れたオタワの保健センターでは、アラブ系の一人の母親のために通訳をつけた保健指導が行われていました。トロントの教会のドロップイン（つどいの広場）では、利用者のほとんどが地元の公営住宅に住むアジア系住民でした。入口には「DADDY'S DROP IN」と父親のための集いも表示され、毎月第一土曜日に父親たちが子どもとやって来て育児に限らずさまざまな情報交換をしていると聞きました。

ハミルトンで二〇一五年に開催されたCanada Fatherhood Conferenceへの参加で滞在していたトロントで、私はパキスタン人の移民家庭を訪問する機会を得ました。

一家は古い公営住宅に父親と母親そして男児と誕生したばかりの女児の四人で暮らしていました。父親はコンピュータの技術者で永住を希望していました。短期労働のはしごで生計を立てており、求職中にもかかわらず食べきれないほどのパキスタン料理で歓迎してくれました。

ルーツの文化や宗教が尊重され、移民の支援に手厚いカナダといえども、安定した仕事に移民が就くのは簡単ではないようです。いまのところ親族や同胞のパキスタン人コミュニティが、仕事や生活の大きな支えになっていると、父親は語りました。子どもの教育や育児に困った時に頼るのは、もっぱら親族やパキスタン人コミュニティで、Community Health CentreやEarly Years Centreなどの公的施設は、まだまだ遠い存在のようでした。

パキスタンでは稼ぎ手は男性で、多くの女性が結婚すると家庭に入り専業主婦となります。民族衣装を纏い幼子を抱く母親が、働きに出る日は来るのでしょうか。父親は母親が働くことをどう受け止めるのでしょうか。生まれ育った社会で培われた父親観や母親観と、どのように折り合いをつけていくのでしょうか。

トロント西のエトビコ（Etobicoke）のLAMP Eary Years Centre[*8]では、日曜の朝、Kool Karateと題した六～一〇歳の子どもと父親の運動プログラムが実施されていました。参加者の顔ぶれはまさにサラダボウルで、来日経験のある高校教師がボランティアで指導していました。

空手の型を使った愉快なプログラムでは、父親たちが悪戦苦闘する姿が子どもたちを楽しませ、笑いが絶えず、体を使った交流では言葉の壁も気になりません。父と子の肥満対策を掲げながら、異なるルーツを持つ家族の交流を実現しているKool Karate。これを開発したのは、センターの職員でカナダ全土をネットワークし父親支援を牽引するDad Central Ontario[*9]（旧Father Involvement Initiative Ontario　以下、FII-ON）のコーディネーターのラッセル（Russell, B.）さんでした。

5　若い父親たちを支援する（Ujima House）

カナダ男性が父親になる平均年齢は二八・三歳です。二〇〇二年からカナダ全土で取り組まれた父親支援プロジェクト（「My Daddy Matters Because...」）が開発した支援者のための最初のツールキット「Fatherhood」[*10]には、一九九七年からオタワで取り組まれてきた若い父親のためのプログラムが紹介されています。

〇歳から六歳の子どもを持つ、一五歳から二四歳の若い父親を対象としたこのプログラムは、高校で行われていた若い母親のためのプログラムから派生的に開発されたものでした。

若年の妊娠出産から始まる子育てには、さまざまなリスクが伴いますが、母親の支援を通じて、父親の問題を発見したことから、このプログラムは開発されていきました。生まれてくる子どもにとって、若くても母と父である両者を社会が支援し、親役割を担えるようにサポートしていくことが、子どもにとっても親にとっても重要であることが共有され、若い父親への支援は各地に広まっていきました。

トロント郊外のヨークにあるUjima House[*11]は、アフリカ系カナダ人の若い父親たちの支援のために開設された施設で、代表のタファリ（Tafari Z.）さん以下スタッフは利用者と同じアフリカ系カナダ人です。

写真Ⅰ-9-1　Ujima House のアフリカの太鼓ジャンベ

出所：筆者撮影。

施設は若い父親が立ち寄りたくなるハイセンスなインテリアで、大小のコミュニティルームやプレイコーナー、キッチン、コンピュータルームなどのほかに、男性がリラックスして話すことのできる部屋としてBarber's Corner（床屋のコーナー）というユニークな部屋も設けられていました。

父親の役割や育児を学ぶプログラムをはじめ、アンガーマネージメント、カウンセリング、面会交流、就業支援など必要とされるさまざまな支援が用意されていました。

アフリカ系であることで人種差別を受けたり、適切な養育や教育を受けていなかったりと、Ujima Houseを利用する父親たちは往往にしてハンディを抱え、非行やドロップアウトの経験者も少なくありません。若くして父親になることで、夢や教育が中断することになったり、職業選択の幅が狭まったり、困難な状況を抱え込んでいる者もいます。劣等感や緊張感を持たずに父親であることを受け入れ、親として歩むためには、自らのルーツが尊重され誇りを取り戻すことが不可欠だとタファリさんは語ります。ホールに並べられたアフリカの太鼓ジャンベ（写真Ⅰ-9-1）は、彼らのルーツの象徴であり、心に語りかける重要なツールだそうです。

2　FII-ONから Dad Centralへ渡されたバトン

1　MDMBのすべてが学びの対象

カナダの父親支援と筆者の出会いは、二〇〇三年から二〇〇四年にかけて駒沢女子短期大学（当時）の福川須美先生を代表者とする学術振興財団科学研究補助金基盤研究「非営利・協同組合ネットワークによる子育て支援のあり方に関する国際比較」の研究メンバーの一員であったことに始まります。この二〇〇四年のカナダ調査でオタワの保健センターで政府による父親支援プロジェクト「My Daddy Matters Because...（以下、MDMB）」についてコーディネーターのパケット（Paquette, T.）さんから、直接、解説を受ける機会に恵まれたのです。

当時、埼玉県新座市で子育て支援センターの運営を始めていた筆者は、母親だけでなく父親も支援対象にしはじめたばかりでした。

日本では新エンゼルプランの時期で、一九九九年にダンサーのSAMさんを起用した「育児をしない男を、父とは呼ばない。」のキャッチフレーズで父親育児の啓発が行われたものの、

写真Ⅰ-9-2　My Dad Matters
出所：筆者撮影。

その後、政府による具体的な動きはありませんでした。父親の育児推進に母親の負担軽減が掲げられた時代で、これには違和感がありました。父親の子育ては一義的に子どものためで、子どもより先に母親が語られることに疑問を感じていたのですが、ＭＤＭＢでは、父親の子育ては、まず子どものため、次に父親自身のために、最後に母親のため、という順で語られていました。父親に関するデータベースの収集と提供、ソーシャル・マーケティング、地域資源を動員する実践の三領域で展開していたＭＤＭＢは、ＮＰＯの一実践者の筆者にとってすべてが学びの対象と感じられたのです。

2　カナダの知見と実践の翻訳と五度の招聘

ＭＤＭＢとの出会いを活かすべく帰国後早速に助成申請をして、二〇〇五年にはパケットさんとＭＤＭＢのソーシャル・マーケティングを担当したヒックス（Hicks, M.）さんを日本に招聘し、福川先生をはじめ当時の厚生労働省少子化対策企画室長も交えて、地元の十文字学園女子大学でシンポジウムを開催しました。これを始まりに二〇一〇年までにパケットさんの日本招聘は五回を数えました。

当時、日本の地域子育て支援の現場は、母親だけを支援対象と考えていましたので、各地の意欲的な支援者たちにパケットさんとＭＤＭＢを紹介することで、父親支援への関心を高めていきました。各種助成を活用して研修会やセミナーを各地で催し、新座子育てネットワークが開発した「お父さん応援プログラム」を提供しながら、父親支援の専門家の育成とネットワーク化を図っていきました。

この間、許可を得て、ＦＩＩ-ＯＮが発行するさまざまなツールの翻訳をボランティアと進め、実践者や研究者などに提供していきました。二〇〇五年には、父親のためのガイドブック“Involved Fathers”と別居・離婚した父親のためのガイドブック“Full-time Dad Part-time Kids”を翻訳し、福祉医療機構の平成一七年度の『父親プロジェクト調査研究レポート』[*12]に掲載しました。二〇〇六年には『Daddy...Come Play With Me』を翻訳し『パパ！ 一緒にあそぼ』[*13]として発行するとともに、ＭＤＭＢのすべてが詰まったツールキット『Fatherhood 日本語版』[*14]の一八〇頁に及ぶ翻訳も完成し、現在、父親支援の最前線で活躍する専門家や実践者の多くの手に渡ることとなりました。

3　Dad Central 時代の「My Dad Matters」

カナダから学ぶ一方でしたが二〇〇八年にはトロントで開催された Father Involvement Conference に出席し、日本の取り組みを紹介する機会を得ました。二〇〇九年には「地域子育て支援拠点における父親支援に関する調査研究」[*15]と題し、北九州市立大学の恒吉紀寿先生を主任研究者に、国内の父親支援の状況を捉えることもできました。

東日本大震災ではカナダからも心配のメールが寄せられました。日本ユニセフ協会からの依頼で新座子育てネットワークは、被災父子家庭支援のスキームの構築と被災三県での支援を四年間にわたり展開することになるのですが、二〇一五年に開催された Canadian Fatherhood

National Conference では、この「東日本大震災父子家庭支援＋父親支援プロジェクト」の四年間の取り組みを発表する機会を与えられました。そしてこのカンファレンスでは、カナダの父親支援マニュアルとも呼べるツールキット『Fatherhood』の改訂版『My Dad Matters』も発表されたのです（写真Ⅰ-9-2）。この間に、FII-ONはDad Central Ontarioとなり、コーディネーターもパケットさんからラッセル（Russell, B.）さんに引き継がれました。

二〇一五年六月に、『My Dad Matters』[*16]を使ったトレーナーの養成講座 My Dad Matter Train-the-trainer がトロントで開催されるとの知らせを受け筆者も参加してきました。カナダ各地から集まった、父親支援の担当者たちには女性も多く、男性を支援する難しさや参加者を募るテクニックなど、日本の支援者たちと同じような課題を抱えていることを知り、かつてはるか遠くに見えていたカナダの父親支援が、少し近くに感じられたことはうれしい発見でした。

カナダの父親支援担当者たちが必携する新しいツールキット『My Dad Matters』の翻訳の許可をいただき、作業の多くは終わりつつあります。父親を迎えるための原則と配慮、アセスメント、ベストプラクティス、自己評価……など、カナダの蓄積を感じる新版からも、また多くの学びを得られそうです。

注

*1 Spotlight on Canadians: Results from the General Social Survey, Satisfaction with work-life balance.
*2 Father's Day...by the number.
*3 内閣府（二〇一六）『平成二八年度男女共同参画白書』。
*4 同前書。
*5 2016 Census topic: Population and dwelling counts.
*6 2016 Annual Report to Parliament on Immigration.
*7 小出まみ・伊志嶺美津子・金田利子編著（一九九四）『サラダボウルの国』ひとなる書房、二二九頁。
*8 LAMP Early Years Centre (http://www.lampchc.org/earlyyears)
*9 Dad Central Ontario (http://www.dadcentral.ca/)
*10 My Daddy Matters Because... (2002) *Fatherhood*. FII-ON.
*11 YPF (http://youngfathers.org/)
*12 ＮＰＯ法人新座子育てネットワーク（二〇〇六）『父親プロジェクト調査研究レポート』。
*13 ＮＰＯ法人新座子育てネットワーク（二〇〇六）『パパ！　一緒にあそぼ』。
*14 ＮＰＯ法人新座子育てネットワーク（二〇〇六）『Fatherhood 日本語版』。
*15 恒吉紀寿（二〇一〇）『平成二一年度児童関連サービス調査研究等事業報告書　地域子育て支援拠点における父親支援に関する調査研』こども未来財団。
*16 Dad Central Ontario (2015) My Dad Matters.

さかもと　じゅんこ
特定非営利活動法人新座子育てネットワーク代表理事。

第 II 部

支援活動の実際

1 父親の子育て支援の具体的な取り組み

田辺昌吾

1 さまざまな場における父親の子育て支援

第II部では父親の子育て支援の具体的な取り組みのうち、支援を行っている「場」に着目して実践内容や方法について論じます。子どもを持ち父親となった男性の身近な場における父親支援を取り上げます。ここでいう「身近な」とは物理的な近さというよりも、子どもを持つ父親が日常の生活で継続的に接点を持っている（持ちやすい）という意味です。

大きく分けて三つの場を設定できます。一つ目は子どもが日常的に通ったり、利用したりする幼稚園や保育所、地域子育て支援施設、児童館などです。父親は子どもがいるからこそ父親になるわけです。父親になるための最も根本的な必要条件です。その子どもが生活する場において父親支援を行うことは非常に重要です。二つ目は職場です。大部分の父親の生活の中心が仕事役割である現状からは、その生活スタイルに変化を促し、子育ての場に父親を導くためには職場における父親支援が不可欠です。三つ目は子育てを社会全体で支えるための場です。例として、父親の子育てを推進する理論的根拠の一つである「男女共同参画社会」を実現するために、市民に対する啓蒙事業や情報発信などを行う場です。父親が子育てをすることは「特殊なこと」ではなく「当たり前のこと」だと、社会全体で共通認識を持つためには、より広い視点から父親支援を展開する場が必要になります。以下、これら三つの場における父親支援の重要性について詳述します。

2 子どもが生活する場における父親支援

第I部の1章でも述べられているように、父親は子どもとの関係性のなかで存在します。「子育ての過程のなかで、（中略）親で〝ある〟ことから、〝親らしく〟させられ、親と〝なる〟」[*1]と言われるように、実際に子どもと関わることを通して親意識の変容や親としての自己の確立が促されます。子どもが利用する施設における父親支援の最大の特徴は、子どもの成長との密接な関連のなかで父親にアプローチできることにあります。たとえば長子の子どもが一歳であれば父親は親になって一年であり、その時期の父親の特徴を理解し「今このとき」の父親に応じた支援が可能となります。また、保育所や幼稚園など子どもが一定期間継続して通う施設であれば、子どもの成長のプロセスに合わせて父親に働きかけることができます。

また、子どもが通う施設では子どもを真ん中にして父親と支援者（施設）がつながりやすい関係にあります。子どもや子育てに関する一般的な話題にはあまり興味のない父親であっても、わが子のことであれば話は別なはずです。世間一般の「子ども」ではなく、「○○ちゃん」という特定の子どもの話題を父親と共有できることは、父親の子育てを支援する上で大きな強みです。「○○ちゃん」のことを理解している支援者（施設）だからこそ、その父親に対するアプローチも個別性を担保することができます。そういった関係性を活かして特に期待されることは、子どもの成長の喜びや子育ての楽しみを父親と共有することです。「子どもは手のかかる存在」「子育ては辛いもの」と感じている父親は多くいます。そういった側面がゼロとは言えませんが、本来子どもの成長は喜びであり子育ては楽しみであふれた営みです。そのことに父親自身が自ずと気づくのは案外難しいことかもしれません。多くの父親にとって子育ては未知の領域であり、幼い子どもとのかかわりに困難さを感じるのも現在の社会状況では仕方のないことかもしれません。だからこそ、子どものちょっとした成長や子どもの世界のおもしろさ、子育ての魅力などを父親に伝え共有することが大切になってきます。子どもの存在を日々肯定的にとらえている保育現場の保育者・支援者だからこそできる支援です。父親が子どもや子育てのおもしろさに気づくことが、子育てに主体的・継続的に参画するための必要条件です。

3　職場における父親支援

現在、多くの父親が生活の軸足を仕事役割においています。長時間労働が父親を子育てから遠ざけ、育児休業制度が名ばかり施策になっている現状からも、父親が働く場における子育て支援は重要です。また、父親の生活の軸足があるからこそ、その生活スタイルを見直す上で職場からの働きかけは有効に働きます。職場は基本的に父親が毎日通う場であり、日常のなかでの支援が可能となります。この日常性を活かした支援として特に重要なことは、子どもや子育てが職場のなかで受け入れられていることです。

もちろん父親の子育てを支援するためのさまざまな制度（育児休業、柔軟な勤務時間、転勤を要しない雇用形態など）を整備することも重要ですが、その制度が積極的に活用されなければ意味がありません。そのためにも職場の意識改革、雰囲気づくりが欠かせません。

たとえば、職場の同僚や上司・部下と子どもの話ができる雰囲気がつくられていることは重要な支援です。「昨日子どもと遊んで楽しかった」「最近子どもの偏食がひどくて苦労している」など、父親が日常に感じたほんの些細なことでも言葉にすることで、父親自身が子どもや子育てについて認識を深めるきっかけになると思われます。ときには先輩パパである上司から経験談を聞きアドバイスをもらえることもあるかもしれません。職場に限らず、父親が子どもや子育ての話をする風土が日本にはほとんどありません。母親は子どもを介した人間関係（ママ友など）のなかなど、子どもや子育ての話をする場を持っています。父親のなかにも子どもの通う園や地域のＮＰＯなどの団体を介してパパ友関係を築き、子どもや子育てについて話をする場を持っている人もいます。そのような場を拡大するのと合わせて、職場の人間関係のなかで子どもや子育ての話題が交わされ、父親が日常生活を通して子育てを身近なものと感じられるようにする雰囲気づくりが求められます。そういった雰囲気の職場であれば、父親の子育てを支援する制度も充実し積極的に活用されることでしょう。

4　子育てを社会全体で支えるための場における父親支援

　父親の子育てを支援するためには、父親に直接働きかけるだけでなく、子育てのパートナーである母親への働きかけや社会全体への支援も必要になります。「子育て＝母親の役割」とする価値観が根強い日本社会においてはなおさらです。子育てにおいて夫婦の関係性がいかに重要かは多くの研究で示されています。[*2*3] 父親の子育てが徐々に広まりつつあるなかで、どういったことをすれば家庭役割を全うしたことになるのか、どこまですれば子育てしていることになるのか、最終的には各家庭、各夫婦で異なります。異なるからこそ、夫婦間でしっかりと話し合いバランスをとることが重要になります。父親の子育て支援として、子育ては夫婦（男女）が共に取り組むものであり、そのバランスは各家庭によって異なるものの父親も母親も子育ての主体であることを訴えていく必要があります。

　父親の子育てを広めるためには社会全体の意識改革も必要です。父母それぞれの意識や行動に働きかけるのと合わせて、社会全体で子どもや子育てを受け入れる雰囲気づくりが求められます。少子高齢社会において、「子どもにやさしいまちづくり」が多くの自治体で標榜され、施策が講じられています。父親が依然として子育て領域から除外されている社会は「子どもにやさしいまち」とは言えません。「まちづくり」のなかに父親の子育てを位置づけ、より広い視点から父親の子育て支援を展開することも必要です。広域的な取り組みのできる市役所や男女共同参画センターなどの公的機関における支援が期待されます。

5　多様性を活かす社会に

　大きく三つの場を設定してそれぞれの父親支援の特徴について述べてきました。父親に直接的・個別的に関わるミクロレベルの支援から、父親の身近ではあるものの社会全体に訴えるメゾ・マクロレベルの支援まで、それぞれの支援が折り重なって展開されることが期待されます。

　それぞれの場に共通していることは「多様性を活かす」ことの大切さです。これまで子育てにおいて父親は異質な存在だったため、保育現場においても異質な存在でした。しかし父親が保育現場に参画することで、「保護者＝母親」だったときよりも多様な人間関係が生まれ、子どもにとっても保護者にとっても保育者にとっても豊かな場となる可能性が生まれます。また職場においては女性の社会進出が進み、男性も女性も、父親も母親もともに場を形成するようになってきています。性別にかかわらず多様な考え方が職場の発展に寄与するでしょう。さらに地域社会に男性（父親）が参画することはコミュニティの活性化につながるでしょう。これまで「父親の持ち場＝職場」「母親の持ち場＝

家庭・地域」となっていたものがミックスされつつあるのが現在です。これまでの縄張り意識にこだわるのではなく、多様性を活かしながらよりよい社会を築いていくことが求められます。そのための一つのきっかけとして「父親の子育ての促進」があげられます。

これからの社会を生き抜く子どもたちには「多様性を受け入れる」ことが求められます。子どもたちが生活する家庭環境は多様化しています。専業主婦家庭と共働き家庭の違いだけでなく、ひとり親家庭やステップファミリー、家庭間の経済的格差など、共通の家庭モデルを設定することはもはや不可能です。またグローバル化は今後一層進展することが予想され、文化的背景の異なる人とコミュニティを形成して生活することが増えるでしょう。さらに一〇年先、二〇年先の社会を見通すことは難しく、今からでは想像できないような課題に対峙し解決策を模索していかなければならないでしょう。多様性を受け入れ、多様性を活かした社会を形成していくことが不可欠となるでしょう。そういった将来を見通したとき、「多様であることは豊かなこと」と捉え、身近なところから取り組みを進めていくことが大切です。父親が子育ての領域に参画することは多様性を生み出すこととなり、子どもたちの将来にも社会全体の発展にもプラスとなります。そのための父親支援がさまざまな場で展開されることが期待されます。

注

＊1　柏木恵子編著（一九九三）『父親の発達心理学――父性の現在とその周辺』川島書店、三一〇-三二一頁。

＊2　大野祥子（二〇一六）『「家族する」男性たち――おとなの発達とジェンダー規範からの脱却』東京大学出版会。

＊3　宇都宮博・神谷哲司編著（二〇一六）『夫と妻の生涯発達心理学――関係性の危機と成熟』福村出版。

たなべ　しょうご
四天王寺大学教育学部准教授。

2 地域子育て支援拠点施設における父親の子育て支援

田辺昌吾

1 地域子育て支援拠点事業の概要

子育て中の親子が気軽に集い、相互交流や子育ての不安・悩みを相談できる場として、地域子育て支援拠点施設があります。地域の身近な子育て支援施設として、子育ての孤立化を防ぎ、子育てを介した地域の人間関係づくりに貢献しています。

1　地域子育て支援拠点事業とは

地域子育て支援拠点事業とは「乳児又は幼児及びその保護者が相互の交流を行う場所を開設し、子育てについての相談、情報の提供、助言その他の援助を行う事業」（児童福祉法第六条の三第六項）とされ、児童福祉法上に位置づけられた子育て支援事業です。以前から実施されていた地域子育て支援センター事業とつどいの広場事業が再編・統合され二〇〇七年度に誕生しました。

本事業は現在、常設の地域の子育て拠点を設け、地域の子育て支援機能の充実を図る取り組みを実施する「一般型」と、児童館などの児童福祉施設など多様な子育て支援に関する施設に親子が集う場を設け、子育て支援のための取り組みを実施する「連携型」とからなります。一般型と連携型は「子育て親子の交流の場の提供と交流の促進」「子育て等に関する相談・援助の実施」「地域の子育て関連情報の提供」「子育て及び子育て支援に関する講習等の実施」の四つを共通する基本事業としています。[*1]

地域子育て支援拠点施設は主に幼稚園などへの就園前の家庭（多くの場合いわゆる専業主婦家庭）や育児休業中の家庭の親子が利用しています。子どもが幼稚園や保育所に通うと、子ども同士や保護者同士の関係や保育者との接点ができるものの、就園前はそのような関係が持てず「孤独な子育て」が助長される側面があります。その影響もあってか、母親の子育てに対する否定的感情は常勤者よりも専業主婦のほうが強いこと、また子どもが低年齢（一歳六カ月～三歳一一カ月）の場合、保育園児の母親よりも未就園児の母親のほうが子育てに対する否定的感情は強いことが示されています。[2]

社会全体では共働き家庭の増加に伴い保育所等に通う子どもは増えているものの、低年齢児に関しては依然少数派です。三歳未満児で保育所等に通う子どもの割合は、二〇一一年四月では二四・〇%[3]、二〇一六年四月では三二・四%[4]と五年間で八・二%増加しているものの、全体でみると保育所等に通う三歳未満児は三分の一程度であり、残りの三分の二は一日中家庭で生活しています。そのような親子が身近な地域に安心して集い、心地よい時を過ごせる居場所として地域子育て支援拠点施設があります。

2　地域子育て支援拠点事業の現状と特色

平成二七年度「地域子育て支援拠点事業実施状況」[5]によると、全国の実施カ所数は二〇〇七年度の四四〇九カ所から年々増加し、二〇一五年度は六八一八カ所（一般型六二三四、連携型六八四）となっています。実施場所は保育所、公共施設、児童館の順に多くなっていますが、空き店舗や商業施設などでも実施されています。運営主体は社会福祉法人、市町村の直営で七割強を占めますが、ＮＰＯ法人や任意団体などによる運営もみられます。

地域子育て支援拠点事業は今述べたように、さまざまな場所でさまざまな運営主体によって実施されています。それぞれの創意工夫を活かした支援内容が特色であり、多様化する親子のニーズに応じた支援が展開されています。そのなかでも特に重視されている機能は「親子の居場所である」ということです。そのため、専門職が支援する場というよりも、支援者と利用者が時と場を共有し、当事者性を重視した横並びの関係による支援が目指されています。

2　地域子育て支援拠点施設における父親への支援の重要性

地域子育て支援拠点施設の利用者は、専業主婦家庭や育児休業中の家庭の三歳未満児とその母親が中心です。特に平日は、仕事が休みの父親の利用もあるものの、多くは母親です。一方で、土日もオープンしている施設や土日に催されるイベントなどでは父親の利用も多くみられます。そういった施設での父親に対する支援の重要性について二点あげます。

1　子育て初期からの支援

子どもが生まれると母親も父親も生活は一変します。子どもが生まれて初めて経験することも多くあり、授乳やオムツ替えなど世話的なかかわりなどを通して、子どもとの関係が徐々に築かれていきます。一般的には、母親は妊娠や出産を経験することで「親になる」意識が芽生えやすいものの、父親は母親ほど明確なきっかけがなく、「親になる」意識の芽生えにも差があると言われています。さらに「子育て＝母親の役割」とする価値観が依然根強く残っています。

こういった状況で、父親も子育ての主体であり、大きな役割を担っているということを父親自身に意識づけするためには、子育ての初期のころからの働きかけが重要となります。子どもが保育所や幼稚園に通うまでの期間、その役割を担える支援主体の一つとして、地域子育て支援拠点施設があります。父親が子どもと一緒の時を過ごしたり、他の親子の様子を見て刺激を受けたり、時には支援者から子育てに関するアドバイスをもらったりする場が、身近な地域にあることの意味はとても大きいです。子どもが生まれてさまざまな経験をするなかで、子育てに悩み、ストレスを感じるのは母親だけでなく父親も同様です。二子、三子が生まれて、きょうだい関係に悩むこともあるでしょう。そういった悩みの解決のきっかけを見つける場として、地域子育て支援拠点施設は有効に働くでしょう。

2　母親のサポート

先述したように、母親の子育てに対する否定的感情は専業主婦および未就園児の母親のほうが強いことが示されています。地域子育て支援拠点施設はこの母親群の支援を中心的に担っていますが、この時期に母親のパートナーである父親にも働きかけることは、母親へのサポートといった視点からも有効です。父親の育児行動が母親の育児ストレスを低減させることは多くの研究で実証されており、*6 母親だけに働きかけるよりも父親も合わせて支援対象とすることで、よりよい子育て環境が築かれます。

3　地域子育て支援拠点施設における父親支援の実際

では具体的にどのような父親支援が展開されているのでしょうか。ここでは市の委託を受けたNPO法人が運営する「A子育てひろば」（以下、Aひろば）での実践を通して、必ずしも順調に発展してきたわけではない部分も含めて、子育てひろばにおける父親支援について紹介します。具体的にはAひろばで父親たちが中心となって運営している父親サークルの活動について取りあげます。以下の内容はAひろばのスタッフ（女性）および父親サークルで中心となって活動している父親へのインタビュー、さらに筆者が継続的に関わるなかで感じたことをもとに構成されています。

1　父親サークル活動のきっかけ

Aひろばは商店街の一角に位置し、約一〇年間子育て支援活動を行っています。開設当初から父親サークルがあったわけではなく、一つのきっかけからサークルの立ちあげへとつながっていきました。そのきっかけは二〇一〇年にNPO法人ファザーリング・ジャパン代表の安藤哲也氏（本書第Ⅳ部2章執筆）を招いた講演会にありました。それまでAひろばでは「ファミリーデー」というかたちで、月一回日曜日に父親も含めた家族での参加を促すイベントを開催し、父親の利用者も一定ありました。ちょうど社会では「イクメン」ブームが到来し（二〇一〇年六月に厚生労働省が「イクメンプロジェクト」サイトを開設）、国をあげて父親の子育てに焦点をあてる流れにありました。その流れのなかで、Aひろばのスタッフの父親の子育てを喚起したいという思いが安藤氏の講演会開催につながりました。その講演会で大きな刺激をうけた父親数名が、父親が主体となって何かできないかと考えた結果、サークル活動につながっていきました。その父親のなかには以前からファミリーデーなどでAひろばを利用していた父親もいれば、妻に連れられて講演会に行き、そこで初めてAひろばの存在を知った父親もいました。

Aひろばの父親サークル立ちあげの経緯からは、父親が子育ての主体となるためには何らかのきっかけが必要であるということがうかがえます。父親の子育て支援の裾野を広げていくためには、子育てひろばなどの子育て支援者が中心となってきっかけづくりをしていくことも必要でしょう。その一例として、父親の子育て支援の「先導者」の力を借りることも有効な手段です。ただし、「先導者」の力を借りて、たとえば講演会を開催すればそれでうまくいくとは限りません。後述するように、父親の高まった気持ちを受け止め、その思いを実現していくためにはスタッフの支援が欠かせません。

2　父親サークル活動の実際とその効果

父親サークル活動の中心は、それまでファミリーデーとして実施していた月一回の日曜日の活動を父親サークルが中心となって企画・運営することです。活動には原則父子での参加とする回もあれば、母親も含めた家族での参加も可とする回もあります。企画・運営を父親が中心となってするだけでなく、活動に参加する親子も父親を中心にしたものに展開していきました。実際に行った活動内容は、水遊び、ふれあい遊び、製作活動、もちつき、いもほり、うどん作り、運動会、ハロウィンパーティ、クリスマスパーティ、消防署見学など、多種多様です。

各回の活動内容を父親サークルのメンバーが中心となって企画しますが、実際に活動するにあたっての準備など、スタッフの支援が欠かせません。平日や多くの場合土曜日も、仕事の都合で父親がすべての準備を行うことは難しく、スタッフとの協働のもとに活動が展開されています。スタッフとしてはどこまで支援すべきか悩ましいところです。父親サークルの活動であり、父親が主体的に活動することの意味を理解しているからこそ月一回の活動はできるだけ父親に任せたい気持ちがある一方で、仕事の都合などでそれが現実的には難しいこともわかっています。

ここでスタッフにはどこまでを父親に任せ、どこまでを支援するかを見極める力が求められます。すべてを父親に任せてしまうと現実的に運営が行き詰まり、父親サークルが継続できない恐れがあります。その一方で父親サークルの活動に手を出しすぎると父親の主体性が失われ、父親が受身的な「お客さん」として活動に参加することになってしまいます。その時々に、何が父親のためになるのかを考え、支援することが重要です。

これらの活動を通して、父親サークルの父親たちが感じているよさは次の三点です。まず「父親自身の楽しみ」があげられます。イベントの企画などをしていて楽しいと感じたり、運営を通して達成感や満足感を得られていることが聞かれます。また「母親（妻）のサポート」があげられます。母親のサポートを主たる目的にサークル運営が行われており、サークルメンバーには父親だけで子どもを連れて活動に参加しているものもおり、またイベント参加者にもそのような父親がいます。母親に自由な時間を作るという目的が多少なりとも達成できているとの声が聞かれます。さらに「子どもとの関係の深まり」があげられます。さまざまな活動を通して家庭以外でのわが子の姿、特に他者（子どもも大人も）と関わっている姿を観察できることのよさを感じているとの声が聞かれ、父親の子ども理解が進み、豊かな父子関係につながるきっかけとなっていることがうかがわれます。

スタッフには、活動を通して父親にどのような効果があるのかを把握する役割が求められます。今あげた父親自身によって語られる内容だけでなく、支援者としての読みとりも大切です。

たとえばAひろばのスタッフからは、父親が主体的に活動内容を考えることのよさについて、父親の発想のおもしろさが活動内容の豊かさにつながり、また父親がAひろばにいることで子どもたちの活動が生き生きするように感じられるとの話が聞かれました。

3　父親サークル活動の課題

約七年間活動を継続してきた父親サークルですが、現在大きな岐路に立たされています。それは父親のサークル活動を引き継いでいく後継者がいないことにあります。これまでサークル活動を中心となって担ってきた父親たちの子どもが小学校や幼稚園に入学・入園し、Aひろばを利用する子どもの対象から外れてきました。日曜日の活動であれば小学生、幼稚園児でも参加可能ですが、新たなコミュニティではまた違った活動があり（たとえば習いごとをするなど）、自然とAひろばの活動から離れていっているのが現状です。子どもがAひろばから離れていっているなかで、父親だけがサークル活動にかかわり続けるのは現実的に困難です。特にAひろばの父親サークルは「母親に自由な時間を作る」という母親サポートを大きな目的として運営されてきました。だからこそ父子がセットでのサークルの運営になります。

後継者の育成がスムーズに進まず、父親サークルが行き詰まっている要因として、スタッフの方は三点あげています。一点目は、父親サークルのメンバーが活動内容を主体的に企画・運営してきたよさはあるものの、その企画された活動に参加する父親たちは「活動に参加するお客さん」になってしまっていたことです。結局七年間父親サークルの中心的メンバーだったのはサークルの立ちあげに加わった父親たちであり、その後転勤や子どもの成長に伴ってメンバーが減っていったものの、なかなか増えてはいきませんでした。父親サークルのメンバーとその活動に参加する父親たちとの交流をもっと密にし、父親たちが全体として主体的に活動する場となるように、スタッフからの働きかけがより必要だったのかもしれません。

二点目は、当初から父親サークルが目的としてきた「母親のサポート」という視点と、活動に参加する父親の思いにズレがあったことです。スタッフの方は「今のお父さんは父子で楽しむというよりも母親も含めた家族で楽しむ（行動する）傾向が強いように感じる」と話されます。もちろん父親だけで子どもを連れてAひろばに行くことに抵抗を感じる父親もいると思います。母親に連れられてという父親も多いでしょう。その一方で、父―母―子の家族で経験を共有し子育てを楽しみたいという父親もおり、その父親のAひろばに行く目的には「母親に自由な時間を作る」という視点は含まれていないでしょう。母親を含めた家族というかたちであったとしても、父親がAひろばを利用することの意味はあります。だからこそ、何を目的にして父親サークルを運営していくのかを常にサークルメンバーの父親とスタッフとで共有しておく重要性が指摘できます。

三点目は、父親のパートナーである母親の助けが父親サークル継続のためには重要であるということです。先述したように、父親サークルは父親たちの主体的な活動であるものの、実際の準備などではスタッフの支援が欠かせません。平日はほぼAひろばに行くことのできない父親にとって、スタッフと密に連携することにも難しさが伴います。ここで、仮にパートナーの母親が平日Aひろばを利用していれば、父親―母親―スタッフと、母親を介して父親とスタッフとの連携も図りやすくなります。また母親もAひろば利用者であれば、その影響を受けて父親のAひろばへの参画意識も高まるかもしれません。実際に普段からAひろばを利用している母親（後にスタッフとして活動）のパートナーである一人の父親が、父親サークルの運営では夫婦間の関係を活かしてスタッフとの連携などで大きな役割を担っています。しかし、普段母親がAひろばをほとんど利用していないものの、父親サークルの中心メンバーである父親もいます（珍しいケースかもしれませんが、「母親に自由な時間を作る」という目的を実践している父親です）。Aひろばの父親サークルの目的と照らしたとき、スタッフが父親サークル運営のために、母親にどこまで協力を依頼すべきか大変悩ましいところです。「母親同士がつながり、そのパートナーである父親同士もつながり、その関係性を核にして父親サークルを運営していけば、継続したサークル活動にできるかもしれない」とスタッフの方は話します。

さらに、地域子育て支援拠点施設特有の難しさがあります。それは、必ずしも行かなくてもいい施設であるということです。気が向かなければ関係を断つことができます。こういった施設において、父親に継続した利用を促すためには、それなりの「しかけ」が必要になるでしょう。また、こういった施設だからこそ、父親サークルなど主体的に活動したいという父親がいた場合、是非ともその気持ちを実現できるよう支援してほしいと思います。子育ての初期に、父親同士で関係を築くよさを経験した父親は、その後、子どもが幼稚園や小学校に進んでいったとき、それぞれのコミュニティで父親の子育てを喚起する役割を担える父親になるでしょう。

本章では、父親支援が必ずしも順調に進んでいるわけではないAひろばの例を取りあげました。父親支援に取り組んだものの、なかなか発展していかない難しさに直面している施設もあるのではないでしょうか。Aひろばの試行錯誤から学べることも多くあります。

Aひろばではひとまず「父親」サークルにかかわらず、家族で参加できる活動を充実させ、そのなかで父親にも支援の目を向けていく方向で進んでいっています。その活動を通して、再度父親が主体となってサークル運営のできる環境が整えば、全力でその支援に取り組む意向です。父親や母親、また社会の状況に応じて父親支援の内容・方法を変えていける柔軟さが地域子育て支援拠点施設には求められています。

注

＊1　厚生労働省ＨＰ「地域子育て支援拠点事業とは」(http://www.mhlw.go.jp/file/06-Seisakujouhou-11900000-Koyoukintoujidoukateikyoku/kyoten26_4. pdf)（二〇一七年三月二〇日確認）

＊2　ベネッセ教育総合研究所（二〇一六）『第五回幼児の生活アンケート』(http: //berd. benesse. jp/up_images/research/YOJI_all_P01_65.pdf)（二〇一七年三月二〇日確認）

＊3　厚生労働省（二〇一二）「保育所関連状況取りまとめ」（平成二三年四月一日）。

＊4　厚生労働省（二〇一六）「保育所等関連状況取りまとめ」（平成二八年四月一日）。

＊5　厚生労働省ＨＰ「平成二七年度地域子育て支援拠点事業実施状況」(http: //www. mhlw. go. jp/file/06-Seisakujouhou-11900000-Koyoukintoujidoukateikyoku/kyoten_kasho27.pdf)（二〇一七年三月二〇日確認）

＊6　柏木惠子・若松素子（一九九四）「『親となる』ことによる人格発達——生涯発達的視点から親を研究する試み」『発達心理学研究』五(一)、七二-八三頁。

たなべ　しょうご
四天王寺大学教育学部准教授。

3 幼稚園における父親の子育て支援

久留島太郎

文部科学省の幼児教育実態調査[*1]によると幼稚園における預かり保育の実施率は八二・五％となっています。ここから見えてくるのは、幼稚園に子どもを通わせる保護者の就労状況の多様化です。幼稚園の預かり保育を利用している共働き世帯も増えていることがうかがわれます。しかし、幼稚園に子どもを通わせる家庭での子育てでは、依然として母親が養育の主な部分を担っているというのが現状ではないでしょうか。

また、幼稚園入園前に子育て支援の場で保育を経験している子どもたちが多いのも今日的な傾向です。筆者が関わっている子育て支援施設における父親支援プログラムでは、年々乳児を連れた父親の参加が増えてきています。幼稚園が子どもや父親にとってはじめての保育の場ではないことも以前とは異なる現状です。そんな中で、ここでは幼稚園における父親支援のあり方について考えていきます。

1 幼稚園の今

子ども・子育て支援新制度のスタートに伴い、就学前の子どもたちを取り巻く環境は変化し、就学前の子どもたちが生活をする場は「幼稚園」「保育所」「認定こども園」などと多様化してきています。文部科学省の学校基本調査（二〇一五）によると、幼稚園在籍者数は一四〇万人、厚生労働省の保育所関連状況取りまとめ（二〇一四）によると、三歳以上児の保育所利用者数は約一三九万人であり、依然として就学前児の半数は幼稚園に通っていることがわかります。

2 幼稚園における子育て支援

幼稚園は学校教育法に基づいた、子どもたちがはじめて通う学校であり、「遊び」を中心としたカリキュラムを通して心身の発達を助長することを目的とした場です。生まれてはじめての家庭以外での社会生活の場となる幼稚園で、幼児期の子どもたちの心身の発達を保障するためには、家庭との連携が不可欠となることは言うまでもありません。少子化の影響もあり、身近に子育てのモデルが少ない現代社会においては、子育てに不安を抱える保護者が少なくありません。子どもたちを家庭で育ててきた父親が、幼稚園という場でさまざまな子育てモデルと出会う際に、その「不安」を「安心」に変える役割をはたすことが幼稚園に求められています。

幼稚園教育要領（二〇一七年）には、幼稚園運営上の留意事項の中に、子育て支援に関わる事項として「幼児の生活は、家庭を基盤として地域社会を通じて次第に広がりをもつものであることに留意し、家庭との連携を十分に図るなど、幼稚園における生活が家庭や地域社会と連続性を保ちつつ展開されるようにするものとする。その際、地域の自然、高齢者や異年齢の子供などを含む人材、行事や公共施設などの地域の資源を積極的に活用し、幼児が豊かな生活体験を得られるように工夫するものとする。また、家庭との連携に当たっては、保護者との情報交換の機会を設けたり、保護者と幼児との活動の機会を設けたりなどすることを通じて、保護者の幼児期の教育に関する理解が深まるよう配慮するものとする。」とされています。

ここからは、幼稚園での子育て支援が幼児期の教育のあり方を家庭と共有できるように働きかけながら、保護者との協働のもとに進められていくものであることが示されていると言えるでしょう。

また、文部科学省の「幼稚園における子育て支援活動及び預かり保育の事例集」（二〇〇九年）では、幼稚園における子育て支援の基本的な考えとして次の五点があげられています。

・保護者が安定した気持ちで幼児を育てていくことは、幼児の健やかな成長にとって大切。
・幼児が主体的に活動を展開するためには、保護者との温かなつながりに支えられて幼児の心が安定していることが大切。
・近年、都市化、核家族化、少子化、情報化等の社会状況が変化する中で、子どもにどのようにかかわっていけばよいのか悩んだり、孤立感を募らせる保護者の増加等といった様々な状況への対応が必要。
・保護者の子育てに対する意欲を引き出し、その教育力が向上するよう「親と子が共に育つ」という観点から子育て支援を実施し、子どものよりよい育ちが実現するようにすることが大切。
・幼稚園は、幼児の家庭や地域での生活を含めた生活全体を豊かにし、健やかな成長を確保していくため、地域の実態や保護者及び地域の人々の要請などを踏まえ、地域における幼児期の教育のセンターとしてその施設や機能を開放し、子育ての支援に努めていくことが必要。

これらの基本的な考え方をもとに具体的な留意事項に活動例として「父親を対象とした活動」があげられています。幼稚園の子育て支援において「父親」が取り立てて支援の対象となっている背景には、母親の育児不安が依然として解消されていないことや、父親の子育て不安が増えてきていることなどがあります。

子どものより良い育ちが実現されるためには、保護者が安心感を持ちながら親として育っていくことが必要です。幼稚園が親自身も子どもたちと共に育ちゆく存在であるということへの気づきが得られるような支援が求められています。

3　幼稚園における父親の子育て支援の一〇年

1　筆者の思い

筆者は幼稚園教諭として職場で園児の父親た

ちと関わる一方で、四人の息子たちが通っていたA幼稚園で一人の父親としても幼稚園に関わってきました。保育者であり同時に父親でもあることが、幼稚園における父親支援を考えるきっかけとなりました。

ここではA幼稚園で「おやじの会」がスタートした二〇〇五年から二〇一六年現在までの約一〇年間の歩みを振り返りながら、幼稚園における父親支援のあり方について考えていきたいと思います。

2　園との協働からのスタート

息子たちが毎日「楽しい」と話をしている幼稚園で、父親としても保育者としても、仲間づくりを通して同じように楽しみたいと考えました。そこで、最初に当時の園長先生（現在は法人の理事長）に父親を中心とした活動をしたいと相談しました。園長先生は、園としても大事な取り組みとしたいからということで、そのあり方について検討すると話してくれました。

一人の父親からの申し出を、肯定的に受け止めてくれ、建設的に「検討する」と話してくれた園長先生の温かな言葉は今でも心に残っています。後日、「子どもたちを中心として保護者と幼稚園とが共に歩んでいきましょう」と話を聞いた時、「ともに歩む（協働）」ということがどのような意味を持つのかを実感することができました。父親も子どものよりよい育ちを考える主体者であることを父親に感じさせるということも幼稚園の重要な支援のあり方であることに気づかされました。

3　発起人会から

幼稚園に自分の思いを伝えてからしばらくして、園長先生から「幼稚園としても、父親も一緒に幼稚園生活を楽しんでほしいという考えがあります。まずは発起人を集めてみんなでどんな活動にしたらよいかを考えたらどうでしょうか」という提案がありました。そして、普段保護者と接している園長先生、各クラスの担任の先生たちが今回の提案に賛同してくれそうな父親に声をかけ、発起人への協力を依頼してくれました。

幼稚園の先生たちの働きかけによって賛同してくれた一〇名ほどの父親たちが幼稚園に集まり、発起人会を行いました。A幼稚園の教育活動に対して関心の高い父親、幼稚園に対して信頼感をもっている父親たちの集まりとなったため、あっという間に「おやじの会（仮称）」の基本的な考え方とその活動についての骨子が固まりました。そして、発起人会から保護者に対して案内の手紙を配布することとなりました。

普段、幼稚園への送り迎えができる状況にない父親の一人である筆者の提案が、このような発起人会につながるためには、幼稚園の先生たちが持っている情報が不可欠でした。日常的に子どもたちや母親たちとのかかわりを通して見える父親の存在を把握することができていること、それを提供してくれたことが、発起人会の成功につながりました。

幼稚園のできる支援のあり方の一つのポイントとして「父親同士をつなげる」ということがあげられます。今回は発起人会で「おやじの会（仮称）」を保護者会の中にあるサークル活動として位置づけることとしました。「絵本の会」等と同列とすることで、義務ではなく誰でも参加できるという位置づけにしました。

また、園との話し合いの中で、会長などの役割を決めるのではなく、複数の世話人を立てることで誰でも参加しやすい形を整えることになりました。そして、第一回目のキックオフイベントとして、幼稚園近隣の学校を借りてのスポ

資料Ⅱ-3-1　おやじの会の目的

1．会の目的
　① 子どもを同じ園に通わせる父親の交流と親睦を図る。
　② 父親の子育てについて考えあう場とする。
　③ 幼稚園の活動に父親として参加・協力をする。
2．会の構成
　在園児の父親を対象とする。
　世話人が活動を企画・準備し，全園児の父親に呼びかけて活動する。
　・活動に応じて必要な機会に世話人会を企画し，出席可能な者によって運営する。
3．会の主な活動
　・家庭参加日のコーナー分担
　　1月　焼きそば　餅つき等　　6月　戸外での親子遊び等
　・その他　園に許可がもらえる範囲内での企画を構成し，その企画への参加。
　　忘年会や新年会，花見，納涼会等，楽しいイベント。
4．会　費
　その都度，実費を徴収。後は割り勘。
〈付則として〉
　☆参加不参加は自由，できる時にできることをする。
　☆各会員や世話人に対して精神的負担になる会にはしない。

ーツイベント＆父親座談会を企画しました。会場の借用や座談会の会場などについては全面的に幼稚園がバックアップをしてくれたことでスムーズに計画が進みました。

世話人が決まり、会としての柱はできたものの、日常的に連絡をとりあうことが難しい父親たちにとって、手紙の配布やアナウンスなどで幼稚園がサポート体制を作ってくれていたことは大きな力となりました。また、父親たちの企画を母親たちのネットワークを通して広げていくことで、これまでつながりのなかったさまざまな人とのつながりができました。

4　おやじの会のねらいやその実際

父親たちが多く集まる運動会当日に、「（仮称）おやじの会」のキックオフイベントについて告知をしました。

キックオフイベントの当日、世話人の父親たちは準備をしながら「集まるかな？」とドキドキの朝でした。しかし、二一家族が集まりフットサルやドッジボールで盛り上がるイベントとなり、夕方からの父親座談会でも父親同士の交流を深めることができました。そして正式に「おやじの会」が発足しました。その際に会の目的などを次のように決めました（資料Ⅱ-3-1）。

当日の様子や、集まった父親たちで了解が得られたことなどについては、各家庭に手紙で配布し、周知を図りました。その際に、メーリングリストへの登録や、情報交換のための掲示板についても告知をしました。一〇年前はまだSNSなどが一般的ではなかったため、メーリングリストや掲示板などで情報交換をしていました。

第一回目の父親座談会では園長先生のファシリテートによって、父親たちがそれぞれの悩みや子育て観を語ることができました。わが子を知ってくれている園長先生が真ん中にいることで、はじめて出会った父親同士が交流を深めることができたと考えられます。

「A幼稚園の保護者である父親」という共通項を柱に園長先生が話題を提供してくれたこと、わが子を大切にしてくれている幼稚園という場で座談会を行ったということが「おやじの会」の始まりには大きな意味を持っていました。

5　協働と共感

「おやじの会」がスタートし、その考え方に共感してさまざまな父親たちが幼稚園との協働に関心を持ってくれました。仕事も多様、年齢も多様、考え方も多様。その多様性にはいつも驚かされました。

A幼稚園では「君は君でいいということ」と「一緒にいることは素晴らしい」ということが大切にされていました。保護者にとっても「みんなを同じにする努力でなく、その子に固有なもの、その子ならではの〝違い〟を認め、大切にする法が優先されるべきです[*2]」という考え方が助けとなっていました。

おやじの会として参画することとなった家庭参加日（参観日）では、焼きそばを焼きながら、もち米を蒸す焚き火を囲みながら、父親たちが膝を突き合わせて話をする姿が増えました。参観日に子どもたちの前で絵本を読んだり楽器を演奏したりする父親もいれば、平日休みを利用して幼稚園のホームページを作る父親、遊具の修繕をする父親など、できることをできる時にというスタンスが共有されたことで、おやじの会を肯定的に捉える父親が増えたと感じます。

メルマガを発行し父親たちのリレートークを企画してくれた父親、海上保安庁の職員としての立場からAED講習を企画してくれた父親、自宅前で流しそうめんを企画してみんなを呼んでくれる父親、子どもたちに野球を教えてくれる父親等、「おやじの会」を経由してそれぞれの持ち味を子どもたちのために惜しげもなく提供してくれています。

おやじの会の目的には「幼稚園の活動に参加・協力する」という言葉を位置づけました。しかし、父親にとって幼稚園が居場所になっていなければ参加も協力もしようとは思えません。そのために、普段関わり合う機会の少ない父親たちが交流する機会をデザインすることが求められます。幼稚園が行事の際の準備片付け、環境整備の際の作業等、父親が力を発揮できる協働の場を設定してくれることがその機会となっています。

父親の多くは、作業的な活動には積極的に関わることができるようです。また、補完的な役割としてメーリングリストや掲示板などが役に立ちました。そこには幼稚園からの情報発信もあるため、双方向のやり取りが生まれます。

熱い思いを持つ父親たちの輪が前に出過ぎてしまうと、せっかく関心を持っていてもその輪へのかかわりをためらわせることとなってしまいます。実際に「『おやじの会』という括りに抵抗を感じる」という声も聞かれました。しかし、既存のつながりと関心を持つ父親たちの間に幼稚園が関わることで、そのつながりがスムーズになることをこの一〇年で実感してきました。在園期間が短い幼稚園では、このような園との協働の視点が欠かせません。

また、幼稚園の先生たちが共感的に評価をしてくれることや、わが子以外の子どもたちから肯定的なフィードバックがあることは、父親たちが子育てに向かうための大きな動機づけになります。日常的に子育てをする時間や場を手にすることが難しい父親にとって、幼稚園という場に関わることが子育てへの関与度を高めるきっかけとなるのです。

6　父親たちの声から

「おやじの会」が生まれて一〇年が経ち、メンバーも入れ替わってはいるものの、幼稚園の行事には未だに多くの卒園児の父親が集まってきます。それぞれが地域でサッカーや野球の指導者をしていたり、町内会の会長をしたり役員をしたりと新しい居場所で新しい役割を持ちながらも幼稚園にやってきます。何年かぶりに「久しぶり」とやってくる父親もいます。

卒園児の父親たちとテーブルを囲んで話す時によく語られるのは「あの時に悩みを打ち明けることができてよかった」、「みんなで話したことがスタートだったよね」といった「自分の思いや考えを話すことができた」という体験です。

中澤のフォーカス・グループ・インタビューによる父親の育児参加要因の検討[*3]では、育児参加の促進要因の一つとして「父親が育児について語る場やつながりがあること」が示されています。幼稚園で父親自身が親役割について話ができること、子育て観を語り合うことができるような場を作るということも一つの支援となるのではないでしょうか。

　在園児の父親と卒園児の父親が一緒に活動をする際には、卒園児の父親たちの言葉や動きがモデルとなります。A幼稚園では子どもたちにも保護者にも「あなたはあなたのままでいい」と言葉をかけてくれます。卒園児の父親が在園児の父親のありのままを受け止めながら話をしている姿から、父親が父親をケアする役割を果たすようになっていく親としての育ちの過程を読み取ることができます。

4　父親支援プログラムの可能性と今後

　ベネッセによる「第三回　乳幼児の父親についての調査[*4]」の報告では、「家事・育児に今まで以上に関わりたい」と思う父親がこの九年間で増加している一方で、実際に家事や育児への直接的なかかわりが増えておらず、父親の子育てへの不安感が高まっているという結果が示されました。また、帰宅時間が二一時を超える父親が四割を超えているという、子育てへの関与を求めながらも実際はそうはできていない父親の実態が依然としてあることが指摘されています。

　一〇年間の取り組みを通じて、筆者自身の父親としての育ちには、A幼稚園の先生たちや「おやじの会」の仲間たちとのつながりがとても大切なものであったことに気づかされます。父親としての不安感を共感し合えたこと、そして父親の多様なモデルから多くの気づきを得られたこと、それはA幼稚園という場が与えてくれた宝物でした。幼稚園が「父親になる」ことに寄り添ってくれることが、父親たちにとって何よりの支援になるのではないでしょうか。

　SNSがコミュニケーション手段の一つとなってきている今、それらの仕組みを使いながら上手に子育て環境を作り上げていこうとする父親たちの姿を見ることができます。

　依然として社会生活における関係性の希薄さが指摘されていますが、それらの実態等に寄り添うことで見えてくる支援の手立てはかならずあります。父親たちの声に耳を傾けながらそれぞれの園で協働の場作りを考えていくことが父親支援プログラムを作成する上でのポイントとなるのではないでしょうか。

注

＊1　文部科学省（二〇一五）「幼児教育実態調査」。
＊2　木下勝世（二〇〇六）『園長かいじゅうからの子育てメッセージ』キリスト教新聞社、一二頁。
＊3　中澤潤（二〇一一）「平成二十二年度児童関連サービス調査研究事業　父親の育児参加要因の検討に関する研究調査報告書」子ども未来財団。
＊4　ベネッセ次世代育成研究所（二〇一四）「第三回乳幼児の父親についての調査」。

参考文献

厚生労働省（二〇一四）「保育所関連状況取りまとめ」。
文部科学省（二〇〇九）「幼稚園における子育て支援活動及び預かり保育の事例集」四二頁。
文部科学省（二〇一五）「学校基本調査」。
文部科学省（二〇一七）「幼稚園教育要領」。

くるしま　たろう
植草学園短期大学福祉学科准教授。

4 保育所における父親の子育て支援

濱崎 格

1 保育所の概要

保育所保育指針（平成二九年三月改定版）第一章で「保育所の役割」として、「保育所は、その目的を達成するために、保育に関する専門性を有する職員が、家庭との緊密な連携の下に、子どもの状況や発達過程を踏まえ、保育所における環境を通して、養護及び教育を一体的に行うことを特性としている」と記されています。

保育所に入所している子どもの保護者に対する支援は、日常の保育と一体に行われるところに特徴があり、児童福祉法第一八条の四には「児童の保護者に対する保育に関する指導を行うこと」が保育士の業務として規定されており、保育士養成課程においても、家庭支援論と保育相談支援の履修が義務づけられています。この児童の保護者に対する保育に関する指導（保育指導）は、保育所保育指針（平成二〇年三月改定版）解説書では、「子どもの保育の専門性を有する保育士が、保育に関する専門的知識・技術を背景としながら、保護者が支援を求めている子育ての問題や課題に対して、保護者の気持ちを受け止めつつ、安定した親子関係や養育力の向上をめざして行う子どもの養育（保育）に関する相談、助言、行動見本の提示その他の援助業務の総体」としています。保育所は生活の場であり、保護者の送迎があるために保育者と保護者のかかわりは深くなりやすく、それらの場面を上手く使って保護者を支援していく事が求められています。保育所保育指針（平成二九年三月改定版）第四章「子育て支援」には、保育所における保護者に対する子育て支援の基本的事項が示されています。これら、保育所における保護者に対する子育て支援の基本を踏まえて、父親支援の取り組みの実際を述べていきたいと思います。

2　保育所における父親支援の取り組みの実際

1　入園前後のかかわり

保育所ではじめて保護者と接するのは、入園前の保育所見学が多いです。なかでも、都市部にある当園では、待機児童が多く入園可能な年齢は〇歳児と一歳児のみの状況が続いています。見学に来る保護者は、はじめての育児の人が多いため、園見学では、施設紹介や保育内容の紹介だけでなく、子どもにかかわる大人の役割や赤ちゃんを一人の人として見るということ、かかわり方のポイントなども伝えています。子どもたちが生活している姿を見ながら大人のかかわりを解説し、親育成につなげています。しかし、父親が来ることは少なく、父親と接するのは入園説明会やその後の面談が多いです。

入園説明会では、保育方針の説明の後に、クラス単位で、必要物品や、登降園の流れを説明しています。理解度を確認しながら進めていくなかで、夫婦間の関係性も垣間見えてきます。その後、保護者面談を各家庭個別に行い、家庭での子どもの様子や保護者の就労状況、仕事内容など、細かく話してもらい、入園後の家庭との連続した子どもの生活を構築していきます。それとともに保護者にとっては、新しい生活の始まりとなり、不安と期待の入り混じる気持ちに寄り添っています。父親は、仕事中心の生活自体は入園後に変化することはありませんが、パートナーである母親が仕事に復帰するというなかで、共働きとなる今後の生活を考える機会となり、そこでの家事・育児・仕事のバランスを考えていくように支援しています。父親となっただけでなく、父親をしていくきっかけになればと思います。

その後に父親と出会う場面は入園式となります。知らない人が多く緊張も伴う入園式ですから、親の緊張が子どもを不安にしないように、また、親自身の緊張をほぐすためにも、柔らかな音楽と落ち着いた雰囲気づくりを心がけ、式の始まる前には共通項探しのゲームをしています。朝はご飯かパンかとか、一人目の赤ちゃんか二人目か、三人目か？　と手を上げてもらい、場の雰囲気を和らげてから式を始めます。入園する子どもの名前を呼び、両親と立ってもらい、全員で確認し関係づくりを促しています。園長のあいさつでは、入園児に向けて、泣きたいときは泣いていいこと、その気持ちに寄り添うのが大人の仕事であること、君たちを支えるのは、お母さん、お父さんだけでなく、地域みんなで支えることを伝えて、子育て観の共有と共に、親育成につなげています。

2　毎日のかかわり

〇～二歳児までは、毎日の子どもの様子を育児日誌により保護者とやりとりしています。直接的な世話役割の多い母親の育児負担を軽減するためには、荷物の用意や育児日誌への記入などは父親ができることのうちの一つと考えます。しかし、実際に父親が記入している家庭はほとんどない状況です。ただ、閲覧はしている様子はあるので、福丸が、「子どもの成長のようすや見通しを母親に伝えたり、育児関与の必要性や子どもの気持ちを代弁することによって、父親の仕事と育児の両立に一役かっている」[*1]というように、日々の子どもの様子の共有を重ねた上で、保育参観につながってほしいと思います。

保育参観は、年二回参観月間を設けて各クラス二～三名、〇～二歳児はカーテン越しに、三～五歳児は親が来ている喜びを子どもが感じられるように、顔を見せる形でクラスでの子どもの様子を見てもらっています。〇～二歳児は保護者の顔が見えると普段の様子ではなくなるため、子どもに気づかれないように、部屋の片隅でそっと見てもらい、保育所という社会生活の中で自立している姿を見てもらいます。〇歳児では「しっかり遊んでいて安心しました」という預けることへの不安解消から、「半年でこんなに成長してびっくり」と年二回の参観により成長が実感できます。また、一、二歳児では「家ではこんなにしっかり食べません」とか「ひとりでこんなにできるのですね」と自宅での様子との変化に、子どもの持つ力を改めて実感する時間となっています。じっくり子どもの姿や保育者とのかかわりを見て、感じたあとには、乳児の希望者は園長・主幹保育教諭と食事をしながら子どもの話や家庭のこと、今困っていることを話してもらい、育児の大変さや大切さを共有しています。

また、近年父親の保育参観も増加傾向にあります。そこでは、園での取り組みを理解し、あそびや教育的要素を追求することで、父親の役割を主体的に確立しようとする姿が浮かんできます。しかしながら、育児性を養う親教育の視点からすると、子どもの世話を体験する保育参加をしていくことが大切であり、保育参観と保育参加を組み合わせて、父親のスムーズな親育成につなげていきたいと思います。

3　乳児スライド上映（〇、一、二歳児）

乳児の間は、子どもが参加する行事は設けず、日々の日課を大切にしています。そのため年に一回、スライドで子どもの育ちを紹介し、保育で大切にしていることや生活の流れ、子どもの興味関心などを伝えています。〇歳児から二歳児までのすべてを見てもらうことで、〇歳児の保護者には一歳児、二歳児の姿を知り、見通しを持つことにつながり、二歳児の保護者には、〇歳児、一歳児の時を思い出し成長を実感するひと時となっています。スライドで特に意識しているのは、赤ちゃんの持つ力、生まれながらに学ぶ力を持っていることを見てもらい、何もできない未熟な子どもではなく、言葉はつたなくても理解している小さい人であることを伝えています。保育者として、できないことを助けるだけでなく、大人とのかかわりと同様に、どうしたいのかを確認しながら支援していることを理解してもらい、存在を支える大人のかかわり方を感じる構成を大切にしています。この乳児スライド上映での世話のポイントも含めて、自宅での子どもとのかかわり方に活かしてもらえたらと思います。普段子どもとのかかわりの少ない父親だからこそ、スライド上映等で感じることに意義があると考えています。

4　発達障害や不適切な養育における支援

保育所保育指針（平成二九年三月改定版）第四章「子育て支援」の「2　保育所を利用している保護者に対する子育て支援」には、障害や発達上の課題が見られる場合や保護者の希望に応じた育児不安の対応、そして不適切な養育等が疑われる場合については、個別の支援を行うことを努力義務としています。本園では、保育士による日々の保護者への相談支援に加えて、臨床心理士や作業療法士による面談を実施しています。日々の保育士による相談支援は母親が対象となることが多いですが、日程を設定しての面談では、父親も同席してもらうことが可能になることが多いのです。支援の基本は、保護者と保育者との子どもの現状認識の確認が第一歩ですが、母親と父親の認識の相違があることも少なくありません。問題を解決していくためには対話を重ね、それぞれの想いや考えを否定せず、受け入れながら課題解決に向けた道筋をみんなで見出していくことが大切になってきます。そのなかでは、キーパーソンとなることが多い父親への働きかけも大変重要になってきます。このような特別な対応を必要とする時や、けがやトラブルでの保護者対応においてこそ、父親の出番であることが多く、父親支援における重要な場面と捉えることができると思います。対話による関係構築や価値観の共有、子ども子育て観の育成につながるチャンスと捉えてかかわることが大切だと感じています。

5　発表会・懇談会

いわゆる発表会は、異年齢のクラス（ファミリー）毎で平日に開催し、練習をせず、普段のあそびを見てもらっています。緊張感の漂いやすい発表会ですが、参観にきている保護者たちは皆顔見知りなので、あたたかい空気が会場を包みこんでいます。五歳児は土曜日に、小学校との接続を意識した開催をしています。保護者には録画等、ファインダーを通して見ないでくださいと伝え、見る、見られる関係ではなく、共に過ごす場としての親子参加型発表会を目指しています。「できた」「できない」で評価しないことを発表会の前に、頭の上で顔を書くワークでアイスブレイクしています。他人の顔を書くというと抵抗を感じがちですが、できなくて当たり前の状況で書くと、楽しく書くことができます。遊びはその瞬間瞬間が大切で、結果を評価した時点で遊びではなくなってしまうことを感じてもらっています。子どもたちの出番のあとは、スライドショーにて半年間の育ちや保育内容を伝え、子どもの育ちに合わせた保育の配慮を理解してもらうとともに、大人としてのかかわり方を感じてもらっています。スライドショーだけでなく、日々のドキュメンテーション等で、今の子どもたちの興味関心を伝えて、子どもたちの日常に参加してもらい、遊びの展開を共にひろげながら、保護者も一緒に園生活を体験してもらいたいと思っています。子どもの学びの過程を感じることで、結果に目を向けるのではなく、子どもたちの今を見つめ、共に育ち合う関係づくりにつなげていこうと心がけています。発表会では、緊張から舞台に立てない子どもには、保育者が寄り添い、普段のありのままの様子で、保護者と共に過ごす時間になるように努めました。そのことが、子ども同士の関係性や子どもと保育士の関係性、保育そのものをみてもらったような気がします。つくり上げた完成品ではなく、共にどんなふうに作り上げているのか、そんな過程を感じることで、保護者として、大人のかかわりを見つめる機会にしてほしいと思っています。

特に、普段園に来ることが少ない父親にとっては、こういった行事でのかかわり方が重要だと感じています。発表会の姿を見て、そのままお昼を食べながらの懇談会でたくさんの保護者の思いを共有することで、感じ、価値観を広げる時間になっています。懇談会では、初めての子どもが一歳児から入所した保育所経験三年目の保護者と、保育所に預けるのが三人目で保育所の保護者経験が十数年目ともなる保護者が、場を共有します。そのなかで、子どもたちの様子や園での保育内容等について意見や感想を述べ合うと、一人目の時はこうだったが、今はというような、親が育ってきた経過を話してくれ、自然と子育て文化が伝承されることが多くなってきました。十数年通い続ける保護者は、子育てを通して親として園とともに育ってきたと思います。多様な子どもや多様な家族がいるなかで、違いを排除するのではなく、多様な価値観のなかでともに過ごしていくことを感じて欲しいと思います。

6　運動会・造形展・親子伝承あそび

三、四、五歳児の親子運動あそびでは、親子参加型による親子の絆づくりを目的に、親子がふれあう内容のプログラム作りをしています。柏木がいうように、「幼少期から子どもと交流し、子どもにとって『重要な他者』となり得ていなければ、子どもとしっかり意思疎通をとることはできないでしょう」[*2]。だからこそ、日常で子どもと関わる時間の確保が難しい父親が、この日のこの時間は、子どものための父親として存在できることを意図的に保障したいと考えています。親子でゆったりと過ごしながら、開会式に一緒に集まり、準備運動で親子ふれあい遊びをし、抱っこをしての障害物競争や子どもを持ち上げての玉入れなど、父親が活躍できる場面設定を取り入れています。

あそびと造形展では、子ども自身が飾る作品を選び、飾る場所を決めています。なぜその作品を選んだのか、なぜそこに飾りたいと思ったのかを、作品に吹き出しで書きとめることにしており、そのことによって親子で見に来た時に、会話が促進されます。また、普段の保育室を極力解体せず、展示することで、いつもの保育室のままということが、子どもたちを遊びへ誘います。そして、普段遊んでいるようにお店屋さんごっこやおままごと、コマ回しが始まり、一緒に来た父親と共に遊んでいる姿がありました。普段お迎えの多い母親と異なり、こういった行事で子どもが遊んでいる姿を実際に見たり共に遊んだりする機会を作り、親子の会話が生まれるきっかけを保障しています。

正月明けの親子伝承あそびでは、高校の運動場を借りて、凧揚げやコマ回し、竹馬、羽根つき、大縄跳びをしています。普段子どもと関わる機会の少ない父親にも昔取った杵柄で、いいところを見せてほしいというねらいもある行事でした。しかし、近年、そもそも子どもの頃に経験していない父親が増えています。そこで、プレ伝承あそびとして、父親支援講座を企画しました。親子伝承あそびまでに、コマ回しの練習をして、かっこいいところを子どもたちに見せましょうと意気込んだにもかかわらず、参加者はゼロでした。仕事の忙しい父親にとって、当日の休みの確保に加えて、それ以上に時間をとることは難しかったのかもしれません。しかし、当日はコマのたけちゃんをスペシャルゲストに迎えて、コマ検定の技をたくさん披露してもらい、子どもたちはとても引き込まれ、一日中コマを回している子もいれば、父親も一緒に練習している姿もあり、かっこいい姿をみせるだけではなく、共に遊ぶことの大切さを教えられました。子どもが憧れる父親だけでなく、子どもと等身大でかかわる父親の姿を見て、がんばりすぎない父親像も必要だと感じることができ、こちらの想定する「あるべき父親像」を押し付けるのではなく、個々の父親の「ありたい姿」に寄り添うことの大切さを感じました。

7　保護者説明会

子ども子育て支援新制度や指針の改定に伴う教育・保育の今後の変化について、保護者に集まってもらい伝える機会を設けました。次年度の保育方針の変化や年間予定において行事を削減することを案内として出した結果、四分の一程度の家庭に参加してもらい、二割ほど夫婦の参加も見られました。近年の社会の変化とともに、これから求められる子どもの育ちや姿について、事例をもとに話をした後に、活発な質疑応答ができました。懇談会等で輪になって話す場には出にくい父親も、説明会という環境で意見交換する状況は、目的が明確で論理的に理解しやすいのではないかと思います。参加できなかった保護者にも園の方針を理解してもらいたく、書面にて説明会での発言をすべてまとめて配布しました。夫婦間で子育てについて話し合うきっかけにつながればと思います。

3　今後の展開と父親支援の可能性

二〇一七年度は、月一回二時間程度、母親限定の講座と父親限定の講座を定員一六名、五回連続開催を計画しました。内容は、普段子どもたちが体験している自由参加型の造形活動であるアートの会や陶芸教室、積み木、ボードゲーム等です。限られたメンバーで、定期的に集まり、時間と遊びを共有するなかで、人としてのつながりも深まると考えています。目的がなければ集まりにくい父親にとって、目的が明確なイベントは参加しやすく、同じメンバーでの集まりは、同学年だけではないつながりができることが期待できます。年長組になると、サッカー大会に向けて父親が集まる機会が増えるのですが、そこまでで集まる機会が少ないところを、こちらから仕かけを作っていく必要性を感じています。

また現在、ドキュメンテーション等を通じて、子どもの今を共有していますが、送迎に来る保護者には伝わるが、来ていない保護者に届いていないことが多いようです。送迎に来ていない父親へどう情報を届けるのか。送迎に来ている父親と来ていない父親へのアプローチは違うのではないかと感じています。来ていない父親へドキュメンテーションを配信することも検討していますが、やはり、子どもが日々の保育活動のなかで、問題を解決していく過程に、保護者や地域をどれだけ巻き込んでいくかが大切かと感じています。そのことに、父親の興味関心を引きだし、ともに生きていきたいと思います。

以前の親指導は、子どもの最善の利益の名のもとに、保育として望まれる親の姿に近づけるために展開されてきた部分が強かったと思います。しかし、社会や地域の変化とともに、親を支援することが必要な状況になってきました。そのなかで、父親への働きかけとしては、孤立した社会のなかで子育てに困難を感じる母親のために父親が支える役割を期待していたと思います。しかし、父親が父親として成長し、自己実現していくためには父親としてのアイデンティティの構築を支援する必要があると気づきました。そのために保育所等での支援として、父親の特性を理解して、職場以外で関係構築が苦手な父親の育児を支える仕かけづくりが大切であると感じています。父親が主体となり、育児にかかわることができるような支援を意識して展開することで、父親も、母親も、子どもも、主体としての人生を生きることができると思います。

注

＊1　福丸由佳他編（二〇一一）『新　保育ライブラリ　保育の内容・方法を知る　保育相談支援』北大路書房、二四頁。

＊2　柏木惠子（二〇一一）『父親になる、父親をする——家族心理学の観点から』岩波書店、四一頁。

はまざき　ただす
社会福祉法人照治福祉会浦堂認定こども園園長。

5 児童館における父親の子育て支援の実際

金坂尚人

1 父親自身も楽しみを見出す遊び場

児童館は遊びを通じた子どもたちの健全育成の場です。もちろん子どもが主ではありますが、小型児童館の機能として子どもの傍らにいる保護者の居場所としても大きな意味があります。

普段の仕事における人間関係と、別のラインに地域での人間関係があります。母親はそこでの関係性は作りやすいですが、普段地域に関わっていない父親は希薄になりがちです。地域コミュニティの拠点である小型児童館は子どもとともに来館し、同じ時間、同じ場所、同じ遊び（楽しみ）を共有することができる場所です。

児童館への来館の目的は「お迎え」ではなく「子どもとのかかわり」であって、公園に遊びに行くことと近いかもしれません。公園との違いは、「遊び」「人」「学び」を結ぶソーシャルワーカーとしての役割を持つ職員が、来館者の子どもとのかかわりをサポートできることです。

子どもたちの施設には、保護者自身「連れてきてあげる場所」と受け身になりがちです。その保護者が自発的に来館したいと思える場所、子どもとともに主役になって楽しみを見出すことができる場所が児童館です。入園式のように決まったスタートラインはなく、「はじめてだけどいってみよう」と毎日いつでも一歩を踏み出せて、父親らしく子育てを自ら楽しむスタートを切ることができることも特徴と言えるでしょう。

赤ちゃんの時から高校生まで、子どものライフステージそれぞれの父親のかかわり方があり、子どもとともにそのステージでのかかわりを楽しめる場として、多くの児童館が子どもたちと母親の居場所であると同時に父親の居場所にもなれるように期待します。

2 神戸市立六甲道児童館

児童館は児童福祉施設の中の屋内型児童厚生施設です。幅が広い〇～一八歳という対象年齢が特徴で、児童福祉法の中でも、「あそびを通じた健全育成の場」としてあげられます。室内公園ともいえる児童館では午前中から就園前の乳幼児親子が来館し、昼からは幼稚園帰りの親子、小学校終了後は放課後児童クラブ登録児童や遊びに来た一般来館児童、そして夜間は中高生・青少年でにぎわいます。神戸市は公立の放課後児童クラブを児童館内で実施していることもあり、現在市内に一二三館の児童館を有しています。六甲道児童館は一九七四（昭和四九）年に神戸市一七番目の館として設置されました。神戸市灘区の中心部ＪＲ六甲道駅に隣接した商業複合ビルの四階という児童館としては特異とも言える立地にあります。阪神・淡路大震災では、翌年の四月まで閉館を余儀なくされるなど、大きな被害を受けましたが、三〇年以上、地域の子育て拠点として多くの子どもたちの笑顔とともにありつづけています。開館四〇年を過ぎた現在、以前来館していた子どもが親となり、二代・三代で利用もある一方で、毎日たくさんの新規利用者もあります。また、駅前という立地もあり、近隣の人にとどまらず、市内外からもたくさんの利用があります。

開館より神戸市社会福祉協議会が運営を行ってきましたが、指定管理者制度により二〇〇六（平成一八）年度より同区内の特定非営利活動法人S-pace（スペース）が運営を行っています。法人名のS-paceは自分のペース（self pace）で過ごせる居場所（Space）という意味を持っており、対象年齢が大きい児童館の施設特性を活かし、地域課題を事業に取り入れながら子どもたちだけでなく、保護者・地域住民にとっての居場所を目指し運営をしています。

父親を意識した事業に関しては、平成一九～二〇年に国立児童館こどもの城からモデル事業の指定を受け「秘密基地づくり」と「親父の背中プロジェクト」に取り組んだことをきっかけに、児童館ならではの父親の子育て支援を意識し木工プログラム・野外活動・工作・クッキングなど、さまざまな事業を実施しています。

3　児童館における父親支援の取り組みの実際

1　入りにくい場所からの脱却

自分自身が父親になり、さまざまな施設を子どもとともに訪れ、児童福祉施設は父親をはじめとする男性保護者が入りにくい場所であることが多いと感じました。保育園や幼稚園では「送り迎え」という形での父親等の参加は見られますが、実際に子どもと一緒に関わることができる児童福祉施設に来館し遊んでいる男性保護者の姿はなく、周りはほとんど「お母さん」。周りを見ると、お母さんたちが輪になり話し込む姿や、授乳中の母子の姿もあります。「お母さん」「女性職員」「かわいらしい壁面」の中、勇気を振り絞って訪ねても、「ほかのお母さんたちが気を使いますので、ご遠慮ください」と言われたこともありました。六甲道児童館でも日常的に館内で授乳される様子を見て、「ここは自分がきてはいけない場所」と感じ、来館しすぐに荷物をまとめて帰る父親も多くいました。館内の環境構成を父親等の視点からも考え授乳スペースを設けることからはじめました。面積的に難しい場合は授乳ケープの貸し出しを行っている施設などもあります。六甲道児童館では、各部屋の役割を再編し、一日中乳幼児親子が主として利用できる、乳幼児室を設けました。その中に、カーテンで仕切れる授乳スペース、おむつ交換台や、調乳用のポットも合わせて設置したことで、時間とともに授乳の場所も定着していきました。現在は普段から、昼食をとれるスペースを開放し、離乳食用にレンジも設置しています。「おむつ交換」と「お腹が減った時に対応できる環境」を整備することによって、来館する母親だけでなく男性保護者にもより使いやすい場所になりました。

2 「やくわり」――自分の出番を感じる

父親が子育てに関わる初めの一歩を踏み出すために必要な後押しは「自分の出番」を感じてもらう機会を作ることです。

二〇〇七（平成一九）年、「児童館を拠点としたネットワーク事業」のモデル事業として「トンチンカンチン大工さん」と題し、児童館内に秘密基地を作るプログラムを実施しました。このプログラムは子どもたち、来館者からの意見を集め、地域のさまざまな人の協力のもと夢の秘密基地を木工で実現していくプログラムです。普段から子どもたちが利用する地域の児童館が実施する「木工プログラム」は地域の父親たちにとって「自分の出番」をくすぐるものでもありました。

子どもたちや父親だけでなく、地域の大学や、工務店・木工好きのおじいちゃんなど、たくさんの力が児童館に集まり、子どもたちがデザインし、子どもたちが作り、子どもたちが遊ぶオリジナル秘密基地が館内に完成しました。

秘密基地づくりをはじめると、都市部のマンション住まいの家族にとって、自宅で「日曜大工」を実施することが難しく、やりたい気持ちがあってもなかなか実現できない環境にあることがわかりました。

そこで、秘密基地づくり終了後、月一で土曜日に「自由に木工ができる日」としてその名称とプログラムを継承し実施しています。多くの施設で実施される工作では、決まった同じものを作るプログラムが多いのですが、この事業では決まった何かを皆で作るのではなく、子どもとともに何が作りたいかを考えて、自由に好きなものを製作します。はじめての参加者は、何を作っていいかわからず困惑する姿も見受けられますが、職員が声をかけ少しだけヒントを示せば、多くの家族が思い思いの「作りたいもの」を見つけていきます。繰り返し実施する中で、寸法を測ってきたメモを片手に父子で参加する人や、「ピッタリ隙間に合う収納を作りたい」と材木をもちこんで大人のみで参加される人も見られるようになりました。同じものを作るわけではないため、他の人と比較されることもありません。ごく自然な形で子どもに手を添えて、鋸のひき方やくぎ打ちをサポートする父親の姿も見られました。でき上がった成果物は小さなものであっても親子にとって特別な意味を持つものになります。

児童館で空間・機会・方法（道具・材料・ノウハウ）を提供することで、父親の「やってみたい」を「やってみよう」につなげることができました。現在は月一の木工の日として、地域にも認知され、父子をはじめ毎回多数の家族が来館します。

また「木工」というプログラムを前面に出し、おじいちゃん世代をターゲットにボランティアを募集し、普段児童館活動に参加しづらい男性高齢者が木工のフォローに来てくれています。職員や参加者・ボランティアなど男性が利用している状況が増えると、普段から利用する男性保護者も増えていきました。

3 「やってみたい」を応援します

二〇一〇年　木工プログラムの流れをうけ、一〇組の家族を募集し、デザインから製作までを家族で協力して行うことで、今まで来館したことがなかった父親の第一歩を促すことを目指し、「親子で作る木製ままごとキッチンづくり」

を実施しました。参加した多くの父親ははじめての来館であり、第一回目の説明会には、家族が何のプログラムに申し込んだかわからず、「とりあえず行ってこいと言われたのですが……」と不安な様子で来館した父親も多くいました。

一回目の実施日。児童館で材料や道具は揃えましたが、工具には数に限りがあり待ち時間が必要でした。すると、二回目の時に自分の工具を持ってきた父親がいました。それを見て実施回数が進むにつれて、自分の工具を持ってくる家族が増えて、最後は全員がMY工具を準備していました。はじめは緊張していた父親たちが場所・作業に慣れると、基本通りに進めていた内容に工夫しはじめます。キッチン本体を机としても利用できるようにした家族。まな板や包丁など、木製の小物を作った家族。中にはこのプログラムがきっかけで、趣味が木工に変わった人もいます。作業の様子を見ていると、母親がデザインし、父親が製作し、子どもが掃除を手伝うなど、それぞれ自分ができることを担当し、家族全員で協力する姿が見受けられました。

4　初めの一歩のハードルを下げる

地域の小型児童館は、午前中はたくさんの乳幼児親子でにぎわいます。保育園・幼稚園に就園する前の乳幼児親子の居場所だからです。神戸市立児童館では週一回、「すこやかクラブ」の名称で二～四歳児親子による登録制のクラブを実施しています。名前を呼んで返事をしたり、体操したり、季節の歌を歌ったりし、メインプログラムでは、製作活動や運動遊び、時には母子分離を図り、親のみで普段の子どもとのかかわりを振り返る講座などを実施しています。また、話し合いなどを通じて地域内の子育て世代のつながりを構築するため、保護者同士でプログラムを計画・実施してもらうこともあります。週一回ではありますが、子どもたちにとっては幼稚園・保育園に入る前のはじめての社会に出る場であり、保護者にとっても同世代の子どもを持つ親同士で深く関わるはじめての場となっています。

年間を通じた事業の中で、母親同士および子ども同士の結びつきは自然と強くなっていきますが、この中で残されてしまうのが父親の存在。プログラムが平日に実施されるため、多くの父親が参加しにくい状況にあることも一因となっています。

一方、児童館に来館する多くの母親からは、「父親がまったく子どものことに関わらない」という悩みを多く聞きます。これは直接的に関わる時間の問題という側面もありますが、母親が「父親に子どもと関わってもらうことを諦めている」点や、「子どもとどのようにして関わっていいのかわからない」という父親からの悩みも見えてきました。

そこで、父親が参加しやすい曜日に、何か特別なことではなく普段の子どもたちの児童館でのプログラムに父親が入ってもらう、「パパすこやか」を計画・実施しました。当日は、父親とだけの参加を強要せず、母親を含んでの参加も可能としました。普段から父子で関わっている家族は、父子のみで参加し、緊張しながらもはじめて子どもと共に児童館に来館してくれた父親もたくさんいました。

この事業では普段の活動をそのまま実施し、いつもやっている体操を子どもたちが父親に教える姿も見られました。

「自分と一緒にいる子どもの姿は見ても、父親と子どもだけで関わる様子を客観的に見る機会はない」とカーテンの隙間から父親と子どもが関わる様子を見ていた母親の姿もあり、いつもと違った一面を見せる子どもの姿や父親の姿があったそうです。

プログラムの中では子どもたちと関わるスタートラインとして、さまざまな引き出しを提供し子どもを膝に乗せたふれあい遊びや、新聞を使った新聞遊びなど、家でもできる子どもとの「かかわり方」を伝えることを意識し、子どもと一緒になって楽しみながら関わってもらいました。

児童館での父親対象事業を計画する際、何か特別に父親に向けてしないといけないのではなく、普段通りの子どもの姿を見てもらうことは、父親にとっては新鮮で、児童館来館の最初の一歩としても最適だと思います。家庭と異なる社会の場で、わが子の様子を体感でき、もっと実施してほしいとの声も多くありました。

4　父親支援プログラムの可能性と今後

1　「父親の背中」を地域内で共有する

児童館内で実施している放課後児童クラブの登録児童の中には母子家庭世帯も多く、母子家庭世帯児童にとって児童館にさまざまな父親が来館しその活動する背中を見ることは大きな意義があると考えています。

あるとき一人の母子家庭の保護者から「子どもがやりたいと思うことをなかなかかなえてあげることができない」という相談を受けました。男児が小学生になり大きくなっていくにつれて、「釣りに行きたい」「キャンプをしてみたい」「虫を捕まえにいきたい」など母親が満たせないことが多くなってきたというのです。

母子家庭だけでなく、普段から父親が仕事で子どもと関わる時間を持てない家庭や、単身赴任で父親と離れて暮らす子どもたちもたくさんいます。中には「成人男性」や「結婚」に対して漠然とした嫌悪感を持った児童もいます。またすべての父親が先にあげた「釣り」「アウトドア」「木工」など、子どもが求めるすべてをこなせるスーパーマンではありません。地域の子育て拠点である児童館がプログラムを進め、地域の父親の得意分野を共有していく。さまざまな父親の背中を普段のかかわりの中で見ることができるという点は、児童館ならではの父親の子育て支援だと思います。

六甲道児童館では父親が楽しく自発的に参加する姿を、「憧れる背中」として自身の子どもだけでなく、他の参加児童もその姿が見えるようにプログラムを構成し、地域内の父親の背中の共有を目指してきました。

プログラム名に「パパとつくる○○」といれると、父親が自分の出番を感じやすいというメリットがある一方で、母子世帯や単身赴任世帯は参加しづらいデメリットも生まれます。実施内容に父親の参加を意識はしていても、あえて「パパ」の言葉は使わず、だれでも参加できるようにすることで、さまざまな世帯の家族が参加しやすいプログラムも必要です。

さまざまな形態の家族が同一の児童館事業に参加し、ともに関わることで、子育てに関わる父親というロールモデルを身近に感じ、「自分の父親（配偶者）も来てほしい」という思いが新しい男性保護者の来館につながり、子どもたちにとっても、自分が将来こんな父親になりたい、こんな男性と結婚したいという「家族への憧れ」につながります。

2　児童館で行う父親プログラムの課題

児童館という施設のメリットは「いつでも好

きな時に来館できる」という点ですが、裏を返せば「行かなくてもいい場所」というデメリットも見えてきます。さまざまな事業で、父親の参加を意識するあまり、いきなり「パパと子ども」のみの参加を促すケースが多くハードルが高くなっています。「好きな時に来れる」場所だからこそ、「父親」という裏のテーマは意識しつつ、最初は家族単位で参加しやすい状況をつくり、徐々に父子だけのプログラムに移行していくことで、父親にとって「子どもと行きたい場所」に変えていくことが必要です。子どもたちがはじめての場所に対して不安があるように、はじめて来館する大人も「ここは私がいて良い場所だろうか」という不安が見えます。まず児童館側が、「どのようにすれば父親が来館しやすいか」というシンプルな問いを話し合い、一つ一つ課題をすすめていく必要があると思います。

3　児童館における父親支援のあり方や期待

子育て中の課題が変化していく中、親としての課題も変化していきます。他の施設が年齢によって幼稚園・小学校・中学校・高校等と寸断されてしまいますが、対象年齢の広い児童館では、自分の子どものライフステージに合わせた取り組みに参加・参画することができ、その中で他児や他の保護者の姿をロールモデルとして見ることができます。児童館という場が父親にとって地域や子育てとつながる起点になっていけばと思います。

地域の児童館活動に、さまざまな父親の協力を得ることができれば、それぞれの持っている専門性が集まるため、児童館のプログラムは厚みを増し、父親の参画の効果は地域全体に広がります。あくまでも児童館と父親たちはＷＩＮ-ＷＩＮの関係で、手伝ってもらったり、頼りきるのではなく、父親自身が自ら楽しみながら進んで参加し、イベンターとお客さんに分かれるのではなく、相互にお互いを補い合う関係性を築き、児童館活動の中に父親の「出番」「役割」「居場所」を作っていくことが大切です。

かねさか　なおと
特定非営利活動法人 S-pace 副理事長。
神戸市立六甲道児童館館長。

6　男女共同参画センターにおける父親をはじめとする男性支援事業

水野　奨

1　男女共同参画センターの変遷と社会的機能

「男女共同参画社会」とは、「男女が、社会の対等な構成員として、自らの意思によって社会のあらゆる分野における活動に参画する機会が確保され、もって男女が均等に政治的、経済的、社会的及び文化的利益を享受することができ、かつ、共に責任を担うべき社会」（男女共同参画社会基本法第二条）を指します。男女がお互いを尊重し合い、職場、学校、家庭、地域など社会のあらゆる分野で、性別にかかわらず個性と能力を発揮し、喜びや責任を分かち合う社会を促進するため、その拠点施設として男女共同参画センターが設置され、主に男女共同参画に向けた啓発や調査研究、市民活動の支援、情報発信、相談事業など多様な機能を有しています。

同施設は、一九九九年の男女共同参画社会基本法の成立を機に、その多くが女性センターから男女共同参画センターへと名称変更しました。〈参加〉ではなく〈参画〉を用いている理由は、後者が「意思決定過程から携わり、主体的かつ自発的な意思と行動」を示しており、私たちが目指すべき姿が表現されているのです。

2　男女共同参画センターの男性支援事業

1　男性支援事業の動向と注目度

男女共同参画センターが実施する啓発事業の一例として、育児休業中の女性を対象とした就労支援セミナー、企業の管理職・人事担当者を対象としたワーク・ライフ・バランス（以下、WLB）研修、学校教員を対象とした男女平等教育研修、DV予防があります。それら事業と並び、五九・三％の施設が男性支援事業を展開しています。[*1]その対象として最も多いのは「子育て中の父親」（六一・四％）、次いで「男性全般」（四三・二％）、「団塊世代・高齢者」（二六・一％）となります。

男性支援事業が注目される理由として、今日の女性活躍推進を後押しする点がまずあげられます。女性活躍は女性だけの課題ではなく、男性を含めた個々人すべてのWLB維持に直結するものであり、その実現には男性の理解と協力が、家庭や職場において必要であるためです。

内閣府発行『平成二十六年版　男女共同参画白書』では、特集テーマを「変わりゆく男性の仕事と暮らし」と題し、はじめて男性をクローズアップしました。現代の子育て世帯、男女の就業を取り巻く環境、男女共同参画に関する意識の変化について調査・分析しており、そのなかで男性を取り巻く労働環境の改善や家庭参画の支援について言及しています。

また近年では、男性の自殺も深刻な社会的課題となっています。国内の男性自殺者数は、年間およそ一万七千人[*2]で女性の二倍以上です。その背景には、男性たちが求める生き方・働き方と現実の労働環境との間に、大きなギャップが存在しています。メンタルヘルス障害も増加傾向にあり、そうした男性特有の社会的課題の解決のためにも、男性たちへの啓発や支援は緊急性かつ重要性が非常に高いのです。

株式会社マイナビが実施した二〇一七年卒の大学生を対象にしたライフスタイル調査[*3]（二〇一六年）では、男子学生の三三・九％が将来は「育児休暇を取って積極的に子育てしたい」と考えており、「育児休暇は取らないが夫婦で子育てはしたい」（五一・〇％）、「子どもができたら仕事をやめて子育てに専念したい」（〇・八％）と合わせると八五・七％が育児に前向きです。

SMBCコンシューマーファイナンス株式会社が二〇代のビジネスパーソンを対象とした調査[*4]（二〇一六年）でも、「もしも残業することがなくなったら、今よりもっと積極的にしたいこと」を問うており、既婚男性の四二・〇％が「育児・子どもの教育」と回答しています。

しかし、実際に現役子育て世代の男性は、その親世代と比べ家庭生活を重視し育児に主体的に取り組む一方で、経済協力開発機構（OECD）が毎年実施する「無償・有償労働時間の男女比較」に関するレポートによれば、日本人男性が家事や育児に費やす時間は一日あたり六〇分程度にとどまり、加盟国のなかで最低レベルから長年脱却できずにいます。男性の育児休業取得率の低迷も同様で、男性たちが求める生き方・働き方と、現実の労働環境が大きく乖離しているのです。

2　男であるがゆえの生きづらさ

生物学的な性差（セックス）に対して、社会的・文化的に形成された性差を〈ジェンダー〉といいます。いわゆる「男らしさ」といった言葉で表現され、男性は幼少期から「男だから」と周囲の大人から過度の期待を受け、失敗や泣きごとを咎められます。大人になっても肩書や経済力というモノサシで測られます。その男らしさを上手に活用する男性もいれば、ジェンダーが重圧と化しストレスを抱える男性もいます。

先述した自殺者数やメンタルヘルス障害の共通性として、男らしさという鎧を家でも職場でも身にまとい、失敗を極度に恐れたり周囲に弱音を吐露することを避け、悩みを一人抱え込んだことで、精神が緊張状態にある点です。極限に達する直前にあっても療養すること、生き方・働き方をシフトするという選択肢を自ら抑制し、より苦しむという悪循環に陥るのです。

筆者が以前勤務していた京都市男女共同参画センターでは、相談事業の一環として男性相談窓口を設置し、開設以降、相談件数は年々増加傾向にあります。相談者の五割が三〇代・四〇代の子育て世代、相談内容は「夫婦・男女」「家族」「生き方」「労働」の順となっています。

男女共同参画センターが男性支援事業や男性相談に取り組むのは、男性たちに「仕事も、育児も、家事も頑張れ」と急きたてているのではありません。男性たちが持つ、男性であるがゆえの生きづらさや働きづらさを少しでも緩和し、多様な生き方・働き方を紹介することで彼ら自身が自己決定できるよう応援しているのです。

同施設において男性支援事業を企画する際には、個々人の意識変革、行動変容を図り、後述する家事育児のノウハウやＷＬＢ維持の実践的知識の伝達に加え、ジェンダー緩和を意図的にねらい、ジェンダーに理解のある講師を選定します。父親たちのジェンダー緩和が本人の身心の健康と安定性をもたらし、生き方・働き方の選択肢が増えることはパートナーシップ構築と子どもの心理的発達をも促進します。またパワーを男性の象徴とする歪んだジェンダー観は、ＤＶや児童虐待に発展する恐れもあり、父親のジェンダー緩和は家族支援そのものです。

3　父親への家庭参画を支援する事業の実例

男女共同参画センターにおける男性対象事業は、「子育て」「家事」「介護」「ＷＬＢ」「定年後の生き方」「地域参画・ボランティア」「パートナーシップ」「男性学」「ＤＶ」の九つに大別され、特に子育て世代を対象とする場合、子育て、家事、ＷＬＢ、パートナーシップが柱となります。

筆者が事業担当者として二〇一五年に実施した「パパ＆ママＷ応援!!　Ｐａｐａカレッジ」は、それら四つのテーマを軸にプログラムを構成しました。

第一回は、料理実習をとおして調理に関する基礎的な知識と技術を修得したほか、男性の視点から料理の醍醐味や父親として家事に参画することの大切さを学びました。共同作業を経て同じ釜の飯を食すことで、アイスブレイク効果を発揮します。第二回は、子どもの看護と育児休業の二本立てでした。男性看護師による事故防止や応急手当について指導を受けたのち、育児休業制度についてもレクチャーを受け、講師や育児休業取得経験のある筆者と受講生の体験談からＷＬＢ維持のヒントを得ました。第三回は、受講生が日ごろの育児・家事を自己評価したのち、父親の育児参画によって妻や子にどのような影響をもたらすのか、ＷＬＢによって父親自身の生き方・働き方がどのように変わるのかを学びました。最終回では「家事シェア」をキーワードに、家事を通して妻と良好な関係を構築していくことの大切さを学びました。定員一六名に対し二四名の応募があり、受講満足度も非常に高い結果となりました。

東京都大田区立男女平等推進センターが、二〇一二年に実施した「パパの手でつくる赤ちゃんのハッピータイム♪　〜赤ちゃんウットリ！ママはにっこり！　ベビーダンスとマッサージ〜」は、一五組の募集枠に対し応募数は七二組と男性対象としては極めて異例の集客力です。全三回構成で「ベビーダンス」をつうじて父子がふれあい、父親自身の満足度を高めると同時に、子どもとのかかわり方やＷＬＢの重要性、性別役割分担意識からくる育児ストレスの解消法を学んでいます。

三重県男女共同参画センターが二〇一一年に実施した「イクメン応援フェア」は、家族そろって参加するイベントです。同伴した母親のためのリラックススペースや子どもの遊び場スペースを併設することで家族全員が楽しむことのできるプログラムに仕上げられています。遊び場スペースについては、同センターが以前に開催した男性支援事業の受講生による自主グループが企画運営しています。一般的に、男性受講生のグループ化が珍しいなかで、男性グループが地域活動として男女共同参画センターの事業を一緒に創り上げる点で貴重な成功事例です。

4　男性支援事業の課題と企画運営のポイント

1　男性の心を捉える事業企画の注意点

男女共同参画センターにおける男性支援事業の最大の課題は、集客です。事業の必要性から企画を試みるも、集客に苦慮した結果プログラム変更や中止を余儀なくし、次年度には事業縮小されるケースは少なくありません。今日までの男女共同参画センターの主な取り組みは女性中心であったため、男性対象事業は女性対象事業と比べ事業ノウハウ、調査、事例報告は少なく、今後も試行錯誤が求められます。

また、男女共同参画センターに従事する職員の男女比から考察するに、事業企画を担当する男性職員は全国的に極少数です。よって企画、広報、運営の各段階で当事者性が反映されにくく、それが男性たちの自発的な応募に至らない要因の一つとなっています。それから男女共同参画センターを利用する男性からは、「男性でも利用できますか？」と質問を受けることは珍しくありません。そして、筆者自身の体験や男性受講生のアンケートから、講座内で男女共同参画の歴史や現状を学ぶなかで、男性としてばつが悪く居心地の悪さを感じることもあります。

そしてまた、講座タイトルに「イクメン」を用いている事例もよく見かけますが、日ごろから主体的に育児に向き合う男性のなかには、その言葉に抵抗感を覚える人も少なくありません。

まずは、そうした男性たちの誤解や抵抗感を取り除くため、「イクメン」や「男女共同参画」といったワードをタイトルから外し、たとえば「新しい働き方」「パパライフ」などに置き換えるとよいでしょう。単に事業を企画するのではなく、普段はチラシやポスターに見向きもしない男性が興味関心をもち、休日を返上してでも応募したくなるような内容、タイトル、キャッチフレーズが求められます。

2　日程と受講対象者の設定

開催日程は、一般的に土日を休暇日とする男性が多いことを考えると、仕事を翌日に控えた日曜日よりも土曜日が参加率を高めます。しかし子ども同伴の場合は、日曜日午前中の参加率が高まる傾向にあります。都市部やオフィス街を会場とする場合は、平日夜間という選択肢も有効です。連続講座にする場合は、受講者の負担を配慮しつつも、間延びし受講意欲を落とさないようにします。筆者のお勧めは隔週開催に設定し、受講生が各回の学びを家庭で実践し、次回講座で二週間を振り返ったのち他の受講生と共有する機会を設けることで、行動変容から習慣化へ結びつくと考えます。

受講対象は、「男性」「どなたでも」「○○市在住・在勤の男性」とするよりも、テーマに沿って「未就学児の子をもつ父親」といったように対象をある程度絞る方が応募数の増加が見込め、かつ目的もぶれず受講満足度を高めます。

しかし地方の場合には、対象を絞り込むことで集客はより難航する場合もあり、企画段階から地域の特性や会場の立地も考慮します。

3　講師の選定と養成

男女共同参画分野において多数の講師が活躍していますが、男性対象となると講師の選択肢は狭まり、著名な講師を遠方から招くだけの予算を捻出できません。理想は、その地域を拠点とする有識者や活動家を発掘し、継続的な協力関係を結びながら講師を養成していくことです。

講師に求められる素養は、まず男女共同参画の良き理解者であること、次に保育、キャリア支援、看護などの専門性、そして自身の体験を踏まえて生き方・働き方、子育て観を講話できる人材です。先であげたジェンダーの視点も欠かせません。講師に性別は関係ありませんが、男性講師を選抜することでロールモデル効果が働き、受講生は親近感をもって講師の言葉に耳を傾け、模範にし、効果的に学ぶことができます。

4　効果的なプログラムの企画と運営

座学においては、男女共同参画の歴史からあるべき姿を説くよりも、共働き率の推移、家事・育児など無償労働時間の国別比較など、データをもって日本社会や私たち一人ひとりが変わる必要性を訴求する方が、男性の反応は良いようです。ただ、男女共同参画について正しく理解するプログラムも組み込みたいところですが、誰一人応募しないようでは講座が成り立ちません。

まず応募していただくためにも、父親たちにとって魅力あるプログラムを組み立てます。受講生の期待は講義形式ではなく、普段の育児や家事ですぐに実践できる知識であり、料理実習やワークショップなどの参加型・体験型プログラムを望んでいます。そうしたプログラムは、他の受講生との協働や対話を重ねるなかで緊張感を取りのぞき、親交を深め、講座の雰囲気も自然と良くなります。そして実践から得た達成感から父親としての自信を獲得し、その自信が家庭に戻ってからの意識や姿勢の基礎、原動力となります。

5　父親同士の関係構築を促進する

職場では家庭のことをあまり話さない傾向にある男性ですが、受講生の声からは父親同士のつながりを強く求めていることがわかります。

「Ｐａｐａカレッジ」では、講座終了後に講師を交えた三〇分フリートークを取り入れたところ、自由参加にもかかわらず受講生のほぼ全員が全回最後までトークを楽しんでいました。ほかの父親たちの体験談に共感し、高い意識に感化され、連絡先を交換していました。なかには、講座終了後も受講生が集まる場が欲しいとリーダーシップを発揮する人も現れました。受講生の満足度を高めるためにも、父親同士で気軽に話をする機会を提供し、あとで詳述する自主グループ化の基礎づくりにも努めます。社会を変革するにしろ自身の生活や働き方を変えるにしろ、個々人の努力ではいずれ限界を迎えます。パパスクールやパパサークルなどの共同体のなかで他の父親と交流し、時に互いを肯定し背中を押しあう関係性を、事業担当者と講師が協力し育んでいくことが大切なのです。

なお、同講座の受講生たちは、講座終了から一年の間に育児休業取得者が三名、育児時短勤務取得者が一名誕生しました。定員充足率など講座終了直後には算出されないこの数字にこそ、男性支援事業の成果が表れてきます。その数字は、追跡調査、もしくは自主グループ化するなかで、担当者が継続的に関係構築することではじめて得ることのできる情報です。

料金受取人払郵便

山科局承認

1447

差出有効期間
平成30年9月
30日まで

郵便はがき

6078790

（受　取　人）

京都市山科区
日ノ岡堤谷町1番地

ミネルヴァ書房

読者アンケート係 行

◆ 以下のアンケートにお答え下さい。

お求めの
書店名＿＿＿＿＿＿＿＿市区町村＿＿＿＿＿＿＿＿＿＿＿＿＿書店

＊ この本をどのようにしてお知りになりましたか？ 以下の中から選び、3つまで○をお付け下さい。

A.広告（　　　　）を見て　B.店頭で見て　C.知人·友人の薦め
D.著者ファン　E.図書館で借りて　F.教科書として
G.ミネルヴァ書房図書目録　H.ミネルヴァ通信
I.書評（　　　　）をみて　J.講演会など　K.テレビ·ラジオ
L.出版ダイジェスト　M.これから出る本　N.他の本を読んで
O.DM　P.ホームページ（　　　　　　　　）をみて
Q.書店の案内で　R.その他（　　　　　　　　）

書 名　お買上の本のタイトルをご記入下さい。

◆上記の本に関するご感想、またはご意見・ご希望などをお書き下さい。
文章を採用させていただいた方には図書カードを贈呈いたします。

◆よく読む分野（ご専門）について、3つまで○をお付け下さい。

1. 哲学・思想　2. 世界史　3. 日本史　4. 政治・法律
5. 経済　6. 経営　7. 心理　8. 教育　9. 保育　10. 社会福祉
11. 社会　12. 自然科学　13. 文学・言語　14. 評論・評伝
15. 児童書　16. 資格・実用　17. その他（　　　　　　）

〒 ご住所 Tel（　　　）		
お名前《ふりがな》	年齢 歳	性別 男・女
ご職業・学校名 （所属・専門）		
Eメール		

ミネルヴァ書房ホームページ　http://www.minervashobo.co.jp/

＊新刊案内（DM）不要の方は × を付けて下さい。 □

6　パートナーを取り込む工夫

父親を対象とする講座の場合、その妻を意識して企画、広報、運営することも重要です。なぜなら、こうした講座や子育てに関する情報を収集するのはたいてい妻であるためです。

「Ｐａｐａカレッジ」の場合、自分で情報を探し出し自ら応募した父親は二割、妻に情報提供され自ら応募した父親は二割、あとの六割は妻による応募です。父親対象とはいえ、妻が「夫に参加してもらいたい」と思わせるようなプログラムやチラシづくりが、集客成功の秘策です。

そしてプログラム運営においても、家族を上手く取り込むことも考えます。同講座では、最終日に修了証書授与式を行いました。その準備として、妻へのアンケートを装い家族に修了証書作成の協力を依頼し、最終回に授与します。そこで受講生は修了証書を手にし、家族を前に今後のパパライフについて決意表明をしました。しかし、企画段階では家族が出席する予定はなく、講座途中に受講生やその家族が立ち合いを希望したことがきっかけとなり、プログラム変更に至りました。

全講座を終えたあとも、受講生らはリビングに飾られた修了証書を見ては育児や家事に励み、父親同士で連絡を取り家族ぐるみの交流を続けています。

5　男性支援事業の課題と今後の展望

こうした父親を対象とする講座は、夫婦そろって求めている一方で受講機会が少ないと感じているようです。男女共同参画センターもまた男性支援事業の必要性を認識していますが、同施設の事業の中核は今後も女性支援に変わりありません。三割以上の男女共同参画センターが予算不足を理由に男性支援事業を後回しにしている現状のなかで、限られた予算をいかに同事業へ配分するのか、また、男性のなかでも誰を対象にするのかが問われます。若い世代になればなるほど、ジェンダーないし性別役割分担意識に対し柔軟な考えをもっています。筆者は、これから就職、結婚、子育てと向き合う世代、あるいは直面している当事者世代となる二〇代から四〇代へのアプローチこそが、男性支援事業として最も費用対効果が高いと考えます。

その理由は、講座で学び得た知識や気づきをその日から行動に移し、彼らの意志や行動は周りを動かし、社会を変えていく力を備えていると考えるからです。そのためにも担当者は長期的な視点をもち、一人でも多くの受講生が行動変容を起こす事業を創造しなければなりません。

受講生がそれぞれのフィールドでキーパーソン、ロールモデルとなり、家事、育児、地域活動を実践し広めていくことが、男女共同参画への一番の近道であります。ただし、その当事者世代に期待し、一任するようであってはなりません。彼らが育児休業を希望するも、周囲が難色を示し芽を摘む環境であってはならないのです。

昨今のイクボス養成講座やイクジイ養成講座のように、上司や祖父母の世代に向けた啓発も並行していくことが重要です。

注

＊1　国立女性教育会館（二〇一三）「男女共同参画と男性　男性の家庭・地域参画を進める学習プログラムハンドブック」。

＊2　厚生労働省（二〇一六）「平成二八年版　自殺対策白書」。

＊3　株式会社マイナビ（二〇一六）『２０１７年卒　マイナビ大学生のライフスタイル調査集計結果報告』。

＊4　ＳＭＢＣコンシューマーファイナンス（二〇一六）「20代のオフの過ごし方に関する調査２０１６」。

みずの　しょう
特定非営利活動法人ファザーリング・ジャパン関西。

7 企業における父親の子育て支援

塚越　学

1 日本の企業の現状と父親

日本の企業における父親の子育て支援をテーマとするとき、筆者は二つに区分する必要があると考えます。一つは「日本企業における父親支援」とは何か。もう一つは「日本企業における子育て支援」とは何かです。

まず前者の「日本企業における父親支援」を考えるとき、日本の父親に期待されてきた役割の変化に応じて企業の支援も変化してきたと考えられます。

子どもに対する親の役割を「稼ぎ手役割」「教育役割」「世話役割」と分けたとき、日本の父親は、戦後復興～高度経済成長期～バブル期までの役割は「稼ぎ手役割」と「教育役割」の一部が中心であったと考えられます。すると企業の父親支援としては、世帯の所得を増やしていくこと、給与や賞与を増やしていくこと、そのための昇進昇格の機会を増やすこと、福利厚生を充実させていくことであったと言えます。通常、企業は労働提供の価値に応じての対価として賃金を払いますので、この時代における父親支援は企業が成長し、労働者にはそれに比例する賃金を払っていくことで成立していたと言えるでしょう。「男性を主たる家計の担い手と見なして『家族賃金』を支払い、女性の所得は『家計補助』に過ぎないとみる日本企業の、伝統的性別役割分業の考え方」[*1]で人事施策が行われており、この時期の父親支援であったと言えます。

しかし、バブル崩壊後、父親の役割は徐々に変化していきます。日本のマーケットが縮小を続け、父親だけでは「稼ぎ手役割」を十分には担えなくなり始め、一九九六年以降、共働き世帯数が片働き世帯数を超えるようになってくる（共働き等世帯数の推移」『平成二八年版男女共同参画白書』）と、父親は「教育役割」と「世話役割」も担う必要性がより高くなっていきました。このとき「教育役割」と「世話役割」の二つは金銭では代替できず、必要なのは「時間」と「場所」です。これまで日本企業における正社員の特性として、保障と拘束の交換が行われ、個人の都合が考慮されず企業の意向に従う「滅私奉公」的な働き方で拘束する見返りとして、高賃金と雇用保障を与えてきたために[*2]、労働時間は長時間傾向で、労働場所は企業の都合による転勤や単身赴任も多くありました。しかし、この時期に父親が必要とする支援としては、企業が拘束していた労働時間の一部、労働場所を労働者に返すことが必要になります。つまり、企業の父親支援は、働く時間の柔軟性、働く場所の選択制と変化していきます。

一方、後者の「日本企業における子育て支援」を考えるとき、そもそも企業が子育て支援をなぜする必要があるのかを考える必要があります。企業が子育て支援をする理由は大きく分けて二つです。一つは社外的な長期視点です。少子高齢化に伴う国内マーケットの縮小を予防することを目的とした次世代育成の観点。通常、企業はCSR（社会的責任）の一環で行う場合や国の規制（次世代育成支援対策推進法（以下、次世代法））に沿う形で半強制的に行う場合があります。

もう一つは社内的な人材活用の観点です。労働者は職業人の一面だけでなく家庭人の一面もあり、この両者は分離できるものではなく相互作用しています。労働者が企業内で活躍を続けるためには職業人と家庭人の両面を適度にバランスできるように企業が支援する必要があり、仕事と家庭（子育て）両立支援（ファミリーフレンドリー）が行われます。しかし、日本では子育てを主に行っているのは母親である（厚生労働省「平成二〇年度両立支援に係る諸問題に関する総合的調査研究報告書」）ことから、企業における子育て支援はワーキングマザー支援と同意義である時代が長く続きました。さらに日本の企業においては男性社員比率が高い（総務省統計局「労働力調査」規模別正規の社員・従業員の女性割合）ために、企業における子育て支援は労働者比率として低い女性社員の中でもさらに限られた子育て中の女性社員を対象として行われるマイナー支援であったと言えます。つまり、「日本企業における子育て支援」に「父親」は不在だったわけです。そこに「父親」が意識されるようになったのは、二〇〇七年以降の法律改正や制定です。詳しくは3節で述べます。

2　父親の労働環境の変化と企業の対応

前節において「日本企業における父親支援」をより詳細に検討するとき労働環境の変化は欠かせないテーマです。

日本企業の年功序列、終身雇用、時間制約のない社員で構成されているピラミッド構造が戦後～バブル期まで世界を席巻してきた日本経済の強さでした。しかし、バブル崩壊後、年功序列と終身雇用体制の見直しを検討せざるを得なくなりました。右肩あがりの成長が見込めなくなり、年を重ねれば昇給昇進昇格が保障できなくなっていきました。そこで最初に手を付けたのは正社員の役割はそのままで、景気状況に応じて人員調整をしやすい非正規社員の拡大です。

非正規社員はバブル崩壊後の一九九〇年後半から増大します。厚生労働省「毎月勤労統計調査」でみても、たとえばパートタイム労働者数は一九九七年から二〇一四年の間に二倍となっています。また、労働者派遣法の改正で一九九六年には専門職二六業務、育児・介護休業取得者の代替派遣が認められ、一九九九年には対象業務の原則自由化、二〇〇三年には派遣可能期間の延長と対象業務の拡大が認められるようになりました。一九九六年から二〇一四年までに男性の非正規雇用者の割合は一五～二四歳で二五％から四四・三％、二五～三四歳で三％から一六・九％、三五～四四歳で三％から九・七％に増大（「年齢階級別非正規雇用者の割合の推移」『平成二八年版男女共同参画白書』）しています。正規社員と非正規社員の所得格差は一般労働者（常用労働者のうち短時間労働者以外の者）を一〇〇とするとパートタイム労働者の時給は五四・四（二〇一五年三月）、非正規雇用労働者でも六割程度（「パートタイム労働者の賃金推移、非正規雇用労働者の時給分布」『平成二七年度労働経済白書』より筆者試算）ですので、非正規社員の増大は、家族形成にも大きな影響を与えます。男性が結婚して父親になろうとしても非正規社員では「稼ぎ手役割」を担えないという環境となっていきました。

また、正社員については、職場の労働時間が高止まりの状態が続きます。経済拡大中のバブル期まで正社員の労働時間は長い傾向にありましたが、経済が低迷すると通常は労働時間は短縮していく傾向にあるものです。しかしその後も正社員は二〇年以上にもわたって高止まりが続いています。年間総労働時間はバブル崩壊後の一九九七年からデータが取れる直近二〇一四年まで二〇〇〇時間で横ばい（厚生労働省「毎月勤労統計調査」）です。同時期にIT化やグローバル化等により所定外労働の対応や職務範囲が曖昧な部分の業務が増加する一方、人材は勤務時間や職域が限定されている非正規社員だけが増加し正社員の採用は抑制されたために、正社員が担う業務範囲が拡大し、景気の低迷した時期であっても労働時間が減ることはありませんでした。特に、子育て世代の二〇代後半～四〇代前半の正社員が長時間労働となっているのが特徴です。

さらに、「法人企業統計」で企業の売上・利益と労働者の所得の関係をみてみると、バブル期までは企業の売上・利益が上昇していくとそれに比例して労働者の所得（給与と賞与）は増えていきました（一九八五年→一九九〇年において売上三〇％増、営業利益六〇％増に対し、所定内賃金一〇％増、一時金三〇％増）。しかし、バブル崩壊後、企業が売上・利益を増やしても、労働者の給与は横ばい、賞与においては反比例していきました（一九九七年→二〇〇七年において売上一〇％増、営業利益六〇％増に対し、所定内賃金五％減、一時金二〇％減）。これは人件費を削減することによって企業は利益を確保するようになったということを意味します。

その裏には年功序列や終身雇用の一部崩壊の代わりに成果主義を導入し、同じパイを労働者同士で奪い合うことで企業全体としては人件費支出総額を一定額に抑え、企業の利益に貢献した労働者のインセンティブやモチベーションは確保しようとした戦略と言えます。この傾向はグローバル競争にさらされる大企業ほど大きくなる傾向にあります（資本金規模別の労働分配率推移『平成二七年度労働経済白書』）。もし日本企業の父親支援が所得拡大にあったとするならば、バブル崩壊後に日本企業の父親支援は崩壊したと言わざるを得ません。

3　企業における父親の子育て支援の実際

前節でみてきたように「日本企業における父親支援」はバブル崩壊とともに一度は崩壊したと筆者は考えます。一方、子育て支援は、女性社員の高学歴化、総合職の採用拡大により、仕事と子育ての両立支援を検討する企業が増えていきます。

ただ、日本企業での子育て支援も、その中の父親支援も、この流れを作ったのは、一部の先進企業を除き、法律や規制の進展です。その企業を動かした法律や規制は、男女雇用機会均等法、次世代法、育児・介護休業法、そして女性活躍推進法です。

男女雇用機会均等法の下での法律改正、指針、通達により、二〇〇〇年後半から女性の総合職採用が拡大されるとともに、二〇〇七年改正ではこれまで「女性労働者」の取り扱いだった法律の枠組みを「労働者」に変更することで「男性」にも適用範囲が拡大されました。

また、一・五七ショック以降、少子化対策には企業からの推進も不可欠として二〇〇五年次世代法により企業は従業員の仕事と子育てに関する「一般事業主行動計画」を策定し都道府県労働局に届ける義務を課し、二〇〇七年より認定マーク「くるみん」で対外的にその取り組みを公表できるようにしました。さらに、二〇〇七年、「仕事と生活の調和（ワーク・ライフ・バランス）憲章」が政労使の代表等から構成される仕事と生活の調和推進官民トップ会議で決定されると、社会的責任が大きい大手企業を中心に仕事と子育ての両立支援を「男性」も意識する方向性が出てきました。

育児・介護休業法は二〇一〇年以降の改正目的は父親の育児支援でした。産後八週間内の男性の育休取得促進、パパママ育休プラス、育児休業給付金も拡大され、男性の育休取得の阻害要因とされてきた経済的負担も軽減されました。厚生労働省イクメンプロジェクト創設で男性の育児参画ブームで機運を高めるとともに、その後、イクメン推進企業やイクボスアワードを増設して男性の育児参画を職場や上司にまで広げて推進を強めました。つまり、これまで企業の子育て支援＝ワーキングマザー支援としていたところを父親への支援へと拡大されていきました。

一方、法律の改定は企業の人事制度の見直しに直接的に寄与しますが、企業内の父親が人事制度を活用するための支援になるかといえば別問題です。たとえば、第一子妊娠・出産期の退職率と育児休業取得割合について調べた調査[*3]によれば、三〇〇人以上の企業規模において、育休制度があり、その制度周知がなされている場合であれば育休取得して継続している人が七六・六％であるにもかかわらず、制度があっても制度周知がなされていない場合は、育休取得して継続した人は三三・三％に悪化しています。これは三〇〇人未満の企業規模でも同様の傾向です。さらに制度周知がなされ取得の前例がある場合では育休取得して継続した人が八〇・九％であるにもかかわらず、前例なしの場合は五二％まで悪化しています。これは女性に関するデータですが、人事制度を拡充しても社内でその制度を促進するメッセージを発信したり前例がないかぎり制度を利用する人が増えないのは男性でも同様と筆者は考えます。企業内での男性の育児参画支援、とりわけ育休促進は企業にとって主要な業務を行う基幹職を一定期間失うことになるため、企業はコンプライアンス遵守の面から人事制度改定はするものの、その積極的な男性の活用メッセージは控えてきたために男性社員にとっては使いづらい風土が相変わらず残ったままとなってしまいました。

この点、先進企業では、制度の改定と同時に、その活用へのアナウンスや上司への周知と積極的な関与促進、トップメッセージや社内パンフレットの積極的なメッセージを記載することで、制度をより父親に使ってほしいという風土を作り、男性育休取得率を二桁以上に跳ね上げています。同時に、企業内での風土醸成として、子育て社員の企業内ネットワーク支援として行われていたランチ座談会、仕事と子育て両立セミナー、ワークショップ、SNS運用など、これまでは主に女性をターゲットとして行ってきたものを男性の参加も促すメッセージに変更したり、企業内パパサークル、パパ座談会など父親限定の支援も増えています。

そして二〇一六年施行の女性活躍推進法第二条②では、「家族を構成する男女が、男女の別を問わず、相互の協力と社会の支援の下に、育児、介護その他の家庭生活における活動について家族の一員としての役割を円滑に果たしつつ職業生活における活動を行うために必要な環境の整備等により、男女の職業生活と家庭生活との円滑かつ継続的な両立が可能となること」の旨が定められ、女性活躍には男女の仕事と家庭の両立が必要であることが明記され、これまで従業員に対する女性比率が低かったために、企業の子育て支援に消極的だった企業においても、男性を意識した両立支援を検討する必要性が高まりました。さらに女性活躍の阻害要因の分析の段階で女性社員へのアンケート結果やヒアリングを通じて男性の働き方が重要な阻害要因の一つとして認識され、男性の働き方改革の一環として仕事と家庭のバランスで葛藤があると想定された乳幼児を持つ父親社員をターゲットとした子育て支援が検討されるようになってきました。

4　日本における企業と父親の課題と今後

企業における父親の子育て支援は法の改正とともに充実してきましたが、その活用はそれほどなされていないのが現状です。ここまで見てきたように日本企業における父親の子育て支援は日本企業の人材戦略、労働問題と深く関わっており、父親が子育てを行う上で、日本企業の労働時間の長さと画一化、労働場所の強制化は大きな課題です。そしてその下で成功体験をしてきた上司の意識と言動が今の父親たちの子育ての阻害要因になっていると筆者は考えます。つまり、日本企業の父親の子育て支援の課題を克服していくカギは、前者は「働き方改革」、後者は「上司の意識行動改革」です。

第一の課題は、労働時間の長さと働き方の画一化です。前述（本章2節）のとおり、子育て世代の正社員二〇代後半～四〇代前半男性の長時間労働割合は高止まりのままです。終業時間は日本の男性は一九時台以降でも約四割が働いているのに対して、イギリスとドイツの男性は一割です。また、日本ではフルタイム勤務が男女ともに九割を超えますが、イギリスは七五・七%、ドイツは六八・八%で、フレックスタイム勤務、在宅勤務、短時間勤務といった柔軟な働き方を選択できている割合が日本は極端に低いことがわかっており、働き方の画一化が指摘されています。[*4] 同時に、働く時間、場所、仕事の面で働き方の制約度と報酬は関係しており、転勤のない社員は転勤のある社員より年収ベースで一割程度減少するのが市場価値相当とされています。さらに、労働時間と場所の柔軟性の高いパート社員（正社員と職務が同じ場合）は柔軟性の低い正社員より賃金水準で二割程度減少し、この賃金格差は賞与・一時金等を含めた年収ベースでみると格差は拡大し、退職金まで含めるとさらに拡大します。[*5] つまり、「教育役割」と「世話役割」に変化してきている父親の子育て支援には「時間」と「場所」が必要であるにもかかわらず、それを得るためには「稼ぎ手役割」に起因する所得を減らす覚悟が必要で、それは「稼ぎ手役割」も期待されている現在の「母親」でも同様のことが起きてしまうため、子育て夫婦にとって「時間と場所」と「所得」のどちらを誰が担うのかで選択を迫られ、結果的にこれまでの性別役割分業と同様に、「所得」を父親が担い、「時間と場所」を母親が担うことで折り合いをつけている夫婦が多いのではないかと筆者は考えています。

前記の課題に対する今後の対応については、「働き方改革」により、働く時間の柔軟性（フレックスタイム制、裁量労働制、短時間勤務制、長時間労働是正）、働く場所の選択制（地域限定社員、転勤や単身赴任への配慮、テレワーク、在宅勤務制度）を国が旗振り役となって強く推進することで既存の制度を必要な人が使える風土の醸成も期待できます。実際、イクボス企業同盟ほか、働き方改革に取り組む企業一〇九社に対してNPO法人ファザーリング・ジャパンが二〇一六年三月に行ったアンケートにおいて「取引先や競合他社にも、労働時間抑制等に着手してほしいと思われますか?」「長時間労働是正について、取引先や競合他社だけでなく、社会全体で取り組めば、貴社も取り組みやすいと感じますか?」「国（政府）に、労働時間の全体的な抑制・働き方の見直しの旗振りを期待しますか?」といういずれの質問においても九割以上が肯定的な回答を示しており、長時間労働是正一つ取っても、一社の取り組みでは限界があることがわかります。

第二の課題は「上司の意識行動改革」です。これまで英米の研究では、上司やマネージャーがワーク・ライフ・バランスの推進に極めて重要であることが指摘されてきましたが、日本の研究によっても同様であることが指摘されています。[*6] またNPO法人ファザーリング・ジャパンが行った隠れ育休調査二〇一五では「あなたが育児休業制度を利用するとした場合、もっとも利用しやすい条件・環境だと思うもの」（単一回答）において、昇進昇格方針の周知徹底によるキャリアへの影響回避（五％前後）、給付金増額や有給化による家計への影響回避（一〇％程度）の選択肢を抑えて、「上司が必ず育休は『いつ取る?』と確認し、取得できる環境を整えてくれる」二九・三％が選択されています。日本の父親たちにとって上司の働きかけがいかに重要であるかがわかります。「少子化社会対策大綱二〇一五年」でも「イクボス」や「子育て」を尊重するような企業文化の醸成が明記され、「イクボス」という上司の重要性が意識されています。「父親の子育て支援」と「働き方改革」の両輪を軸で支えて回すのが「イクボス」です。企業における今後の父親の子育て支援の推進に「イクボス」が大きく寄与すると筆者は考えます。

注

＊1　山口一男（二〇〇九）『ワークライフバランス実証と政策提言』日本経済新聞社、二三二頁。
＊2　同前書、二三〇頁。
＊3　「JILPT労働政策研究報告書」一三六、一〇七頁。
＊4　武石恵美子（二〇一二）『国際比較の視点から日本のワークライフバランスを考える』ミネルヴァ書房、一八―二一頁。
＊5　今野浩一郎（二〇一二）『正社員消滅時代の人事改革』日本経済新聞出版社、二六三―二六六頁。
＊6　前掲書＊4、一七七頁。

つかごし　まなぶ
株式会社東レ経営研究所ダイバーシティ&ワークライフバランス推進部上席シニアコンサルタント。
特定非営利活動法人ファザーリング・ジャパン理事。

第 Ⅲ 部

支援制度・プログラムの実際

1 父親の子育て支援の制度・施策とプログラムについて

松本しのぶ

1 父親の子育て支援に必要な制度・施策とプログラム

本章では、父親の子育て支援に関する制度・施策と父親を対象とした子育て支援プログラムの二点について取り上げます。

父親の子育てを推進していくためには、制度やサービスの拡充による環境づくりが欠かせません。特に、父親が主体的に育児に取り組む意欲はあっても、実際に早く帰宅することや休暇を取ることができない現実がそこにはあります。したがって、育児休暇取得等を推進する労働環境を整える制度・施策が必要です。また、社会の中で性別役割分業に基づいた育児の捉え方を変化させるための制度・施策も展開していかなくてはなりません。

一方、父親の子育て支援でもう一つ重要なことは、父親そのものが「父親」となるための学びを助ける子育て支援プログラムが必要だということです。現在、親となる世代のなかには、すでに少子化の時代に生まれた人たちも増えており、その成長過程において小さな子どもと触れ合う機会がないまま大人になった人も多くいます。以前は、きょうだいや甥、姪、近所の子どもなど、小さな子どもやその親と接して、子育てを間近で見ることで自然と子育ての方法を学ぶ機会がありました。しかしながら、少子化や地域関係の希薄化からその機会は減少しています。そのため、いざ親になった時に具体的な子どもとのかかわり方がわからず、とまどうことが多いのは当然のことです。さらに、近年、父親像が大きく変容しようとしています。イクメンが流行語となり、子育てに積極的な父親が評価されるようになりました。しかし、現在の父親たちの大半がモデルとなる「父親像」を自らの育ちの中で見ていません。自分自身の父親は家庭より仕事を優先し、子育ては母親に任せていた人が多いからです。そのため、育児に関わりたいという思いはあっても、具体的にどうすればよいのかわからない父親たちに、父親としての役割やふるまいに関する情報提供やロールモデルの提示が父親支援としては重要です。

2　父親の子育て支援の制度・施策

国は、男性の育児を促進するための一つの方策として、仕事と家庭の両立ができる労働環境となるよう制度・施策を整えています。男性の育児休業の取得促進のために、二〇〇九年には「育児・介護休業法」を大幅に改正し、二〇一〇年には父親の育児に関する意識改革、啓発普及を意図した「イクメンプロジェクト」を開始しています。また、「少子化社会対策大綱」（平成二七年三月閣議決定）では、五年後の目標として男性の配偶者の出産直後の休暇取得率八〇%を掲げています。そして、妻の出産直後に男性が休暇を取得し、家族との時間を過ごすことで、父親であることを実感し、家族の結びつきを深め、育児や家事のきっかけにし、これまでの働き方や生活を見直す機会として欲しいという思いのもと、「さんきゅうパパプロジェクト」という啓発活動を内閣府が行っています。また、厚生労働省は、働きながら安心して子どもを産み育てることができる労働環境の整備推進を目的に、模範となる企業や個人を「イクメン企業アワード」、「イクボスアワード」として選定し、表彰しています。これらの取り組みを通じて企業等による父親支援の先進事例を社会に紹介することで、その波及効果が期待されます。

さらに、男性の家事・育児の促進のために、学校教育において男女が協働して家庭を築く重要性などについて、中学校の特別活動や高等学校の家庭科等の教科において指導を行うようにしています。

このように、父親の子育て支援については、国が制度・施策を整えることで、社会に父親の育児関与促進を浸透させてきたと言えます。しかしながら、男性の育児休業取得率の低さを見てもまだ十分だとは言えません。労働環境を中心とした働き方の変革を企業とともに進めていく必要があります。

一方、父子家庭の支援制度については、当事者の声を受けて拡充をしてきました。子育て支援の多くは母親を主体として展開され、父親に対する具体的な子育て支援の制度やサービスは不足しています。そのため、父親のニーズを父親自身やその支援者が社会に向けて発信していくことも父親の子育て支援の制度・施策の充実には必要です。

3　父親を対象とした子育て支援プログラム

「父親の子育て支援プログラム」とは、以下の四つの条件を満たすものです。

① 現在父親である人およびこれから父親となる人を対象とする。
② 対象者が主体的に育児を行えるように支援することを目的とする。
③ 内容は、育児に関する知識・技術の習得や対象者の意識変容・行動変容をめざすものである。
④ 形態は、講演会型、ワークショップ型、子どもを含めた家族と一緒に参加するイベントなど多様であり、単発のものや連続講座などの継続的なものの両方を含む。

また、父親の子育て支援プログラムは、父親の親としての育ちの過程を支援するものと、父親のニーズに合わせた支援を行うものの二つに大別されます。

まず、父親の親としての育ちの過程を支援する子育て支援プログラムとは、子どもの誕生・発達に合わせたそれぞれの時期に行われるプログラムのことです。生後すぐの子どもを持つ父親と小学生を持つ父親では父親自身の子どもとのかかわりも違えば、父親に求められる役割、父親自身が必要とする情報も異なります。

　具体的なプログラムを例示してみると、一つ目は、妊娠がわかり、出産までの間に実施するプログラムがあげられます。自治体等でも行われることが増えた両親学級はその一つと言えます。沐浴の方法や妊娠期の配偶者への労り方だけでなく、生まれた後に起こる可能性がある産後うつ対策等、産前産後の夫婦の危機に対する知識と対応方法もこの時期のプログラムでは伝えることが必要です。

　二つ目に、乳児の時期に行うプログラムも重要です。乳児期は、母親にとって子育ての負担が大きく、特に父親に積極的に関わって欲しい期間です。しかし、父親は、まだ子どもと言葉でのコミュニケーションが取れない上に母親よりも必然的に子どもと関わる時間が少ないこともあって、子どもの欲求の読み取りや対応が難しいためにかかわり方に自信が持てずに母親に子育てを任せてしまう傾向があります。そのような父親が積極的に子育てに取り組めるように、後押しとなるプログラムが必要です。

　三つ目は、幼児期以降の子どもの発達に合わせたプログラムです。子育ての講演会、親子遊びの講習などもあれば、子どもの年齢が上がるにつれて、親子で一緒にできる工作や野外活動といった体験型のイベントなど、子どもと父親が関わる機会の提供を目的としたプログラムは、現在、各地で行われている取り組みです。また、保護者会やＰＴＡ活動の一環として父親たちが一堂に会する行事、父親同士で子育てについて語り合う座談会形式のものなど、父親同士の交流や他の父親の子育てを知る機会の提供を目的としたプログラムもあげられます。

　四つ目は、独身・既婚を問わずパートナーの妊娠期以前の「父親予備軍」である男性へのプログラムです。具体的には、男性の育児参画への意識改革・啓発や多様な父親モデルを知るということを目的とした内容などがあげられます。また、今後、家庭を持つ中高生や大学生などの若い世代に対して次世代育成という観点で行われている学校教育の取り組みも、広義の「父親の子育て支援プログラム」に含まれると言えます。

　次に、父親のニーズに合わせた支援プログラムとは、父親の積極性や主体性、抱えている課題に応じたプログラムのことです。

たとえば、積極的に子育てに関わりたい父親たちに対して、その意欲が受け止められ、より力を発揮するためのプログラムが必要です。ＮＰＯ法人ファザーリング・ジャパンなどが行う活動や地域のパパサークル等に自ら参加する父親たちは、子育てにも主体的に関わっているケースが多く、さらに父親同士の交流や父親同士で新たな取り組みを行うことを求めている人々が集っています。したがって、その人々のニーズに合わせた支援が必要となってきます。

　一方で、自治体などが行う単発の父親支援講座には、配偶者に促されて参加してくる父親も多くいます。つまり、子育てへの積極性が乏しい父親たちがやってくるとも言えます。その父親たちが少しでも主体的に子育てに関わることができるようなプログラムが必要です。また、プログラムそのものに参加しない父親たちへのアプローチについても考える必要があります。加えて、子育てに関する特別な課題がある父親たちもいます。具体的には、虐待加害を行った父親、ひとり親家庭の父親、障害児の父親などです。そういった特別なニーズに対応するプログラムも必要とされます。

4　今後の期待

　二〇一五年四月から始まった子ども・子育て支援新制度において、市町村が主体となって子育てするすべての家庭に対する多様な支援が行われることになりました。この新制度において父親支援に特化した施策は明記されてはいませんが、地域子育て支援拠点事業で各地域の実情に合わせた父親対象の支援が展開されることが期待されます。

　また、少子化社会対策大綱においては、行政に加え、地域・企業など社会全体として少子化対策を進めていく上で、それぞれの役割を一層果たすことができる環境を整備するとされています。[*1] 少子化が進行する中、社会全体で子育て家庭を応援する機運を高め、子どもを産み育てやすい環境となるように多様な主体が協働して子育て支援を進めていくことが求められます。

　さらに、多くの自治体では父親支援の取り組みの必要性は認識しているものの、実際の取り組みや計画について十分な内容の支援が展開されているとは言えません。[*2] また、自治体で行われている子育て支援プログラムは、対象を父親に特化した内容ではなく、母親も父親も参加可能というものが多く見られ、[*3] 父親の特性やニーズに合った内容であるとは言い難い状況です。今後は、地域において父親の多様な子育てニーズに応えるプログラムを展開するために、直接、父親や母親と接する機会があり、具体的な父親のニーズを把握しやすいＮＰＯ法人やボランティア団体が行っている先駆性や柔軟性を活かした取り組みを自治体が取り入れていくことも大切でしょう。

　父親の子育て支援を充実させるには、①国が制度や施策等を整備することを通じて父親の育児やその支援の必要性を社会に発信し、②自治体・企業・ＮＰＯ等がそれぞれの強みを活かした具体的な支援策を実施し、③その取り組みを通じて得た父親のニーズやプログラムの評価を国の制度・施策や新たなプログラム構築へと反映させる、これらを重ねていくことが必要だと考えられます。

注

*1　内閣府（二〇一五）「少子化社会対策大綱～結婚、妊娠、子供・子育てに温かい社会の実現をめざして～」（http://www8.cao.go.jp/shoushi/shoushika/law/pdf/shoushika_taikou2.pdf）（二〇一七年五月二〇日確認）

*2　小崎恭弘（二〇一六）「父親支援に関する全国自治体調査について」（http://www.blog.crn.or.jp/report/02/220.html）（二〇一七年五月二〇日確認）

*3　斎藤嘉孝（二〇一四）「ペアレンティング・プログラム実施者にむけた実践的示唆――行政による父親むけプログラムに関する全国調査の結果から」『生涯学習とキャリアデザイン』一二（一）、法政大学キャリアデザイン学会、一〇二頁。

※なお、本章は、ＪＳＰＳ科研費（ＪＰ１５Ｋ１７２３４）「父親の家庭・地域参画の促進を意図した家族参加型子育て支援プログラムの開発」の一環として執筆しました。

まつもと　しのぶ
京都光華女子大学こども教育学部講師。

2 自治体における父親の子育て支援

小崎恭弘

1 自治体の行政サービスと子育て支援

現在多くの自治体において、子育て支援に関わる政策が注目を浴びています。首長や議員の選挙などにおいては、こぞって「保育、子育て支援の充実」が叫ばれます。また特に都市部においては、それに加えて「待機児童の解消・質の高い保育と幼児教育」がお題目のようになっています。もちろん子育て支援の発展は、子どもたちの生活やその環境の充実や改善であり、基本的には喜ばしいことであると言えます。しかしそのような地方自治体の子育て支援対策が時には、近隣地域自治体の対立や格差を生むようなこともあります。そこには二つの側面があります。自治体間の人口の奪い合いや地域ブランド競争であり、また市民サービスの向上合戦ということでもあります。自治体のより豊かな発展に向けての大切な政策に、子育て支援がなっているのです。

たとえば、乳幼児の医療費の自治体の負担割合などはわかりやすいものでしょう。市町村により大きく違いが見られます。就学前のみ保護者負担が無料のところもあれば、一五歳や一八歳まで負担額が無料のところもあります。また保育所や幼稚園の保護者の費用負担も、近年自治体間において大きな差が見られるようになってきました。大阪のある市では、その市内の保育所、幼稚園、認定こども園に通うすべての子どもたちの保育料を、全額無償化するとしています。これまで第三子や五歳児のみの無償化などはありましたが、ここまでの規模のものは、特に都市部においては見られませんでした。

このように子育てに関わる支援や取り組みが、自治体の人口減少の歯止めと若い子育て世代の流入・定着に効果があると考えられ、それぞれの自治体が大きく予算をさき、人員を配置して取り組むようになってきました。それと同時に、子育て支援において自治体間において、取り組みに際して大きな差が見られるようになってきました。

そのような状況において子どもを産み育てる

比較的若い年代層は、そのような自治体間の子育て支援対策などを熱心に調べ、引越しや出産なども視野に入れて子育てを行う自治体を選ぶ傾向が見られます。たとえば、『AERA』や『日経DUAL』などといった子育て世代をターゲットにしているメディアや雑誌などは、しばしば「子育てしやすい街ランキング」などの特集を組み好評を博しています。

　子育て支援政策が、市民にとっては自治体の価値を測る一つの物差しとしてなっていると言えます。そのような自治体間の子育て支援における父親支援の取り組みの状況や、特徴を把握するために、全国の基礎自治体（特別区市区町村）を対象に調査を行いました。本章では、その全国の基礎自治体の父親支援に関する取り組み調査から、全国の父親支援の現状について考察を進めていきます。

2　全国基礎自治体の父親支援調査

1　調査概要

　全国の基礎自治体の父親支援の取り組みの現状を把握するために調査を行いました。全国の市区町村がどのような形で父親支援に取り組み、また父親支援についての意識や問題点、あるいは父親支援の取り組みの決定要因について、アンケート調査から明らかにすることを目的としています。

　この調査における父親支援とは「各自治体が主として子育て支援の一環として行っているものを指す。具体的には妊娠期から就学前の子どもを持つ父親に対する様々な啓発・ツール等の教育事業、イベント・講演会の参加事業、相談・ネットワーク等の支援事業など、父親の子育てに関わるものすべてを指す」と定義をしました。

　全国の特別区市区町村の子育て支援担当者を対象に、郵送による調査を実施しました。対象自治体は一七四一カ所であり回収数は七二三でした。回収率は四一・五二％。

　調査時期は二〇一五年一〇～一一月の一カ月間です。

　調査方法は、郵送による配布と回収を行いました。無記名式であり、回答は選択式と記述式による回答を行いました。

　調査内容　質問項目は四部からなります。(1)父親支援の状況、(2)父親支援に対する意識、(3)父親支援の取り組みの課題、(4)自治体プロフィール。

　これまで様々な子育て支援に関わる調査や研究はされてきましたが、全国規模での父親支援に関する自治体調査はこれが初めてのものです。そのように考えると、探索的な意味合いも含めて全国の父親支援の現状の理解ができるものとなりました。

2　調査結果

①　自治体のプロフィール

　政令指定都市一・二％、中核市三・九％、東京二三区一・二％、市四二・六％、町四一・九％、村八・四％、無回答〇・七％。市と町が多くを占めています。

②　人口の増減

　この三年間での人口増減をたずねました。「増加が一三・七％」「維持が一二・二％」。反対に「減少は七二・五％」です。また国勢調査の結果を見ても、増加している自治体の増加率もわずかな増加のところがほとんどであり、日本全体の人口減少化が強く印象づけられます。

③　父親支援の必要性について

「父親支援は必要だと思いますか?」という

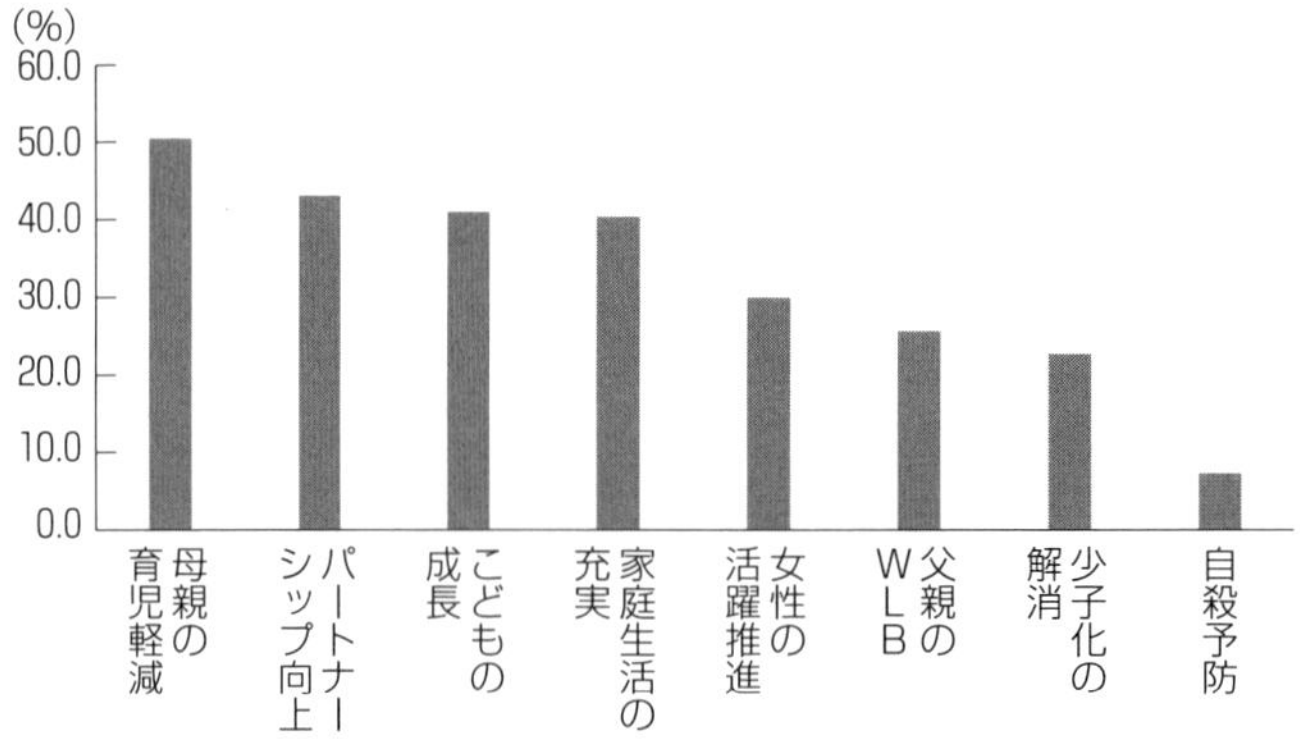

図Ⅲ-2-1　父親の育児支援の社会的意義

出所：全国基礎自治体における父親支援調査（2015年）。

質問に対して、「とてもそう思う二八・八％」「そう思う六〇・三％」「あまり思わない三・五％」「全く思わない〇％」でした。父親支援については、多くの自治体において、その必要性が認識されていることがわかります。子育て支援の対象が広がり、またイクメンなどの父親の育児に社会的な関心が集まる中で、多くの自治体においても父親支援の必要性は認識しているようです。

④　父親の育児支援の社会的な意義

それでは父親の育児支援はどのような意義があると考えられているのでしょうか。

ここからわかることは、父親支援が父親そのものにとってよりも、「母親の育児軽減」という意義が認められているということです。これは現在の子育て支援が「児童虐待の予防」「女性活躍推進」の大きな流れの中で語られていることに影響を受けているように思います。母親、パートナー、子どもと多岐にわたる意義が認められているのも、注目に値します。父親支援の可能性とその範囲の広がりは、今後の子育て支援に大きな示唆を与えるものになるでしょう（図Ⅲ-2-1）。

⑤　父親支援の取り組みの姿勢

各自治体での父親支援の取り組みについて、積極的に行っているかについてたずねました。「とてもそう思う〇・八％」「そう思う一六・九％」「あまり思わない六九・六％」「全く思わない一一・五％」。

先ほどの必要性については、多くの自治体が認めているものの、積極的な取り組みの姿勢はさほど多くはないようです。この点において、父親支援の矛盾が見られます。自治体における子育て支援は、現在とても活発に様々な取り組みがなされています。そのような中においても、やはり父親がその対象とはなりにくい状況が明らかになりました。

⑥　父親支援の困難要因について

父親支援が困難な要因について、複数回答でたずねました。

回答率の高い上位三つのうち、一、三位は「人員の少なさ」「業務多忙」という、自治体の運営サイドの問題であると言えます。自治体の子育て支援担当者は、市民サービスとして多くの事業や取り組みをしていると言えます。そのような中で、父親支援の意識はあっても、優先順位が低いものとなってしまっているのでしょ

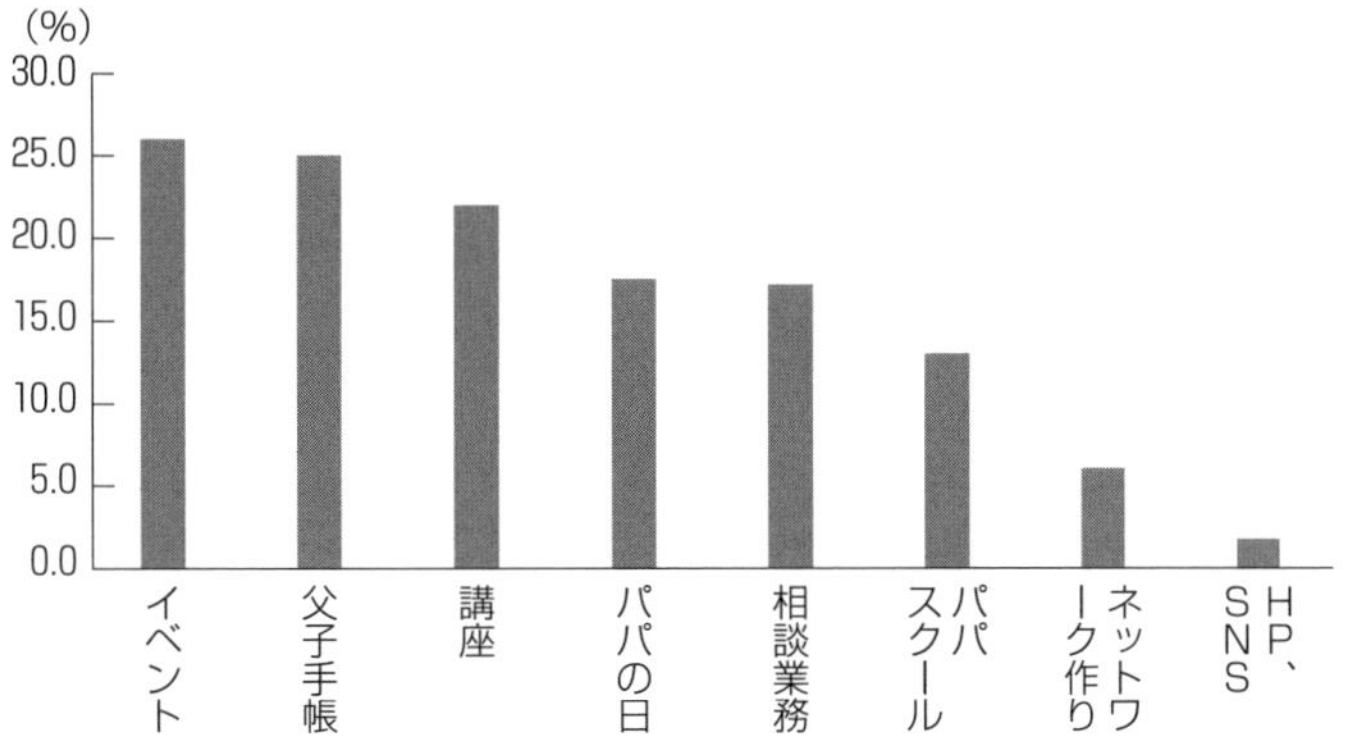

図Ⅲ-2-2　父親支援の具体的な取り組み内容

出所：図Ⅲ-2-1と同じ。

う。また二位の「父親が参加しない」という、回答は興味深いです。これは反対に父親サイドの問題であると言えます。しかし行政の行うプログラムや取り組みが、平日の昼間の設定であり、男性が参加しにくい曜日や時間帯であると言えます。また「専門家不足」「ニーズの把握不足」などの項目もある一定数集まっているところを見ると、父親支援の具体的なプログラムや内容が明確でないことがわかります。そのことが父親支援を難しくしている一因であると言えます。

⑦　具体的な父親支援プログラム内容

自治体が実施している、父親支援の具体的な取り組み内容についてたずねました。具体的には、父親を対象としたイベント、父親手帳の発刊、父親向け講座の開催、支援センター等のパパの日の実施、父親の育児相談、パパスクールや父親学校の開催、父親のネットワークづくり、父親対象のHPやSNS構築です。これらについて取り組んでいると回答のあった内容の割合です（図Ⅲ-2-2）。

一番多く取り組まれているものは「父親を対象としたイベント」です。イベントの中身は「子どもとのふれあい」「料理教室」「工作教室」が上位の三つになっています。全体では四分の一程度の自治体でしか実施されていない状況です。父親の支援プログラムは「遊ぶ・食べる・作る」という三大プログラムにより構成されていることがわかります。それらの内容は、どちらかというと子どもと一緒に参加するという、参加型、イベント型が中心です。

もちろんこの取り組みは良いことであると思いますが、ここから見えてくるのは、父親は積極的な育児の主体ではなく、育児をどのように楽しむかという「ゲスト的」なイメージを感じます。子育ての具体的また実践的な内容や本質的理解というよりは、子どもとの関係性の構築や思い出づくりなどが中心のようです。如実に子育ての姿勢として父親のポジションが現れています。それはまさに「遊び役割」としての父親です。仕事中心で子どもと遊ぶことさえ時間や体験がない父親にとっては、このような意図的なプログラム活動を通じて自然に子どもたちと触れ合い、関わることができるからです。しかしこのようなプログラムばかりに依存していると、いつまでも他者や何かしらの活動の中でしか子どもと関わることのできない父親につながる危惧も感じます。また主催の自治体もそのレベルを乗り越えて、母親以上に、父親に育児の主体としての役割や意識を求めていないように思われます。

⑧　父親プログラムの取り組み割合

子育て支援全体における、母親支援、夫婦支援、父親支援の取り組み割合をたずねました。自治体において取り組んでいる対象者（父親・母親・夫婦）の割合は、父親支援一：母親支援七：夫婦支援二。全体の中央値での割合です。

子育て支援はまだやはり、母親支援の様相が強くあり、父親支援の割合は夫婦と比べても低いものとなっています。残念ながら、自治体における父親支援は、その量、内容、プログラム、予算においても、決して恵まれたものではないということが明らかになりました。

⑨　子ども子育て支援事業計画における父親支援に関して

現在の自治体の子育て支援政策の多くは、各自治体の子ども子育て会議で作成される「子ども子育て支援事業計画」によりその方向性や数値目標が定められ、実施されています。換言すれば、その計画に明記されなければ、具体的なプログラムや取り組みなども実施はされない可能性が大きいのです。そこで各自治体の計画にどのように父親支援が記載されているのかをたずねました。(1)「計画における父親支援記載」が「ある」は三三・一%。(2)「具体的な父親支援の取り組み状況」が「ある」は二〇・六%。そして(3)「父親支援に関わる数値目標」が「ある」は四・三%。

数値目標は、よく具体的で実践的な活動がなければ記載することはできません。父親支援に関わる数値目標に至っては、「ない」が九一・三%です。父親支援のより実践的な計画における、取り組みの低調さが明らかになりました。わが国において父親支援の具体的な取り組みは、計画的にはほとんどなされていないということが言えます。

3　自治体の父親支援の取り組みについて

これらの調査から、基礎自治体における父親支援の特徴をまとめておきましょう。

①　父親の育児支援の取り組みは、あまり活発ではありません。しかしその必要性については高いものがあります。意識と実施の齟齬が見られます。必要性は感じていますが、具体的な取り組みとなると、あまり活発ではなくほとんど取り組んでいない自治体も多くあります。

②　父親支援プログラムで最も多いのは「ふれあいプログラム」であり、その他のものはあまり実施されていません。ふれあいプログラムも「つくる、食べる、遊ぶ」というものが三大プログラムとして、多く実施されています。父親が直接的な活動に親子で一緒に参加するということが中心となっています。反対にいうと、それら以外の活動については、あまり活動としては実施されていないということです。

③　父親支援は「母親支援」としての意義が強く見られます。育児の主体を母親と規定しており、その母親を支えることが父親の役割という意識が見られます。もちろん現実的には、子育ての中心的な役割の多くは、母親が担っています。しかしだからといって父親が育児に関わる必要がないわけでありません。しかしいくら父親が育児に関わりたいと考えても、現在の子育て支援の意識の下ではそのような機会やプログラム実施は難しいでしょう。

④　父親の育児支援に積極的な自治体は一六・九%程度であり、支援事業計画においても記述は見られますが、具体性に乏しいものとなっています。子育ての主体として父親の位置づ

けがなされていません。

⑤　父親支援の困難要因は、行政要因と父親要因の二つが見られます。行政機構も組織の改変や職員の削減などが起きており、その業務がより繁雑にそして多忙になっています。そのような中で父親支援は、子育て支援の中において は優先順位が低く積極的に取り組まれていない状況にあります。何か単一の変化だけで、父親支援が進まない状況が見られます。

⑥　自治体の計画の中に父親支援の位置づけがなされていません。つまり自治体の父親支援に対する意識の弱さが見られます。そもそも父親の育児を支援するという発想や、意識自体がほとんどなされておらず、場当たり的な対応がなされています。

全国の父親支援の取り組みが一定程度明らかになりました。しかしその取り組みが全体的には、低調であり自治体においてその差が大きくあります。これらの取り組みの実態から、さらに要因や父親支援の方向性を明らかにしていき、地域の特性に応じた父親支援の取り組みを活性化していく理論と実践が今後求められていくことになります。

参考文献

小崎恭弘（二〇一六）「地方自治体における父親支援の現状――地方自治体全国調査より」『第六九回日本保育学会発表論集二〇一六』。
小崎恭弘（二〇一六）「父親支援に関する全国自治体調査について」『チャイルド・リサーチ・ネットレポート二〇一六』（http://www.blog.crn.or.jp/report/02/220.html）（二〇一七年一月四日確認）

こざき　やすひろ
大阪教育大学教育学部教員養成課程家政教育講座准教授。

3　父親の育児参画を促す教材「父子手帳」

水野　奨

1　父親支援ツールとして普及する「父子手帳」

近年、父親の育児参画を支援する動きと並行し、父子手帳が自治体などから発行されています。二〇一五年、内閣府は「少子化社会対策大綱」を閣議決定し、子育て世帯の男性が家族との結びつきのなかで父親としての自覚を育み、育児や家事へ参画することを促しています（「さんきゅうパパ」プロジェクト）。同年には、内閣府から父子手帳『さんきゅうパパ　準備BOOK』も発行されました。

海外においても父子手帳は存在し、フランスでは二〇〇二年から健康保険機関が発行しています。その父子手帳には、民法が規定する親子関係の概念、父親の権利と義務、休暇制度と家族手当、子どもの権利の紹介がなされています。

同国は出産期女性の高い就業率と合計特殊出生率を維持しており、手厚い家族政策と併せて父子手帳が戦略的に活用されるモデル国です。

日本国内における父子手帳は、一九九五年に東京都が発行した「父親ハンドブック」がはじまりと考えられ、今日では全国のおよそ三割にあたる広域自治体および基礎自治体が発行しています。なかには、東京法規出版が二〇〇四年から行政向けに販売している『父子健康手帳』を買い上げるケースもあり、同社はこれまで二〇〇以上もの自治体に納品しています。一方で、地域性を活かした独自の父子手帳を企画・発行している自治体も年々増加傾向にあり、厚生労働省が運営するホームページ「イクメンプロジェクト」にある〈全国父子手帳コーナー〉では、自治体が発行する父子手帳を誰もが閲覧することが可能です。

2　母子健康手帳との違いと父子手帳の定義

母子健康手帳は、母子保健法ならびに厚生労働省令のなかでその様式が定められていますが、父子手帳にはそのような規定はありません。

父子手帳には、父親としての自覚と育児参画を促す狙いがあり、その発行、名称、構成、配布方法は各自治体に委ねられ、自由度の高さが最大の特徴です。自治体のほか、産科を有する医療法人、子育て支援団体が製作する事例もあります。

本章では、父子手帳を次のように定義します。「父子手帳とは、父親の主体的な育児参画を促進するため、妊娠・出産・育児に関する基礎的情報を集約し、併せて成長記録などを綴ることのできる、父親を対象に発行され無償配布もしくは廉価にて販売される冊子ならびにアプリケーションの総称」。

3　父子手帳の取り組み実例

本節では、先の「イクメンプロジェクト」で紹介される一八の父子手帳（二〇一六年一二月一日現在）を比較し、その傾向と課題について考察します。

父子手帳は出生届など各種申請手順をはじめ、保育などの公的サービス、子育て支援センターなどの公共施設、各種相談機関や両親教室の紹介がベースとなっていることがわかります。つまりは、行政が取り組む子育て支援事業を父親をはじめ子育て世帯に周知することが父子手帳の主たる目的です。

そして父親が、妊娠・出産・産後の母子に関する正しい理解をもって、悪阻やマタニティブルーといった妻の心身をサポートするための情報も網羅されています。さらに、母親と比べ育児に関する情報が乏しい父親にとって、乳児期の発達、抱き方、調乳やオムツ交換の方法、沐浴、子どもとのかかわり方を学ぶことのできる希少な情報源にもなります。そのほか、ワーク・ライフ・バランス（以下、WLB）へのアドバイス、家庭内における事故防止と応急手当についても、共通して構成に組み込んでいます。

他方、各自治体が独自に製作しているだけにオリジナリティに富んだ父子手帳も多く見受けられます。

たとえば鳥取県の場合、「子育て王国鳥取県」と「まんが王国とっとり」を掛け合わせ、父親の育児を題材にしたマンガを軸に製作しています。そのほかにも父親と母親による座談会の様子、チャート式父親タイプ分類、子どもを上手く撮影するテクニック、父親の体験や心理を歌った川柳で父親の興味を引き、父親たちが手に取り読み進めやすい工夫がなされています。

また父子手帳は、単に読み物としてだけでなく子どもの写真を貼りつける欄、誕生や成長を記録する欄、わが子へのメッセージや父親自身の思いや考えを綴る欄を設け、父子手帳を継続的に使用するための配慮もなされています。和歌山市にいたっては、父子手帳とは別にワークシート形式の『Father's NOTE パパ専用記入ノート』も製作し、父子手帳と併せて配布しています（各自治体が発行する父子手帳の詳細については、小崎・水野[*1]を参照ください）。

近年では、スマートフォンやタブレット端末の普及により、父子手帳がアプリケーションとして活用され始めています。富山市は母子健康手帳アプリ「育さぽとやま」を配信し、母子健康手帳の内容や育児記録を一括管理することができます。行政から予防接種や健康診断などの情報も配信され、子育てに関するコンテンツも閲覧できます。そのなかには父子健康手帳機能を備え、父親向けの情報のほか、乳幼児のケアを動画で学ぶこともでき、冊子では理解しにくい沐浴の方法などがより理解しやすく工夫されています。愛知県配信の「子育てハンドブックお父さんダイスキ」もまた、掲載される相談機関や情報サイトへワン・クリックで通話や閲覧できることが特徴です。

4　父親を取り巻く社会的課題から見る父子手帳の役割と製作課題

1　父子手帳が対峙する父親特有の課題

時代や社会的課題に対応するよう，父子手帳も変わり続けていく必要があります。

筆者が考える父子手帳が対峙する父親特有の社会的課題は，次の三つです。

① 父親自身の固定的性別役割分担意識の緩和
② 父親のメンタルヘルスケア
③ 父親の地域参画の促進

① 〈固定的性別役割分担意識〉とは，たとえば「夫は大黒柱として仕事に専念し，妻は家庭を守るべき」といった性別に基づいて役割を二分し固定化する考え方を指します。若い世代ほど固定的性別役割分担を肯定する割合は低くなりますが，残念ながら今もなお日本社会には根強く残っていると言えます。一例として，男性の育児休業取得率が低迷する背景には，父親本人とそのパートナーである妻，職場の上司・同僚が，それぞれ先述したような固定的性別役割分担意識が阻んでおり，時にパタニティ・ハラスメントとして顕在化しています。固定的性別役割分担意識は，時に父親の生き方や働き方を制限し，子育て意欲の高い父親にとってはストレス要因となる可能性もあります。

父子手帳は，そうした父親自身が持つ潜在意識を解消あるいは緩和させるためにも，多様な生き方や働き方を提示し，父親自ら選択・決定・行動し得るための情報を意図的に組み込みます。その一つの方法として，育児・介護休業法の概説をはじめ，複数のロールモデルの紹介，ＷＬＢ先進企業の事例紹介が効果的です。

そして，単に育児参画を促すだけでは不十分です。今後，社会全体でさらなる女性活躍を推進し，父親自身も妻との良好なパートナーシップを構築するためにも，育児にとどまらず家事を含めた家庭参画の視点が重要となり，父子手帳をつうじて発信していかなければなりません。

② 次に，〈父親のメンタルヘルスケア〉について説明します。近年，男性のうつ病罹患率や自殺者数は増加傾向にあります。そうした事態に鑑みると，父親が仕事や家庭で抱える悩みを一人で抱え込まないよう，他者や専門機関に相談することをよしとし，相談を促すアプローチはとても重要となってきます。父子手帳においては，行政などの相談窓口のほか「小児救急電話相談」などの電話相談も紹介されていますが，ＤＶ相談や男性相談については記載していない父子手帳が多く見受けられます。ＤＶについては，一般的に加害者は男性であると認識されがちですが，近年は男性が被害者となるケースも増加傾向にあります。また，男性が仕事や家庭の悩みなどを相談できる男性相談を設置する自治体はまだ多くはありませんが，近隣で対応している機関や民間の相談機関などを明記しておくことを強く推奨します。

③ 三つ目の〈地域参画の促進〉は，地域参画を含めたＷＬＢの推進です。ＷＬＢは，主に「仕事と家庭の両立」と広く理解されていますが，その仕事，家庭と同等に重要となってくるのが地域参画です。地域参画の例として，自治会，地域行事，消防団，ＰＴＡ，ボランティアがあげられます。それら活動を通じて地域の活性化や安心・安全なまちづくりに寄与するとともに，そのつながりは地域で子育てをすることにもつながります。

核家族化によって夫婦のみで子育てをする家庭が多いなか，近隣との交流や協力関係は，両親の子育て負担やストレス軽減効果があり，児童虐待防止にもつながるのです。

また父親の地域参画は、子どもの心理的発達にも好影響を与え、さらには父親自身も新たな生きがいやつながりを獲得することで心身の健康を増進すると考えられています。ゆえに、父子手帳は地域参画に取り組むロールモデルや活動例を紹介し、父親たちが紙面をとおしてロールモデルと出会うコーディネートをする役割を有します。

2　父子手帳の製作にあたっての課題

先述した課題と筆者の父子手帳製作の経験をも踏まえ、ここでは父子手帳を製作するにあたっての課題として次の三点を解説します。

① パパスクールとの連動
② ロールモデルの発掘と活用
③ 読み手の視点に立った父子手帳製作

① 最初に、〈パパスクールとの連動〉です。

今日、全国各地でパパスクールが開催されるようになり、それを紹介する父子手帳も増えています。

しかし、その魅力を読み手に伝えきれていません。父子手帳に過去の講座タイトルや講座風景、参加者の声を掲載することで、パパスクールに参加すれば育児に関する知識や技術が習得できるだけでなく、いわゆるパパ友ができることの喜びやメリットを伝えます。そして受講後の自己をイメージできるよう、受講者やそのパートナーの声を紹介するなどの工夫が求められます。

② 続いて、〈ロールモデルの発掘と活用〉です。

妊娠・出産・育児に関する知識の掲載だけでは、父親の産前産後のサポートや育児への積極的な姿勢を涵養することはできません。特に第一子誕生を控えるプレパパにとっては、育児に取り組む自己をイメージさせ、行動に直結するようモチベーションを高めることが大切です。そこで効果的な手法が、ロールモデルの紹介です。

しかし父子手帳をみると、先輩パパの体験などを掲載する父子手帳は少なくありませんが、読み手に新たな気づきや行動を促すまでに至っていません。先輩なら誰でも良いというわけではなく、WLBを維持するために自ら試行錯誤し、妻と良好なパートナーシップを構築し、心から育児や地域活動に喜びを感じるロールモデルを発掘することにより、読み手とロールモデルをつなぐ役割が父子手帳に求められます。読み手は複数のロールモデルの体験にふれることで生き方や働き方、子育て、夫婦の多様性に気づき、自身の今後の生き方、働き方を見つめなおし、ようやく行動変容を起こしていくことができるようになるのです。

③ 三つ目は、〈読み手の視点に立った父子手帳製作〉です。父子手帳製作には、構想から発行するまでにおよそ一年を要します。複数の担当者や有識者が執筆し、繰り返し校正を行います。

頁数、紙サイズ、発行冊数、デザインなどによって予算は異なりますが、いずれも有限の財源から予算を捻出しての製作になります。言うまでもなく、父親たちが手に取って最後まで読み進める父子手帳に仕上げなければ、製作に費やした資金、人、時間は無駄でしかありません。しかし父子手帳の最大の難関は、父親たちに手に取り読んでもらうことなのです。

小学生以下の子をもつ父親のおよそ三人に一人（三五・七％）が二一時以降に帰宅し、[*2] 子育て世代三〇代男性の一六・〇％が週六〇時間以上の長時間労働に従事しています。[*3] 多忙な父親たちが、どうすれば父子手帳を手に取り最後まで読み進めてもらえるのか、父子手帳を製作する側には高い戦略性が求められるのです。

たとえば表紙は、手帳やキャンパスノート、男性誌に似せるなど男性が興味関心をもつデザインにします。中身は、より創意工夫が必要となり、父親たちに対して家事育児をしないことを責め正すような文章では、彼らは強い拒否反応を示し読むことをやめます。一例として、経済協力開発機構（ＯＥＣＤ）の〈日本人男性が家事育児などの無償労働に費やす時間は加盟国中最低クラスである〉というデータをもって、読み手である父親に対し「もっと家事育児に励みなさい」と言えば、たいていの父親はばつが悪くなりすぐさま手帳を閉じることでしょう。

しかし、用いるデータを変えるだけで父親の捉え方はまったく異なります。たとえば、渥美由喜（東レ経営研究所）の「女性の愛情曲線」というデータは、結婚し第一子が誕生した後、妻がもつ夫への愛情は徐々に低下する傾向にあると指摘しています。ですが、夫が早期から家事育児に取り組み妻に寄り添った場合には愛情は徐々に回復し、一方非協力的な夫に対してはさらに低迷していくことにも言及しています。

先のＯＥＣＤのデータと同様に父親の家庭参画を促している点は同じですが、後者の場合、夫つまり父親は今後の夫婦関係に危機感を覚え家事育児への取り組み方を見直す効果をもちます。これは、筆者の講師活動の経験上からも効果を実感しています。実証データをもって理論的に家庭参画やＷＬＢの重要性を説くことは効果的ですが、どこで何のデータを使うのか、文章表現とともに慎重に工夫していきます。

また先で紹介したマンガやチャート式父親タイプ分類のように、読み手が楽しむことのできるコンテンツを用いて、最後まで読みたくなる一冊に仕上げます。同時に、わが子の写真を貼り、自身の思いを綴る作業によって、父子手帳そのものへの愛着をもたせていくのです。

そして父子手帳の製作には、父親の視点も大切です。もし製作サイドが女性のみの場合は、必ず子育て経験のある男性やこれから父親になる男性を加えて企画から校正まで行います。たとえば、「イクメンプロジェクト」では紹介されてはいませんが、神奈川県横浜市の父子手帳はＮＰＯ法人ファザーリング・ジャパンが、兵庫県西脇市の父子手帳はＮＰＯ法人ファザーリング・ジャパン関西が各市より受託し、父親たちの当事者性を最大限に活かして製作しています。

5　父親支援における父子手帳の意義

父子手帳を比較することによって、父子手帳の意義として次の三点が見出されます。

まず一点目は、〈父親が家庭参画するための意識づけ〉です。これまで、父親の育児に関心をもたれることはなく、実際の育児の現場において父親が子育ての主体となる姿は稀少でした。

その結果、男性の育児休業の取得率は、女性と比べ極めて低く、さらには六歳未満の子どもを持つ父親が一日に育児に費やす時間はわずか四〇分程度と、母親の五分の一にすぎません。両者の数字を同一にすればよいという単純な問題ではありませんが、父親と母親の間にある育児に対する事象の格差を助長していることは確かです。

しかし、今こうして主体的に育児に取り組む父親が多く見かけられるようになり、父子手帳もまた社会的な広がりを見せています。父子手帳の存在は、父親を育児へと誘い、意識レベルの積極的なかかわりを高め、子育てという営みの導入においてたいへん重要な役割を担います。

二点目は、〈パートナーシップの形成〉です。

これまでの育児ならびにその支援事業は、母親を主体に行われてきました。これは、出産と育児が一括りにされた強固な社会規範や意識が根底となり、育児が母親の領域として疑いなく認識されていた経緯があります。

一方、父親たちの育児に対する意識は、社会の文化的転換などの諸条件の変化や男女共同参画の考え方が少しずつ定着するなかで、「夫婦で共に行う育児」という志向が見られるようになってきました。たとえば、立会い出産の割合、父親の保育所の送迎や行事参加率は、その親世代と比べても確実に上昇しています。

父子手帳もまた、こうした時代変化のなかでその存在が認められ、発展し続けています。父子手帳の焦点は「育児」に限らず、父親自身の「WLB」、続いて妻との関係を表す「パートナーシップ形成」をも包括しています。今日は共働き世帯が専業主婦（主夫）世帯を上回り、夫婦の役割や家庭内の役割など、固定的な性別役割分担では対処しきれない状況にあることから、今後は今以上にパートナーシップのあり方が大きく問われてきます。夫婦間のより対等かつ柔軟なパートナーシップ形成が求められ、夫婦や家族の形はますます多様化します。

父親は、家族との向き合い方を妊娠・出産・育児という営みのなかから創出し、父子手帳がその気づきを促すのです。

三点目は、〈父親支援における教材としての位置づけ〉です。近年、パパスクールなどの父親が学ぶ機会は全国的に広がりを見せています。

しかし、母親を対象とした学びの機会や情報と比較すると、父親への支援は、機会においても情報量においても圧倒的に少ない状況にあります。そのような教育の機会、ツール、プログラム内容の格差が、「父親が育児をしない・できない」立場へと追いやる要因の一つとなっています。そこで父子手帳は、父親支援の教材として位置づけられ、父親は父子手帳をつうじて意識、知識、技術の三つの能力を獲得します。ゆえに、父子手帳は父親支援における重要な教材であると言えます。

6　父子手帳の今後の展望

父親の育児を支えていく社会システム、ツール、プログラムは、まだ確立段階にあります。

そして、父親を取り巻く子育て環境ならびに労働環境が流動的に変化する現代社会において、子育て世帯が対峙する社会的課題も常々変化していきます。そのようななかで、特にこれから父親となる男性を対象に具体的な基礎的知識や地域に密着した情報を提供することのできる父子手帳は、今後の父親支援においてより一層重要な役割を担います。

父子手帳は、今後も時代の変化に対応しつつ、その地域がもつ特性を最大限に活かしながら、さらに全国的な広がりを見せる伸びしろを含んだ唯一無二の支援事業であります。

注

＊1　小崎恭弘・水野奨（二〇一六）「父親支援における父子手帳の内容とその意義」『大阪教育大学家政学研究会　生活文化研究』五三、一三-二一頁。

＊2　京都市（二〇一四）「京都市　子育て支援に関する市民ニーズ調査」。

＊3　内閣府（二〇一六）「少子化社会対策白書　平成二八年版」。

参考文献

厚生労働省雇用均等・児童家庭局「イクメンプロジェクト」（http://www.ikumen-project.jp/index.html）（二〇一六年一二月一日確認）

みずの　しょう
特定非営利活動法人ファザーリング・ジャパン関西。

4 パパスクールの学びと意義

増井秀樹

1 パパスクールの概要および定義

1 パパスクールの概要

父親の育児支援学校（以下、パパスクール）は父親が育児の意識・知識・技術を学ぶ場のことであり、ＮＰＯ法人ファザーリング・ジャパンが二〇〇九年に行った「ファザーリング・スクール」が全国ではじめてのパパスクールであるといわれています。最大の狙いは講座を通して父親に父親としての自覚を持ってもらうことです。母親は妊娠と出産を経て母親になっていくことに対して、父親には体感的なものが存在しません。それをパパスクールの講座内容で代替しようとしています。また、ファザーリング・スクールでは二つのことをミッションとして掲げていました。

一つ目はパパスクールの取り組みを広く知ってもらうことです。冒頭にあげた二〇〇九年のファザーリング・スクールは受講者二名、それに対しテレビ局のカメラが一〇台ほど入るという状態からスタートをしました。育児に積極的な父親を指す「イクメン」が流行語トップ一〇に入ったのは二〇一〇年であったため、当時としては前衛的な取り組みであったと言えます。結果としてファザーリング・スクールは二〇一四年までに一一回行われ、多くの父親たちが育児に関する意識・知識・技術を学んでいきました。

二つ目は父親同士の輪を広げるということです。育児の母親サークル等は以前から見られていたものの、父親同士が育児に関して意見交換を行うサークルのようなものは少なく、それも父親が育児に参画することを阻害していると考えられていました。パパスクールの参加者は参加し講義を受けるだけでなく、その場でそれぞれの家庭のことや子どもについて話すことで参加者同士のつながりが生まれ、より育児に対して積極的になると考えられています。

また、パパスクールはあくまでも通称であり、「ファザーリング・スクール」のように主催している団体によって名称が異なることがほとんどです。

2　パパスクールの定義

これまでパパスクールを取り扱った研究事例はなく、その定義づけが行われていません。先述したNPO法人ファザーリング・ジャパンが行っている各種育児支援事業のように、父親を対象とした講座は全国で数多く実施されています。しかし、単発の講座に参加するだけでは十分なコミュニケーションが取れず、ファザーリング・スクールにおいてミッションとされている父親同士の輪を広げることは極めて困難です。また扱える内容も限られており、実際の育児で活用できる内容を十分に伝えることはできません。また、育児に関するまとまった内容を期間を定めて学ぶことが実践する上では重要です。期間が定められていなければ学習した内容が抜け、ぼやけてしまい、結果として単発の講座と変わらない上に参加者同士の交流も深まりにくいと考えられます。

以上を踏まえパパスクールの定義を「父親（または父親予備軍）を対象とした育児の意識・知識・技術を身につけ、定められた期間に実施される継続性のある講座」と定義づけを行います。そのため、先述したように企業や自治体などで行われる単発の育児支援講座はパパスクールに含まないこととします。

2　パパスクールの講座内容と母親教室との違い

1　パパスクールの講座内容

パパスクールでどのような講座が開かれているのか明らかにするため、全国のパパスクールの調査を行いました。判断材料とするために、実施されたパパスクールの名前、主催、実施場所、開催期間、募集人数、期数、全講義数、講義名、講師名の整理を行いました。情報収集期間は二〇一四（平成二六）年九月から一二月末日までとし、収集方法としては実施されたパパスクール情報が共有されているwebページ「パパが輝くプロジェクト　パパスクール　ポータルサイト」から収集を行いました。また、NPO法人ファザーリング・ジャパンに協力を仰ぎ、把握しているパパスクールの情報を提示してもらいました。講座名や講師が取り組んでいる内容からそれを分析した結果、主に以下の内容が実施されていることがわかりました。

・育児に関する意識、育児に関する知識、育児に関する技術。これらの向上が考えられるもの
・パートナーシップに良い影響を与えられると考えられるもの
・子どもとのかかわりやその方法を知ることができるもの
・参加した父親同士のコミュニケーションを図るもの
・地域社会に父親として働きかけていく力を身につける内容のもの
・ワーク・ライフ・バランスについて考えるもの
・家族とのかかわり方について学び、向上を図る内容のもの
・家事について触れているもの
・父親のあり方について考えるもの、父親としての自覚を持たせるもの
・母親の体調や精神的変化について学ぶもの
・子どもが急な病気や怪我をした際の対応について学ぶもの
・絵本について取り扱うもの
・お金のやりくりやライフプランについて学ぶ

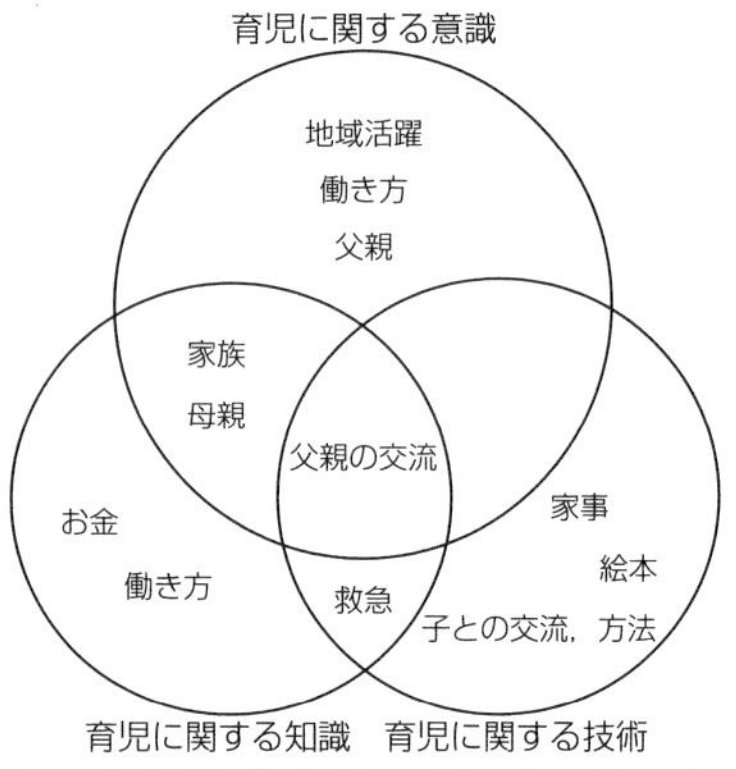

図Ⅲ-4-1　パパスクールの講座内容の関係性

出所：増井秀樹（2009）「父親の育児を支援するプログラムの分析——高校家庭科保育分野への援用を視野に入れて」。

もの

・その他

2　母親教室とパパスクールの相違点

パパスクールが開かれる以前から、母親を対象とした母親教室が開かれていました。母親教室は母子保健法の第九条と第十条に基づき開かれていますが、パパスクールは特に法律等で定められているわけではありません。まずはそこが大きな違いと言えます。次に、講座内容に大きな違いがあります。パパスクールでは主に前述した講座内容を教えていますが、母親教室では妊娠や出産、子どもの健康についてなど母子中心の講座内容が多くなっています。さらに、パパスクールと母親教室では講座を担当する講師が大きく異なります。パパスクールの講師はNPO法人の代表、大学教員、自営業の方、過去のパパスクール参加者など多種多様ですが、母親教室の講座を担当しているのは主に医師、歯科医師、助産師若しくは保健師であることがほとんどです。これはパパスクールが法的な縛りがないことに対し、母親教室が母子保健法に基づいて開かれているためであると考えられます。

3　パパスクールの分析①

1　分析した各講座内容の関係

前節ではパパスクールで教えられている講座内容に関して述べました。その関係を表したものが図Ⅲ-4-1になります。育児に関する意識・知識・技術はすべての講座内容の上位項目であり、そのすべてがどれかまたは二項目以上にまたがった内容であることを表しています。たとえば、講座内容に父親の交流があれば、そこでのやりとりから育児に関する意識を高め、知識を増やし、技術を習得することができるということになります。

2　多くのパパスクールで行われている講座内容

前節で述べた収集した情報から、それぞれのパパスクールでどの内容の講座が開かれているか分析を行いました。その結果、図Ⅲ-4-2のような結果となりました。調査したパパスクール数は六九で、講座数は三五〇講座に上りました。

一つの講座につき取り扱っている内容が必ずしも一つではないため、複数該当で集計を行いました。その結果、最も多く取り扱われている内容は「父親のあり方について考えるもの、父親としての自覚を持たせるもの」であることが明らかとなりました。これは前述したように、パパスクールの最大の狙いが講座を通して父親に父親としての自覚を持ってもらうことを掲げていることが要因であると考えられます。次に多かったのがパートナーシップに関する内容です。六九のパパスクールのうち、パートナーシップに関する内容を取り扱っていなかったのは五つだけでした。子どもとの交流やその方法について取り扱っている講座は絵本とセットになっている場合が多く、具体的な子育ての手段として絵本を活用していることが明らかとなりました。また、ワーク・ライフ・バランスに関する内容も多く取り扱われています。このことから、パパスクールでは子育てを子どもと向き合うだけではなく、夫婦でどのように行っていくか、そのために仕事と家庭のバランスをどのように考えなければならないか教えることを視野に入れていることがわかります。

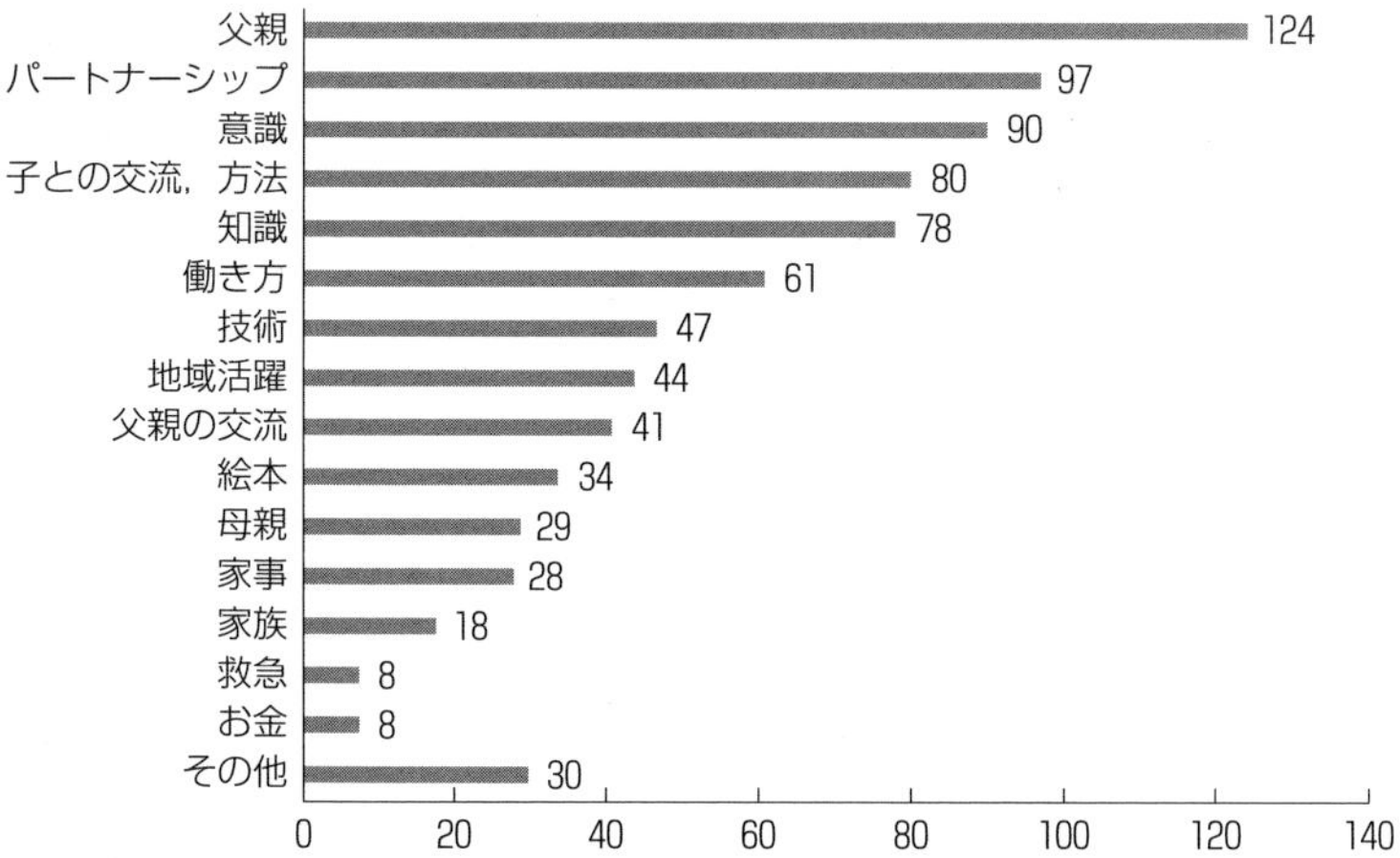

図Ⅲ-4-2　各講座で扱われている内容（複数回答）

出所：図Ⅲ-4-1 と同じ。

4　パパスクールの分析②

本節ではパパスクール企画者および講師へのヒアリングから、パパスクールの実態について伝えたいと思います。質問項目はパパスクールを行う目的について、講座内容の決め方について、自分が考える課題と今後の方向性について半構造化インタビュー法を用いて行いました。

1　パパスクールを行う目的について

父親を子育てに巻き込むきっかけを作ることであると解答をもらいました。その中でも特にコミュニケーションの場や父親の友だち作りのきっかけとしてパパスクールが大きな役割を担っていると言えます。また、子育ての意識・知識・技術を教える前に、まずは父親が育児に参加する地盤を整えることを目的としているということも伝えていきたいことです。さらに、連続性のある講座により父親同士が自然と打ち解け合い、結果としてパパスクール後の交流にもつながりやすいことも目的であると言えます。

2　講座内容の決め方について

先方からの依頼を受け要望に合わせることや、過去に行われたパパスクールを参考に決めていることがあげられます。また、参加する父親の状況を考えて講座内容も決められています。都市部とそうでない場所ではコミュニティが違う性質を持つため、それに合わせて内容を少し変えているようです。さらに、参加する父親の年齢や子どもの年齢も考慮します。

3　今後の課題と方向性について

これについては多くの問題が残されています。まずは講座内容に工夫が必要と考えており、これはファザーリング・スクールの講座内容を踏襲しているためだそうです。現在行われている多くのパパスクールがこのような状態になっており、その要因の一つとしては、ほぼ講師が固定されてしまっていることがあげられます。さらに、現在特にこれをしなければいけないというマニュアルは存在しません。今後は独自の取り組みを取り入れる必要があると考えられます。加えて、現在パパスクールに参加する父親は子育てに積極的に関わろうとしている層であるため、今後の課題としてそうではない層に対してどのような働きかけをしていかなければならないか対策を考える必要があります。また、受講後のつながりも大切です。その場限りの関係ではなく、パパスクールで構築したネットワークを使い、普段から子育てについての悩みを共有するなど、つながりを維持することができれば子育てについてより理解のある父親になることができます。

5　パパスクールの分析③

本節ではパパスクール参加者へのヒアリングから、パパスクールの実態について伝えたいと思います。質問項目は参加しようとした理由について、受講前後のパートナーシップの変化、参加することに対する負担意識について半構造化インタビュー法を用いて行いました。

1　参加しようとした理由について

これに関しては父親の友だちを作りたかったという意見が多いようです。パパスクールを通して父親同士のつながりを持ちたいと考えている父親の存在が明らかとなりました。

また、父親向けの子育て情報が少ないと感じていることも明らかとなりました。現在多くのメディアが父親の子育てについて取り上げてはいますが、具体的な父親の子育て方法や知識はそこから得ることが難しいようです。さらに、誰かに勧められたり行かされたりするのではなく、自主的に参加する人が多いようです。子育て情報を集めている際にパパスクールの存在を知るケースも少なくないと思われます。

2　受講前後のパートナーシップの変化について

3節でも述べたように、ほとんどのパパスクールでパートナーシップに関する講座内容が取り扱われているため、向上したのではないかと感じているようです。特に、妊娠や出産について変化していく女性の体について学んだ後は相手のことを思いやるようになり、自分が変化したと感じており、母親も父親が変化していると感じているようです。

3　参加することに対する負担意識について

連続性のある講座ですが、参加者は負担に感じていないことが明らかとなりました。しかし、これは前提条件として自らが進んでパパスクールに参加することを決めたためであると考えられます。また、休日だけでなく平日の夜に開かれる講座もあり、参加するために仕事を調整するなどワーク・ライフ・バランスを調整する練習と捉える意識の高い父親もいるようです。参加者の中には無理矢理行くように言われた父親もいるようですが、受講するうちに楽しくなり、参加者から企画者・講師としてパパスクールに関わり続ける例も少なくないようです。

6　パパスクールの今後

今後は積極的に子育て参画をすると決意した、または最初から子育てに積極的に取り組んでいる男性をどのように支援していくか、というのが問題点であると考えます。パパスクールに参加することはその出発点として大きな役割を果たすと考えられます。そこで育児を共有できるパパ友を作ることで、子育てに積極的な父親にも色々な背景や属性を持った父親がいることを知ることができ視野が広がります。

また、ヒアリングで明らかになったことから、パパスクールでできたつながりを維持するような取り組みをしていく必要があります。具体例を示すのであれば父親サークルを立ち上げることや、それに参加することがあげられます。父親サークルに参加する効果としては次のことがあげられています。[*1]

①　父親サークルに参加している父親で、共働き世帯の父親は家事育児を積極的に行っており、その母親の七割は父親の育児に関して高い満足度を示している。

②　父親サークルに参加している父親でパートナーが専業主婦の家庭は、週末に子どもと遊ぶことを積極的に行っており、普段育児ができていないことを後ろめたく思っているため、自分だけでなく妻や子どものために父親サークルに参加している。

共働き世帯では父親が家事育児を行うことは一般的となっており、そのパートナーもおおむね父親の家事育児に関して満足していることがわかります。また、お互いに仕事や家事育児に関して理解をしているため、一番の相談相手となり良好な家庭を築くことが可能であることが示唆されます。分業をしている世帯でも父親がパートナーのことを気遣っており、結果として良好な家庭を築くことができていると推測されます。また、父親が子どもを連れてサークルに参加することは専業主婦をしている母親にとって休養の時間となり、育児ストレスや育児不安の軽減につながることが考えられます。

パパスクールの講座でもパートナーシップに関する内容を学ぶ機会がありますが、講座の中で取り扱った内容は一時的なものに過ぎません。このように父親サークルに断続的に参加することはパパスクールで学んだ内容が定着するだけではなく、より良いパートナーシップを構築することに役立っていると考えられます。また、母親の育児ストレスだけでなく父親が抱く育児ストレスに関しても同性の立場から意見を受け止めることができ、解消への近道となるでしょう。

そして父親サークルの最終的な目標が、そのサークルがある地域でのパパスクールの展開です。パパスクールの参加者が父親サークルを作り、次は企画に回ることでより地域に密着した効率のよいパパスクールを展開することができます。さらにそのパパスクールを受けた父親が父親サークルに所属し企画に回るという循環が生まれれば、より多くの父親が地域でつながることができるはずです。地域で活躍することができる父親になることができれば育児を通して自己実現を図ることができ、よりよい人生を送ることができるはずです。

注

＊1　田中結花子（二〇〇九）「父親の子育て意識と子育て支援——父親の子育てサークル参加が家族に与える影響の実態調査からの考察」『医学と生物学』一五三（八）、二九二-三〇〇頁。

ますい　ひでき
愛知県立南陽高等学校教諭。

5 プレパパへの支援
――母子保健の観点から――

阿川勇太

近年父親の育児参画が注目されている中、父親への育児支援についてさまざまな視点から検討されています。その中の一つとして「プレパパへの支援」があります。プレパパというと妊婦を持つ夫というイメージが強いですが、広義では父親になる前の男性と捉えることができます。ここでは「親になること」をどのように支援・教育されてきたのかという歴史を母子保健の観点から振り返り、現在行われているプレパパへの支援まで捉え、幅広い視点から今後のプレパパへの支援を考えてみたいと思います。

1 母子保健と出生前教育のあゆみ

父親への支援を考える際に、よくこの「母子保健」という言葉が目に入ります。筆者は学生の頃、この名前に疑問を持っていました。「なぜ親子保健ではないのか。なぜそこに父親はいないのか」。その答えを探るべく、母子保健の歴史を探った経験があります。ここではその経験をもとに母子保健と出生前教育の歴史の概要を振り返りながら、その中の「父親」について考えてみたいと思います。

1 母子保健という考え方の始まり

世界的にみて、医学や保健学の歴史上、母子保健の始まりは不幸な母と子や病気の子どもを救済しようという福祉的な活動であったと言われています。母子保健の活動が起こり始めた往時では、母乳がなければ乳児が育ちませんでした。そのため、支えるべき対象は文字どおり「母と子」でした。

イギリスの医師であるデイビス（Davis, J. B.）は乳児死亡の原因を探り、彼は子どもの健康における問題解決には母親指導が必要であるということに気づきました。その後パンフレットを作って配ったり、家庭訪問をしての保健指導などを行っています。同じ時期（一九世紀）にフランスでも同じような保健的な福祉活動が始まりました。この活動における対象は前述の通り、母と子です。これらの活動における対象は次第に産前にまでさかのぼり、これが出生前教育の始まりになったのではないかといわれています。

行政的に地域社会の責任として母子保健を取り上げるようになったのは一九〇八年のニューヨークがはじめてです。その後、急速に他の州も母子保健を取り上げるようになり、一九一二年にタフト大統領が合衆国児童局設立法案にサインをしました。この児童局は「乳幼児の保護は母性の保護なしにはありえない」という原則に立って子どもの幸福に関する調査と報告を行っていました。この二〇世紀初頭の欧米諸国の動きが現在の母子保健の基礎となっています。この頃の母子保健活動は母子への経済的援助と妊産婦・乳幼児の死亡率の低下を目指すものでした。

以上が世界的に見た母子保健の始まりです。これらの活動は、後世を担う子どもたちの命を救うためにどうしたらいいのかという問題に向き合い続けた先人たちが作り上げた素晴らしいものです。その結果、必然的かもしれませんが、この中に父親という存在は含まれませんでした。妊産婦や子どもの命を守るためにしすべき対象は妊婦自身であり、母親であったのです。

2　日本における母子保健の歩みと出生前教育

日本において行政的に母子保健が取り上げられるようになったのは、一九一六年のことです。当時出生した子ども一〇〇〇人に対して約一八〇人の乳児が死亡していました。欧米諸国と同じように、この乳児死亡を減少させようという動きが起こり、保健衛生調査会が設置されたのが始まりです。

一九三一年、現在の天皇である明仁様がご生誕されたのを記念して、昭和天皇よりいただいたご下賜金を基に、一九三四年に恩賜財団母子愛育会（以下、愛育会）が設立されました。この会は母子の死亡率を削減することを目的とし、地域住民組織による母子健康教育を開始しました。この愛育会が一九三六年に始めた「愛育班」活動は地域の女性が中心となって、自ら新しい保健知識を身につけるとともに、近隣の妊産婦や乳幼児を支援するという個別的指導が中心でした。なお、この活動は今現在も行われています。

今現在行われているような「母親学級」というような集団的教育はもう少し後の敗戦後になります。一九四九年にＧＨＱ（連合国軍総司令部）の公衆衛生福祉部看護課助産婦担当看護婦であったマチソン女史（Mathison, E.）が集団での母親に対する保健指導の必要性を訴え、現在のような集団で行う母親学級が始まりました。

この頃の母親学級は八三％が保健所や病院以外で行われていました。開催場所はほとんどが開業助産院であり、対象となる妊婦さんたちが来やすい時間に設定されていたり、場所を工夫していたりと集団的教育ではあるけれども個別性も備えたクラスが開催されていました。内容は妊娠・分娩における身体的生理的な説明と妊娠期間における保健などであり、無知からくる不安や恐怖などを緩和しようとするものでした。この頃はまだ父親への教育はもちろん、父親という存在はこの中に不在でした。その後、一九五〇年代以降急激に病院で分娩をする妊婦が増えるのに伴い、出生前教育を行う場所も地域だけでなく病院においても開催されるようになりました。

一九六〇年代になると、フランス人医師のラマーズが考案した精神予防性無痛分娩法（ラマーズ法）がアメリカから日本に導入されました。この時、アメリカでは本来のラマーズ法に改良が加えられていました。それは出産に夫が立ち会い、呼吸法の援助を行うというものです。本来のラマーズ法とは少し違いますが、しかしこのアメリカ流ラマーズ法は広く普及し、父親への立ち会い出産に向けた教育の場が必要になりました。これが出産準備教育に父親が参加するようになったきっかけであるといわれています。これ以降海外で先に取り組まれていた両親学級や父親学級を取り入れながら体験型のプログラムが入った現在の形になりました。しかしながら成り立ちから見てわかるように母と子を中心にそこに付随する形で父親への教育が行われてきました。

2　現在行われている　プレパパ事業の現状と課題

母親学級においては安静が第一という考え方からスポーツが取り入れられるように変化してきました。それと同じように父親学級や両親学級においても変化が見られています。核家族化が進み、また女性の社会進出が進んでいる現代においては、男性の家庭進出も重要になってきており、従来行われていたカリキュラム内容では不十分ではないかというような声も聞かれるようになり、少しずつではありますが内容が多様化してきました。本当の意味での「分娩準備教育」から「出生前教育」へ。現在行われているプレパパ・プレママ事業を整理しつつ、その課題点に関しても考察していきたいと思います。

1　現在行われているプレパパ事業

前述した経緯を踏まえつつ、現在においても母親学級、父親学級、両親学級は行われています。今回は父親学級と両親学級に絞って述べていきたいと思います。現在において、核家族化と女性の社会進出とともに重要な問題であるのが、女性に育児が一方的にのしかかっているということです。そういった現状を打開するためにイクメンプロジェクトが厚生労働省によって行われるようになるなど、父親の育児参加を促すプログラムが数多く展開されるようになりました。その中の一つとして注目されているのがこの父親教室と両親学級です。歴史的意味合いから比較すると、それらの学級が持つ意味合いは大きく変わりました。今ではそのほとんどの目的が、育児に参加する父親を育てる場になっています。

海外においては両親で参加する両親学級と父親だけが集まる父親学級は別のものとして扱われることが多いのですが、日本においては同等の意味として扱われることが多くなっています。実施主体は大きく分けて三つで、病院もしくは助産院などの医療機関、保健センターなどの公的機関、ＮＰＯなどの民間団体にわけることができます。それぞれにおいてプレパパへの支援に関してのカリキュラムを見ても、基本的には相違ありません。母子衛生研究会が行っている「プレママ・パパ教室」を参考にその内容を見てみたいと思います（図Ⅲ-5-1）。

基本的にはこのような内容で実施されている父親学級および両親学級が多くなっています。最近の傾向としては虐待予防の観点等も含め、赤ちゃんの泣きに対する対応方法などがカリキュラムに盛り込まれるようになってきました。それ以外においては長年行われてきている通り、赤ちゃんや妊婦の身体やケアに関する知識の習得、赤ちゃんケアの体験、妊婦体験などが引き続き行われています。体験型の父親教育が取り組まれるようになってから、この内容はほとんど変わっていません。また、ほとんどの場合において一日のみの開催です。そして土曜日や日曜日に開催する実施者も増えてきました。時間がない父親でも気軽に参加しやすいように工夫されています。

2　新たなプレパパ事業の展開

近年、さまざまな父親支援がなされていく中で、このプレパパへの支援という部分に関しては、まだまだ置いてきぼりの状況にありました。「父親になるのは簡単だが、父親をするのは簡単ではない」という柏木の言葉[*1]も有名ですが、父親になるにもまた、父親になるための準備期間が必要であると筆者は考えています。この準備期間が不十分であることによって、父親であるという自覚を十分に持てず、父親という仕事を上手く全うできないことにつながるのではないでしょうか。

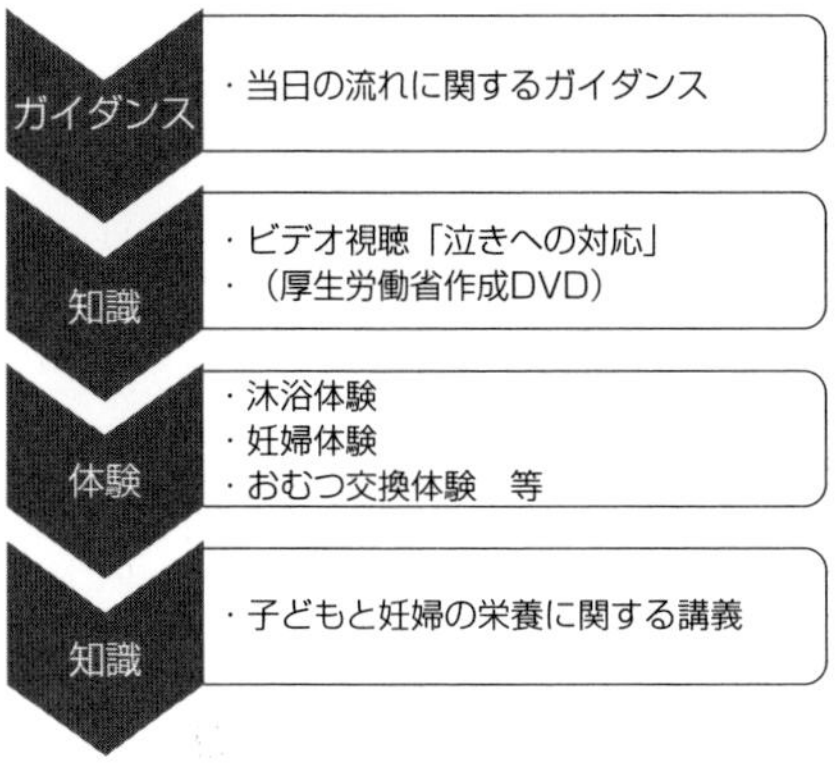
ガイダンス
・当日の流れに関するガイダンス
知識
・ビデオ視聴「泣きへの対応」
・（厚生労働省作成DVD）
体験
・沐浴体験
・妊婦体験
・おむつ交換体験　等
知識
・子どもと妊婦の栄養に関する講義

図Ⅲ-5-1　母子衛生研究会「プレママ・パパ教室」

出所：2016年11月13日大阪市北区開催分参考に筆者作成。

そんな中、プレパパの概念を大きく変えるものに出会いました。それは、学生を対象にしたプレパパママセミナーです。親になる前の時期を「プレ」とするのであれば、もちろん学生も対象になります。家庭科の授業内にも含まれていることが多いのですが、このセミナーでは、実際の夫婦に対するQ&Aコーナーやライフプランに関することなどが含まれており、将来自分たちがどのようにして親になろうかと皆真剣に考えていました。このような取り組みが少しずつ増えてきており、私たちFJK（ファザーリング・ジャパン関西）が行っているコンテンツの一つであるパパティーチャー事業や他団体が行っている赤ちゃん先生等実際の赤ちゃんやその親たちと触れ合いながら、将来のことを一緒に考える事業が広まりつつあります。これも一つのプレパパへの支援と言えるのではないでしょうか。

また、父親学級という名ばかりで、実際は夫婦を対象にした両親学級と同様の内容でありましたが、最近になり、実際に父親だけを集める父親学級も開催されるようになってきています。ありがたいことに何度か筆者も登壇させてもらいましたが、父親目線で父親が本当に産後困ることや母子の支援をしていて感じることの両方を伝えることで、プレパパの間にさまざまなディスカッションがうまれます。このようなプレパパ同士が語り合う場は今までほとんどありませんでしたが、こういった機会を通して、連絡先を交換している姿が見られたり、表情が硬かったプレパパが少しずつ笑顔になっていきました。みんな一緒なんだと孤独感から解放されたり、意外と孤独なプレパパという時期を共にわかり合える場として重要な役割を果たしているのではないでしょうか。

3　プレパパ事業の課題

前述した通り、新しい形のプレパパへの支援がうまれてきましたが、しかしながら実施されているその大半は定型的に長く続くカリキュラムです。定型的なプログラムが悪いとはいいません。ただ、これらのプログラムを何のために行っているのかというところに関してもう一度考え直す必要があります。

いくつかの研究論文において両親学級や父親

学級の効果を測定していますが、その内容のほとんどは育児参加への意欲の変化を見ているものです。本当に育児参加を促すためのプログラムだけでよいのでしょうか。もし母親学級が育児参加を促すようなプログラムだけだったらどうでしょうか。沐浴やおむつ交換の練習だけだったらどうでしょうか。そこで得られるものは何だと考えますか。父親も母親同様に育児を行っていこうとしている時代です。現に多くの男子大学生は育児に参加したいと考える時代になってきました。そういったプレパパが父親として自信を持って育児をしていくためには何が必要なのでしょうか。今後は「協力者である父親」「支援者である父親」という枠組みを脱し、父親自身が主体性や積極性を持てるような出生前教育のあり方も考えていかなければならないのではないでしょうか。

しかしながらいろいろなプログラムを実施しようとすると、短時間では立ち行かなくなってしまうことも容易に考えられます。今ある形だけでなく企業内研修として時間を確保するなどの工夫も必要になってくるのではないでしょうか。また、そのようなプレパパへの教育時間を確保するためには、その有用性をさまざまな方面から訴えていく必要があります。

さらに、山口らによると[*2]、産前に定型的な父親学級のプログラムを行うよりも、産後すぐに行う方が、一カ月後の段階で育児時間等が多いことが明らかになりました。となれば、さらに産前に行うべきプログラムはどのようなものなのかという再検討が必要ではないでしょうか。それらを踏まえてもう一度プレパパへの教育の在り方を検討する機会がないというところが現在の一番の課題だと思います。

3　今後のプレパパ支援の展望

出産における知識と技術の習得に向けて行われていた「分娩準備教育」と呼ばれていた頃、もちろんその主役は母と子でした。その支援者として父親の存在が登場して以降、海外で先に行われていた父親学級や両親学級を参考に、それらを作り上げてきました。しかしながら、その背景から脱せずに現在も進んでいるのではないでしょうか。「プレパパへの教育はなぜ行っているのか」。この本質的な問いは常に考えなければなりません。

もちろん、支援者であることは一つの父親の役割であるとは思います。ただ、私たち父親の支援者はどこにいるのでしょうか。妻が妊娠したとたん「頑張って支えないとね！」「そばでしっかりと寄り添ってあげてね！」といわれるのです。誰にも支えられずにずっと誰かを支え続けることはそんなに簡単なものではありません。某先生も仰っていましたが人は人と人が支え合って生きているのです。自分がこれから父親になるんだとわかってから子どもが産まれるまでの間、父親になる男性もさまざまな心理的変化を経験します（図Ⅲ-5-2）。妻を一生懸命支えようと思って頑張ってもうまくいかなくて無力感を感じる時、私たちは誰に相談すればいいのでしょうか。出産後、実際にやってみるとなかなか上手くいかない赤ちゃんケアについて誰と情報共有したり誰に相談したりすればいいのでしょうか。私たちは妻を支える前に誰に支えられるのでしょうか。そういう時こそ行政の相談窓口や保健師がいるのですという人もいますが、保健師であり父親でもある筆者からすると、それはなかなか高い壁であるように思います。なぜならばほとんどの場合、父親にとって行政はまだ身近な存在ではないからです。これは母親においてもそうだと思います。小さな困りごとは日常の中で起きています。これが積もり積もって最終的に大きな形となって現れた時にはじめて行政に届くこともしばしば見受けられます。また行政においても特定妊婦やハイリスクな親子の対応で精いっぱいな状況であることが多いのです。

　しかしながら、小さな困りごとはほとんどの妊婦やそのパートナー、また育児中の夫婦において存在しています。特にこの周産期と呼ばれる時期においては、心理的変化も大きいといわれており、また役割の変化も伴います。そんな父親や母親にアプローチできる重要な場所がこの出生前教育の場であると考えています。この中でいかに小さな困りごとを解決する力を身につけてもらうのか、またそれを共有できる仕組みをどのように作っていくのかが重要なポイントになるのではないでしょうか。その点において父親に対するアプローチはまだまだ弱いと思います。

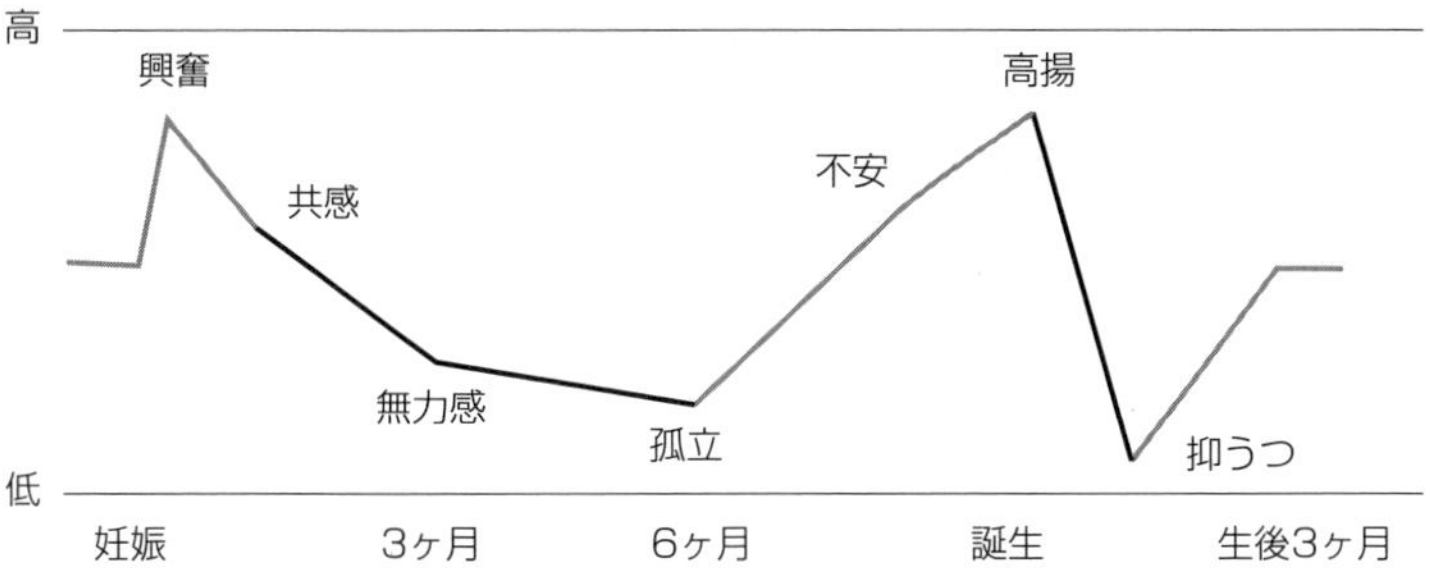

図Ⅲ-5-2　母親妊娠中および出産後における父親の情緒的反応

出所：Robinson, B. E., & Barret, R. L.（1986）*The Developing Father : Emerging Roles in Contemporary Society*, Guilford Press.

　私たちだって同じように悩んでいます。しかしながら、その内容は必ずしも母親と同じではありません。そういった悩みを共有できるような仕組みづくり、また父親自身が子育てに積極的に取り組めるようなエンパワメントも行っていくことが大切ではないかと思います。まだまだ未確立な部分が多いですが、プレパパに対する支援のあり方を今後しっかりと検討し、多くの場所で支援が展開されることが期待されます。

　カップルになった頃、一生懸命立派な彼氏になろうとして努力をしました。夫婦になった頃、一生懸命立派な夫になろうとして努力をしました。しかしながら、その前段階として、カップルになるために、結婚するために何かしらの努力を行っていたはずです。父親になることだって同じように努力が必要です。それは子どもの生まれる前から始めていく必要があります。その努力を支える支援とは何なのか。今後もしっかりと考え続けていきたいと思います。

注

＊1　柏木惠子（二〇一一）『父親になる、父親をする——家族心理学の視点から』岩波書店、五–二〇頁。

＊2　山口咲奈枝・佐藤幸子（二〇一四）「育児行動の促進を目的とした父親学級プログラムの介入時期別に見た効果の検討」『母性衛生』五四（四）、五〇四–五一一頁。

参考文献

平山宗宏（二〇〇〇）「周産期医療と母子保健の変遷」『周産期医学』三〇（一二）、一五五三–一五六六頁。
Robinson, B.E., & Barret, R.L. (1986) *The Developing Father : Emerging Roles in Contemporary Society*, Guilford Press.
関根憲治・古田恵子（二〇〇〇）「周産期医療と母子保健の変遷」『周産期医学』三〇（一二）、一六〇七–一六一一頁。

あがわ　ゆうた
特定非営利活動法人ファザーリング・ジャパン関西。
株式会社S・S・M保健師。

6 家庭科教育における父親の子育て支援

小崎恭弘

1 家庭科教育が求められる背景

社会全体において、父親と母親の育児に対するさまざまな差や違いが存在します。父親と母親の育児時間や、育児の責任への意識や育児・家事に対する取り組みの姿勢などに、それらが顕著に見られます。現在の男女共同参画社会においても、それらの差は大きく存在をしており、そのことが単に子育てだけでなく、仕事のありようやライフスタイル、また生涯賃金や生き方などにも大きく影響を与えています。その様に子育てに関わることや親になることは、自らの人生の一生涯にわたり、その生き方を左右する重要な選択であり決定であると言えます。その様な重要な事項について、人々はどのような段階で学び、それらについての知識や制度を理解していくのでしょうか。

これまで社会において若者たちが、人の営みに関する結婚、妊娠、出産、子育て、またそれらに続く日常の生活など、ライフスタイルについて学ぶ機会はほとんどなかったと思います。これらは極めて、私的なこととされ一般的な学びの対象とされにくく、それぞれが日々の生活の中において、なんとなく進めていくものとされていました。

また以前は社会的なネットワークや近隣・親族や地域社会が確立されており、それぞれに機能を果たすコミュニティが存在していました。そこにおいては若年者が生活経験が脆弱なまま新しい生活をスタートしても、それらコミュニティが有機的に若い世帯を支えるシステムとして整っていました。同時に「働く男性・育てる女性モデル」が社会的に認知され単一的に存在していたので、近隣等の家庭がモデル的な役割を果たしており、比較的子育てがしやすく、親となっていきやすい社会であったと言えます。社会、地域が親を育てる文化やシステムとしての機能を果たしていたと言えます。

しかし近年の価値観の多様化・拡散は、ライフスタイルや人の生活の営み自体にも、大きな変革をもたらしました。結婚、妊娠、出産、子育てなどの生活様式は大きく変化し、また特定のライフスタイルモデルの存在も難しくなってきました。その中でこれまで私的領域とされてきたこれらの営みについても、一定の学びの必要性が求められ始めました。そしてその対応が学校教育において反映されてきました。これら子育てに関すること、親になることを学ぶ中心が家庭科なのです。この章においては、家庭科において、親になることについての理解を進め、特に父親になることを学校教育がどの様に扱っているのかを、家庭科を中心として考えていきましょう。

2　家庭科は何を学ぶ科目なのか

そもそも家庭科とは、何を学ぶ教科なのでしょうか？　イメージとしては、調理実習や裁縫実習などが浮かぶと思います。それらも大切な内容でありますが、それら生活のさまざまな技能や知識を基盤に置きながらも、全体ではこの社会における市民の育成を行う教科であると言えます。持続可能な発展的な社会を作るために、民主的な成熟した市民になるために学ぶ教科が家庭科なのです。もちろん小学生から突然その様な成熟した市民になるのではなく、それぞれの発達や適切な学習機会を得て学びを深めていくのです。そしてその学びの中心の一つが「家庭・家族」に対する理解となっているのです。

以下に小学校、中学校、高等学校の、それぞれの学習指導要領に述べられている「家庭・家庭科」の目標について列記しました（傍線は筆者）。

①　小学校家庭科の目標

衣食住などに関する実践的・体験的な活動を通して、日常生活に必要な基礎的・基本的な知識及び技能を身に付けるとともに、家庭生活を大切にする心情をはぐくみ、家族の一員として生活をよりよくしようとする実践的な態度を育てる。

②　中学校家庭科の目標

衣食住などに関する実践的・体験的な学習活動を通して、生活の自立に必要な基礎的・基本的な知識及び技術を習得するとともに、家庭の機能について理解を深め、これからの生活を展望して、課題をもって生活をよりよくしようとする能力と態度を育てる。

③　高等学校家庭科の目標

人間の生涯にわたる発達と生活の営みを総合的にとらえ、家族・家庭の意義、家族・家庭と社会とのかかわりについて理解させるとともに、生活に必要な知識と技術を習得させ、男女が協力して主体的に家庭や地域の生活を創造する能力と実践的な態度を育てる。

これらの学びの目標において「家族」「家庭」が、それぞれに応じた形でしっかりと位置づけられていることが、よくわかると思います。これは何も「必ず子どもを作らなくてはいけない」「結婚、子育てが若い世代に求められている」などという、単純な意味合いではありません。もちろんこの社会が、今後持続しさらなる発展をしていくことの根底を揺るがす事象として、現在の人口問題、とりわけ少子化問題があります。しかし若い世代に単に、子どもを産み育てるだけの機能を求め、押し付けることにより、これらが根本的に解決をするとは思いません。また家庭科はそのような問題の解決のために、存在しているわけでもありません。

これらの目標には、子どもたちそれぞれを家族の一員として位置づけて、その家庭内における役割やあり方を通じて、よりよく生きていくことの取り組みを具体的、実践的に行うことのできる市民の育成という趣旨が見られます。このように子どもたちを教育していく教科が家庭科であると言えます。

3　指導要領における子育てと父親

それでは具体的にはどのような取り組みがなされているのでしょうか。学校の授業は全国統一の学習指導要領に基づき実施されています。この中に書かれている内容により、そのカリキュラム、教科書、授業が作られていくのです。目標は先に述べた通りですが、その目標の達成のための具体的な内容は、次に示す通りです。ここでは義務教育として全ての児童が学ぶことになる、中学校の学習指導要領における家族と子育てを例にとって考えてみましょう（資料Ⅲ-6-1）。

資料Ⅲ-6-1　中学校学習指導要領「技術・家庭［家庭分野］」

A　家族・家庭と子どもの成長
(1)　自分の成長と家族について，次の事項を指導する。
　ア　自分の成長と家族や家庭生活とのかかわりについて考えること。
(2)　家庭と家族関係について，次の事項を指導する。
　ア　家庭や家族の基本的な機能と，家庭生活と地域とのかかわりについて理解すること。
　イ　これからの自分と家族とのかかわりに関心をもち，家族関係をよりよくする方法を考えること。
(3)　幼児の生活と家族について，次の事項を指導する。
　ア　幼児の発達と生活の特徴を知り，子どもが育つ環境としての家族の役割について理解すること。
　イ　幼児の観察や遊び道具の製作などの活動を通して，幼児の遊びの意義について理解すること。
　ウ　幼児と触れ合うなどの活動を通して，幼児への関心を深め，かかわり方を工夫できること。
　エ　家族又は幼児の生活に関心をもち，課題をもって家族関係又は幼児の生活について工夫し，計画を立てて実践できること。

ここには大きく二つの内容が示されていることがよくわかります。一つは「家族」についての理解です。これは「自分の成長と家族」「家庭と家族関係」という項目から成り立ちます。時間軸で考えると、過去の自分と家族のかかわりから、今の自分を捉え、そして現在の家庭における家族関係のありようを考えるということです。

そしてもう一つが「幼児とのふれあい」を中心とした内容です。幼児の特徴、取り巻く環境、遊びや遊び道具の製作なども含まれています。それらを理解した上で、直接的な幼児とのふれあい体験を通じての関心やかかわり方の工夫までが求められています。これらは、これからの親としてのかかわり方、あるいは子どもを社会的に受け入れる文化を作り出す市民としてのあり方を求めているものです。時間軸で考えると、現在の体験を通じこれからの親や子どもを受け入れることのできる大人になるという、未来志向の内容であると言えます。つまり中学生というモラトリアムな存在の特徴を生かし、自らの子ども時代に思いを馳せながら、これからの親となる存在の意識づけや体験を、この時期に学び得るということなのです。まさに未来の親育てであると言えます。このように未来の親を教育の中で育てることを「親性準備性教育」といいます。子どもと大人の間という絶妙のタイミングにある中学生が、未来の自分をイメージしていく一つのプロセスとして学ぶことが重要です。

もちろん学校教育なので、特に男性だけを対象としているわけではなく、母親・父親も含めた親や子育て家族という大きな括りの中で、幼児を中心とした子どもや子育てに対する前向きな捉え方ができるような内容となっているのです。

4　教科書にみる家族と父親の存在

それでは父親に関して、家庭科はどのように取り扱ってきているのでしょうか？　これらの内容を具体的に生徒に教えるための教科書について見てみましょう。岡田は家庭科で使用されている教科書の詳細な分析を行い、その変遷を明らかにしています。「家庭科の教科書は、家事分担者としての父親の役割を、性別によらない仕事の分担者として、一九八〇年ごろから明示してきた。(中略)一九九四年以降から現在に至るまで、すべての教科書で男女共同参画社会にふさわしい新しい父親のあり方を提案してきたと考えられる。[*1]」

従来家庭科の教科書において、父親の育児に関する記載や内容はほとんど見られませんでした。またイラストや写真についても、ほとんど見られず散見される程度でした。それが一九八〇年代に入り、父親の育児の内容が記載され始めました。一九九〇年代には、赤ちゃんをあやしたり、食事を作ったりする写真やイラストが多用されるようになってきています。特に二〇〇三年以降は「家庭生活を営むため、男女が共に責任を担うこと」という文言が見られるようになってきました。ここにきてようやく、父親を育児の主体として位置づけてきたと言えます。[*2]

また近年の教科書においては、より積極的に父親の育児について記載がされています。たとえば開隆堂の作成している中学校用教科書[*3]では、ワーク・ライフ・バランスの項目に父親支援NPO法人ファザーリング・ジャパンの記載があり、母子手帳の項目ではさいたま市の「父子手帳」について触れています。また厚生労働省が取り組んでいる父親の育児支援事業の「イクメンの星」事業の紹介で育児休暇を取得した父親の手記も大きく取り扱っています。随所に父親の育児に関わる記載が見受けられるのです。

このような流れの根底には、男女共同参画社会における家族のあり方の変化や、現代社会における男女間の役割やライフスタイルの変化が見られます。これらの記載は単に「男性の育児参加」を奨励しているだけではなく、それらの変化が起きた社会のありようや、その社会に生きる人々の意識の変容に気づく機会と捉えていくことが大切です。つまり「父親の育児」というこれまで見られなかった現象を一つのフィルターとして、男子、女子学生がそれぞれに自分たちの家族を振り返る作業を行います。その上でこれからの自分たちの生き方の一つの選択肢として、家族を捉え、選び、作るということを行う基礎的な素養を身につけることが求められているのです。

5　幼児ふれあい体験授業とパパティーチャー

1　パパティーチャーとは

それでは具体的には父親に関わるどのような授業が、取り組まれているのでしょうか。ここでは家庭科の授業の一環として取り組まれた「父子と学生のふれあい授業～パパティーチャー～」の取り組みを紹介しましょう。

「パパティーチャー」とはNPO法人ファザーリング・ジャパン関西が取り組んでいる事業の名称です。これは「乳幼児を持つ父親が、学校や施設などの教育・福祉等の現場に乳児・幼児のわが子と直接出かけ、男性の育児体験についての語りや、子どもと参加者との直接的な体験活動を行う事業」です。最近は母親と子どもたちが学校の教育現場に赴き、児童・生徒とのふれあい体験などを多く実施しています。「命の輝き授業」や「赤ちゃん先生」というような名称での取り組みがなされています。しかし父親が主体となり行うこのような取り組みは、全国的に見てもほとんどなされておらず、父親と家庭科教育をつなぐ極めてユニークな取り組みであると言えます。

2　パパティーチャーの実践事例

二〇一七年に兵庫県伊丹市のA高等学校の家庭科関連科目である「子どもの発達と保育」の授業において、パパティーチャーによる授業が取り組まれました。

○題材設定の理由

題材観：父親が育児参画することの必要性を理解し、生徒自ら課題を発見し、父親が子どもとふれあっている姿を見たり実際の子どもとふれあったりすることで、育児の楽しさや大変さを味わわせたい。さらには、大変な育児を毎日していくために母親と父親が協力することが重要であることに気づかせ、そのための社会の仕組みなどを学べるようにしていく。

生徒観：前回の授業ではじめて父親が積極的に育児をするモデルを知り、関心を持った様子であった。今回の授業ではさらにパパティーチャーの高校時代の話や結婚、育児についての話を聞く。父親の育児について学ぶことで、育児をする上で何が必要かを考え、そのためにはどうしたらいいかという見通しを持ち、行動できる姿勢を育てたい。

指導観：父親が子どもとふれあっている姿や育児について話している姿を見ることで、多様なライフスタイルのあり方を知り、自分のこれからの生活を具体的に考えようとする態度を育てていきたいと考える。

○学習目標

・乳幼児の身体的・精神的特徴や父親の育児参画について興味・関心を持つ。
・乳幼児と積極的に関わろうとし、ふれあい方を工夫することができる。

○本時の学習指導

・本時の目標：男性の育児参画について実態を知り、乳幼児と積極的にふれあい育児に対する関心を高めることができる。
・準備物：赤ちゃん人形、紙パンツ、おむつ、子ども用の衣服、おもちゃ

○本時の展開（五〇分）

導入（五分）

・パパティーチャーについて知る。

展開（四〇分）

・子どもの年齢を予想する。
・パパティーチャー自身の仕事や結婚、高校時代の話を聞く。
・おむつ替えは子育てをする上で必要不可欠であるが、大変だということを知る。
・班に分かれ、おむつの仕組みについて知る。
・実際におむつを替えてみる。
・子どもとふれあい、パパティーチャーとも話をする。

まとめ（五分）

・本時の学習内容を振り返る。

3　パパティーチャーの実践結果

授業で学んだことや気づいたことを、高校生のアンケートから抜粋します。

・授業のはじめのほうにおむつ替えをお父さんが実際にしているところを見て、なれた手つきでさっと替えていてすごいなと思いました。
・子育ての大変さをパパさんから聞き、改めてわかりました。おむつを替えるのだけでも一苦労なのに、ご飯や遊びなどもっとたくさんあるのだと思うと子育てできるパパさんママさんはすごいなあと感じました。

・先生方がおっしゃったように、子育ては楽しさの中にも大変なことがいっぱいあるんだなと学びました。パパティーチャーの授業を受けるたびに子どもってかわいいな、将来保育士になるという思いが強くなります。

このような取り組みにより、高校生は多くの学びを得ました。授業の前後において、子どもや子育てやライフデザインに関するアンケートを行い、パパティーチャーの実施による意識の変容についての調査を行いました。その結果「とてもそう思う」と答えた人が「結婚したい」という項目では六・三七ポイント、「子どもがほしい」という項目では九・二九ポイント、「子育ては楽しそうだ」という項目では一三・二九ポイント増加しました。授業後のほうが結婚・子ども・育児に対して肯定的な意見が増えたことから、パパティーチャーによる授業は受講者の結婚・子ども・育児に関する意識を良い方向に変えることが明らかになりました。これらの意識は、個人のライフプランにとっても良い影響を与える可能性を示唆しています。

さらに「父親が積極的に子育てをするというイメージはあまりなかったけど、父親も積極的に子育てすることは良いことだなと思った」「もっと父親が育児に参加しやすい社会になればよいと思った」等の意見も多く見られたことから、受講者は「自分が将来どうしていきたいか」という観点だけでなく、「社会がこれからどうなっていくべきか」という広い社会的な観点から考えることができていました。パパティーチャーによる授業は、個人のライフプランだけでなく、男女共同参画社会への意識にも変容をもたらす可能性を感じさせるものでした。

6　家庭科教育における父親支援の展望と課題

家庭科は学校教育において、成熟した市民を育てる教科です。その一つの大きな柱が、家族と子育てについての学びであり、実践的な取り組みが乳幼児とのふれあい体験なのです。多くの生徒は乳幼児との体験をほとんど行ったことがなく、自分が親になるイメージや子育てをする意識もありません。特に男子学生にその傾向は強いです。そのように考えると、これらの活動は未来の父親を育てる活動であるとも言えるのです。同時に父親の育児に関わる学びは、女子学生にとっても将来の家族、子育てモデルとして大きな意味があります。男女が共に子どもを産み育てる学びを通じて、より豊かな子どもたちの子育て環境を作り上げることが未来の市民には求められているのです。そのような大きな使命が家庭科教育にはあり、その一つの中心に父親支援が存在しています。

注

＊1　岡田みゆき（二〇一七）「家庭科教育における父親の家庭役割」『日本家庭科教育学会誌』五九（四）、一九九頁。

＊2　同前論文。

＊3　伊藤輝子ほか（二〇一一）『技術・家庭　家庭分野』開隆堂。

※本章は二〇一七年の大阪教育大学教育学部教員養成課程家政教育講座民辻万佑子氏の卒業論文を一部参考としました。

こざき　やすひろ
大阪教育大学教育学部教員養成課程家政教育講座准教授。

7 父親の育児休業

徳倉康之

1 父親の育児休業制度について

この章ではまず日本における育児休業制度の変遷と現在の改正育児・介護休業法の中における育児休業の基本的制度と父親が育児休業を取得する際に得られる「パパママプラス」の仕組みについて説明します。なお、この説明は二〇一七（平成二九）年一月一日時点の法令に基づいて説明をしています。

育児休業制度の始まりは一九七五（昭和五〇）年に「義務教育諸学校等の女子教育職員及び医療施設、社会福祉施設等の看護婦、保母等の育児休業に関する法律」として国会で可決されました。しかしながらこの時点では限られた組織・限られた職業の女性にしか適用されない法律でありました。男性が法律上育児休業を取得できるようになったのは平成四年に施行された育児・介護休業法ではじめて男性の取得が認められることになります。しかしながらこの時点では男女ともに現在のような所得補償はなく、無給での休業でした。その後一九九五（平成七）年に雇用保険法が改正され育児休業中の保障が開始されました。

ちなみに所得補償開始当初は、育児休業基本給付金（＝育休中に給付される）が二〇％、職場復帰給付金（＝職場復帰後六カ月を経過した人に給付される）が五％と定められていましたが、その後改正を経て現行の育児休業給付金の支給額は、支給対象期間（一カ月）当たり、原則として休業開始時賃金日額×支給日数の六七％（育児休業の開始から六カ月経過後は五〇％）相当額となっている（所定の条件あり）。これは諸外国と比べてみても給付としては手厚い部類に属します。

ここでは具体的な事例説明や育児休業取得要件などは記載していませんが、日本においての育児休業制度はその開始から年を経るにつれ、一定の条件を満たした労働者であれば男女共に制度上は利用しやすく、所得補償の面についても充実しているという点をまずは押さえてもらいたいと思います。

そして本書のテーマである「父親の育児」の観点から父親が育児休業制度を利用するにあたって個別に特例として付与されている「パパママ育休プラス制度（父母ともに育児休業を取得する場合の育児休業取得可能期間の延長）」（以下、パパママ育休プラス）について説明します。

このパパ・ママ育休プラスは二〇一〇（平成二二）年六月から施行され、両親がともに育児休業制度を利用する場合に設けられた特例制度であり、取得率が低位で推移している男性の育児休業を推し進める目的で設けられました。これは父親が育児休業を取得して育児参加することにより、従来は一年だった育児休業期間をさらに二カ月延長させることができる制度であります。

さらに二〇一七（平成二九）年一月一日に施行された改正育児休業法では、

・有期契約労働者の育児休業の取得要件の緩和
・育児休業等の対象となる子の範囲
・いわゆるマタハラ・パタハラ（パタニティハラスメント）などの防止措置義務の新設

が新たに加えられることとなり、育児休業取得対象者の範囲やパタハラ防止に至るまで明記されたことは、より一層男性の育児休業取得のハードルを制度面で下げている動きと捉えることができます。

2　現在の育児休業取得率の男女差と父親（男性）の育児休業の実態

現在女性の育児休業取得率は八一・五％、男性は二・六五％となっており、男性については統計を取り始めて過去最高の数値となっています。[*1]

また配偶者が出産した男性のうち、専業主婦世帯の夫の割合は五一・六％、うち育児休業取得者は二・二二％であり、すでに説明した「パパ・ママ育休プラス」を利用した人の割合は育児休業後の復職者のうち、女性は一・九％、男性は三・〇％となっています。

男性の育児休業取得率は過去最高を記録しているとはいえ、数字上で確認してみても、まだまだ男性の育休取得率はかなり低位で推移しており、国が進めていながら取得率が伸びていない現状と言えます。なお、厚生労働省が数値目標として男性の育児休業取得率を一三％としています。

ではなぜ実態として男性の育児休業取得率が伸びていないのでしょうか。

筆者は大手企業会社員時代に二度、NPO法人事務局長として一度の計三回の育児休業取得している経験から、[*2] 育児休業取得が伸びない理由として大まかに二つの理由が想定されます。

その理由とは

①　そもそも自らが育児休業取得する必要性がないと考えている

②　意識としては育児休業取得したいが職場がその環境にない

という二つが大きな理由ではないかと考えられます。

①の「取得する必要性がないと考えている」この項目については年代によりばらつきがかなりあることが想定されますが、現実的に育児休業取得する年代は二〇代、三〇代が中心で一部四〇代が入る程度である、日本生産性本部が毎年行っている新入社員意識調査においても「子どもが生まれたときには、育児休暇（業）を取得したい」という項目において、男性でそう思うと答えた割合が七三・六％（女性は九五・九％）となっており、この調査項目は二〇一一年から新しく設定されていますが、ほぼ同じような割合で推移していることから、少なくともこれから子育て期がスタートする年代においては

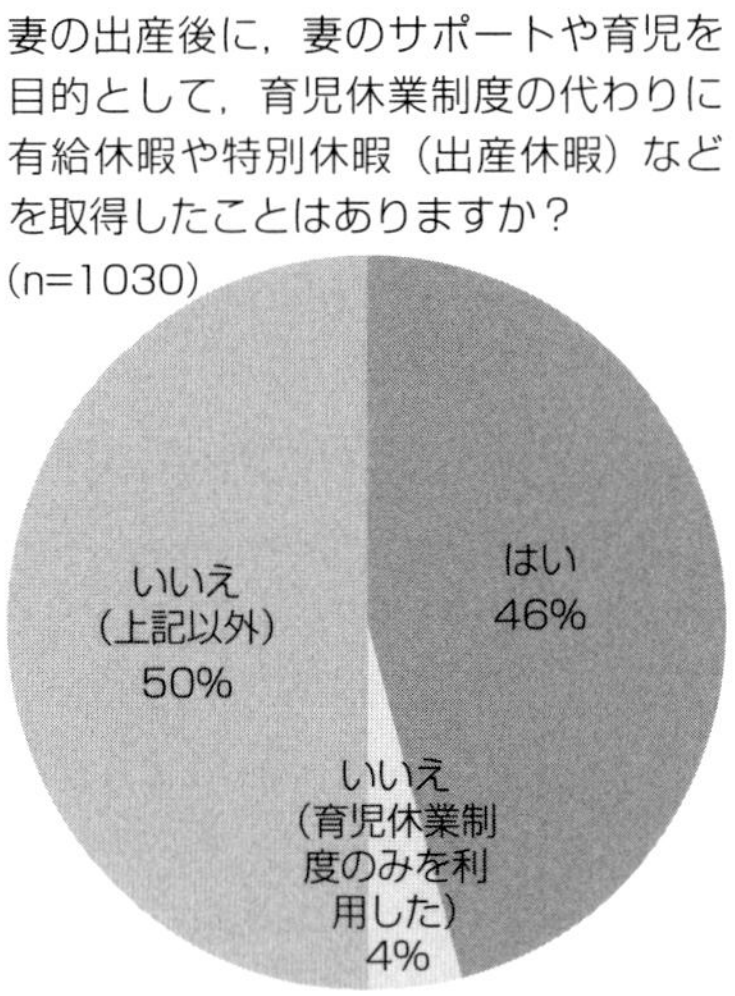
妻の出産後に，妻のサポートや育児を目的として，育児休業制度の代わりに有給休暇や特別休暇（出産休暇）などを取得したことはありますか？
(n=1030)
はい 46%
いいえ（上記以外）50%
いいえ（育児休業制度のみを利用した）4%

図Ⅲ-7-1　隠れ育休の取得

出所：ファザーリング・ジャパン「隠れ育休調査2015年」より引用。

大きな割合で男性が育児休業を取得する希望を持っていることがわかります。[*3]

上記の様な現状を踏まえて考えてみれば、②の「育児休業を取得したいが職場がその環境にない」という理由で取得が伸び悩んでいることが考えられます。

ここで興味深い調査を紹介します。

ＮＰＯ法人ファザーリング・ジャパンが二〇一五年に「隠れ育休調査２０１５」として調査・公表したデータであります。

この調査は女性の活躍推進等、さまざまな側面から国をあげて、男性の育児休業取得促進が行われているものの、厚生労働省が毎年発表する男性の育児休業取得率は、目標の一三％に対し依然として乖離していることから、ＮＰＯ法人ファザーリング・ジャパンでは、二〇一一年に実施した、育児休業制度とは別に有給休暇などを利用して産後の妻のサポートや育児のための休暇（以下、「隠れ育休」）調査に、育児休業制度を利用しやすい環境・条件等の設問を追加し実施したものです。

公表されたリリース文章では以下の様に表されています。

「調査結果から、前回調査結果と同様、乳幼児を持つ父親の四六％が『隠れ育休』を取得していることがわかりましたが、取得期間は三日以内が七割程度を占め、短期間の取得でした。また、取得時期については、父親の半数以上が産後一週間（入院中）に取得しており、産後の妻のサポートに効果的な時期と乖離がある可能性があります。

しかし、『隠れ育休』をしなかった父親に希望取得日数や時期を質問したところ、日数では『一週間超〜一カ月』、時期では「産後〜四週間（退院後）」、「産後一カ月〜復職」、「復職時」の回答が多くなっていることから、希望と実際の休暇取得期間や時期に大きな乖離が生じていることが明らかになりました。また、育児休業制度を利用しやすい条件・環境を質問したところ、『上司からの声かけ等』が、父親から最も求められており、今後の男性の育児休業取得促進の鍵は、上司の『イクボス化』であることが判明しました。[*4]」

ここでいくつか具体的な実際の数値（ｎ＝一〇三〇）を紹介します。

「妻の出産後に、妻のサポートや育児を目的として、育児休業制度の代わりに有給休暇や特別休暇（出産休暇など）を取得した事はありますか」の問いついて「はい」が四六％、「いいえ」（育児休業制度のみ利用）が四％であることから、実際の子育て世代においても違った形の休暇制度を利用しながら短期であっても「隠れ育休」を取得している実態があることがわかります（図Ⅲ-7-1）。

また前項目で「いいえ」を選択した人に対して「今後、機会があれば妻の出産後に、妻のサポートや育児を目的として育児休業制度の代わりに有給休暇や特別休暇を取得したいか」の項目には六二・七％が「はい」と答えていることから見ても、潜在的に男性においても自身の子どもが産まれたタイミングにおいて育児休業の希望が多い実態がわかります。

3 父親の育児休業で起きる社会の変化とは

個人の希望として父親の意識が変化している実態がありますが、なぜ意識の変化が起こったのか、そして現実的に父親が育児休業を取得できるようになった場合に起こる社会の変化についてここでは述べていきたいと思います。

そもそもなぜ、男性の育児休業が国の数値目標として設定されるまでになったのでしょうか？ それには人口問題、とりわけ労働力人口不足と少子化の問題があげられます。

すでに日本においては人口減少が始まり、地方創生の名のもとにさまざまな施策が行われています。特に地方部においては、これまで中心的な働き手であった男性が急速に高齢化していること、併せて若い世代が首都圏や関西圏のような大都市圏に進学や就職を契機に出て行くことで若者の数が少なくなってきていることにより、制約ある労働者（子育て・介護を担う女性やシニア層、障害者）を積極的に雇用しなければ将来的な事業継続の道筋が立たなくなっている地域も増えています。併せて少子化により将来的な労働力・消費者が急速に減っていくことが容易に想定されるため、特に子育て期において男性だけが働き、女性が家事育児を担うという性別役割分業制を前提としてのライフデザインが今の若い世代で成り立たなくなってきています。

これは、男性の平均所得も二〇年前と比べ下がっていること、生涯未婚率が男女共に大幅に上がっていることなどもあり、社会の変化に対応した働き方・子育てひいては介護を担う役割が求められてきています。

さらにここで出産・育児の機会コストについて紹介します。[*5]

出産・育児の機会コストを決めているのは三つの要因の組み合わせとされています。

一つ目は、教育や職業経歴などの個人の資質や、男女差別などの社会的制約により定まる個人の所得獲得能力であり、所得獲得能力が高いと機会コストは高くなります。第二の要因は出産・育児によって離職やパートタイムへの転職を余儀なくさせられる度合いです。

第三の要因は、常勤からパートタイム労働者等に変わり受け取る収入が大きく下がったり、離職すると同種の職に復職が難しくなったりするなど、労働市場で柔軟な働き方ができない度合いであり、この要因を規定するのは主に雇用慣行の特性です。育児による離・転職に伴って再就職の機会や所得が減る度合いが大きいほど、出産・育児の機会コストは高くなると考えることができます。

特に第二にあげた要因を規定するのは、女性の立場からみた仕事と家庭の役割の両立しやすさです。この役割両立度は、

・家族環境（夫が家事・育児を共にするなど）
・職場環境（就業時間や場所に柔軟性があるなど）
・地域環境（託児所施設が十分にあるなど）
・法的環境（育児休業が保証され所得補償が十分にあるなど）

といったさまざまな社会環境に依存します。役割両立度が高ければ出産・育児の機会コストは低くなります。[*6]

これをもとに考えると、男性の育児休業取得はその家族の働き方・子育てに与える影響と社会に与える影響はともに大きく、特に家族環境においては夫が家事・育児を共にするなどと表されている通り、父親側が積極的に子育てに関わることにより結果的に出産・育児の機会コストが減少することは長期的視点でみると少子化

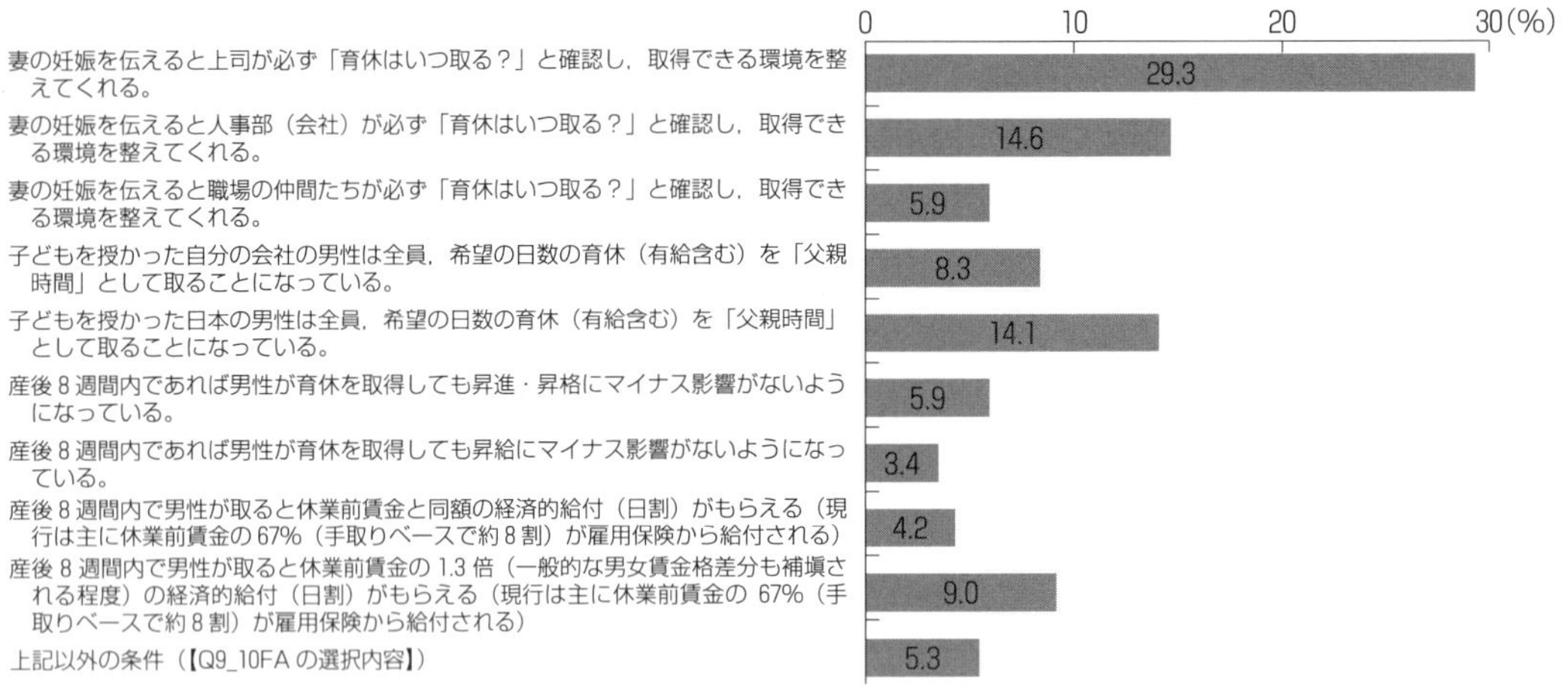

図Ⅲ-7-2　育児休業制度を利用しやすい条件・環境

出所：ファザーリング・ジャパン「隠れ育休調査2015年」より引用。

対策につながり、また家計面からみても妻の離職を防ぎ、世帯の所得は維持しやすいことがわかります。OECD諸国において、一九八〇年代以前は女性が働き続ける国において出生率は高くなかったのですが、一九九〇年代以降はその逆となり、女性が働き続ける国ほど出生率が高くなっていることが知られています。

以上のことにより、男性の育児休業を進める一つの大きな要因として女性だけが育児を担うのではなく、男性（父親）も積極的にかつ常に育児に関われる環境を整備する必要があると考えられることから日本においても男性の積極的な育児休業取得が個人にとっても社会にとっても望まれていると考えることができるのです。

4　父親（男性）の育児休業取得推進のカギ

ではどのよう変化が、男性の育児休業を推し進める要因になるのでしょうか？

現在、国の方向として「働き方改革」が進められ長時間労働規制についても大きな変化が始まっています。これは男性の育児休業に置き換えてみると「育児休業を取得したいのだけれども会社の風土や社会情勢がそれを許さない」という状況であると考えることで、育児休業取得希望の割合と、実際の育児休業取得率との乖離が説明できると考えられます。

現在の日本において育児・介護休業法に基づき、育児休業制度は労働者の権利として認められているため、制度としてはしっかりと設定されています。

しかしながら、これまで説明した通り、取得の意思があっても取得に至らないケースが非常に多く、特に男性の場合はかなりの割合で希望者がいるにもかかわらず育児休業の取得には至っていません。

そこで前に紹介した「隠れ育休調査」によると、「育児休業制度を利用しやすい条件・環境を質問したところ、『上司からの声かけ等』が最も求められていることが判明。男性育児休業取得推進のために、上司の『イクボス化』が重要である。また、他に人事部（会社）から声かけも求められており、男性が育児休業を取得する文化が浸透していない中、自ら言い出しづらいため、意向を確認してもらいたい父親が多いと推測される」（図Ⅲ-7-2）と発表されています。

これはすなわち、若い父親は仕事上での役割も相まって自ら積極的に動き出せない現状を表していることがわかります。このことから、今後は父親にのみ付与される育休割り当て（クオータ）制度の導入も効果が期待されています。

また、人事面での評価制度も重要になってくる現在の日本では一定期間の休業（育児・介護・病気等）、その後の時短勤務制度を行うと、自動的に昇給が見送られるケースや評価保留になるケースが多く、キャリア形成においても子育て期の世代においては非常に不利に働くケースが多い現状があります。

たとえば三人の子どもを産み育てながら時短勤務で就労継続した場合と、それをせずに就労継続した場合ではキャリアとして埋め戻せないほどの差が出てくるケースも実際に出てきています。意欲・能力のある男性・女性社員においてどのように評価し組織を維持していくのかを今後は検討しながら、働き方・評価制度も含めた男性の育児休業取得推進が期待されていると同時に、そのような社会に至る過程において、父親に対して子育て支援の必要性があると考えています。

注

＊1　厚生労働省（二〇一五）「平成27年度雇用均等基本調査」。

＊2　二〇〇九年に八カ月、二〇一一年に三カ月、二〇一四年に三カ月、それぞれ取得している。

＊3　公益財団法人日本生産性本部（二〇一六）「2015年新入社員秋の意識調査」。

＊4　NPO法人ファザーリング・ジャパン（二〇一六）「隠れ育休調査2015年」。

＊5　機会コストとは、有業女性が出産・育児によって離職したり、常勤からパートタイム就業に転職したりすることにより生じる、現在および将来的な所得の減少を指す。

＊6　山口一男「女性の労働力参加と出生率の真の関係について――OECD諸国の分析と政策的意味」『Research & Review』二〇〇六年四月号。

とくくら　やすゆき
内閣府子ども子育て会議委員。
特定非営利活動法人ファザーリング・ジャパン理事。
株式会社ファミーリエ代表取締役。

8 父親参加プログラムの実践

篠田厚志

1 ファザーリング・ジャパン関西の団体紹介と活動概要

1 NPO法人化の経緯

ファザーリング・ジャパン関西は、二〇一〇年にファザーリング・ジャパン初の支部として立ち上がった団体で、当初は、任意団体でしたが、父親の家事育児参画が、合計特殊出生率の向上の相関関係が認知され、少子化対策として取り上げられるようになって以降、「父親の子育て」の社会的ニーズが高まり、二〇一三年にNPO法人格を取得し、独自の経営形態をとることになりました（図Ⅲ-8-1・2）。

2 活動概要

ファザーリング・ジャパン関西の活動は、主に自治体や企業での講演活動とイベント企画運営が中心で毎年、二〇〇回を超える講演やイベントを実施しています。プログラムの内容は、おやこのふれあい、おやこの工作、父親の料理など、多様なバリエーションで実施しています。多くのバリエーションを有する理由は、大きく二つあります。一つ目は、持続性です。

父親の子育て支援は、長期的な視点で取り組む必要があります。ターゲットである父親に、継続的に参加してもらうためには、さまざまな内容を用意し、常に新しい知識や経験を提供することが大切です。つまり、多くの参加者を確保するために、多様なプログラムを用意する必要がある、ということです。

二つ目は、多様性です。ファザーリング・ジャパン関西の講演およびイベントは、会員に協力してもらいながら実施しています。会員には、サラリーマン、保育士、医師、経営者など、さまざまな職種の人たちがいます。彼らは、子育て世代の当事者であり、彼らの経験や特性を活かしてプログラムを構築することにより、多くのプログラムがうまれています。

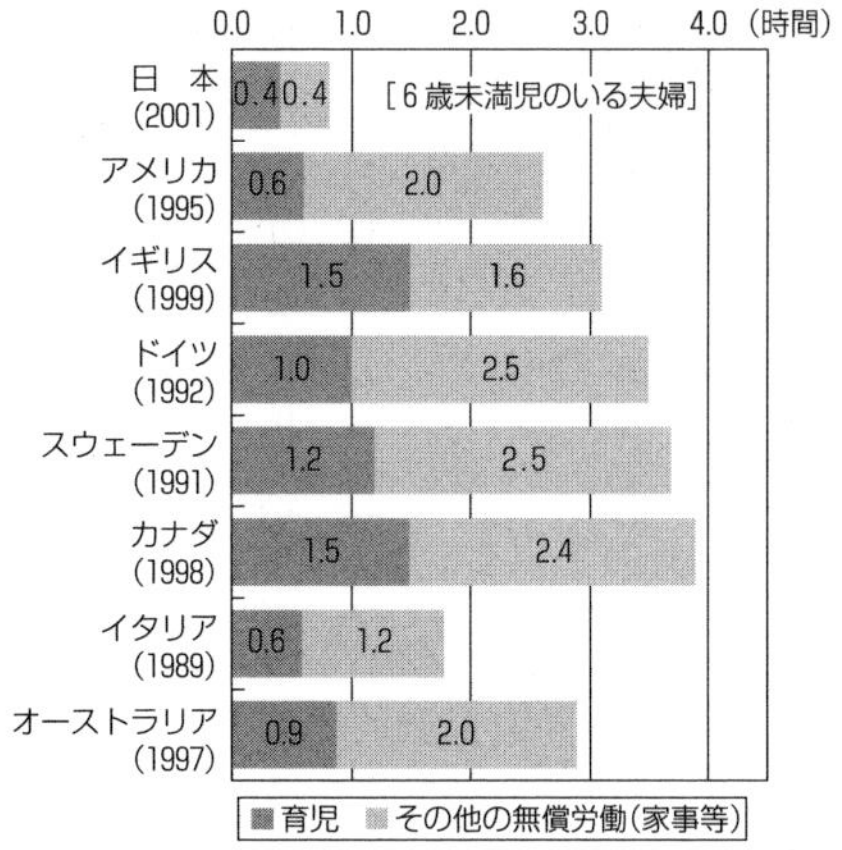

図Ⅲ-8-1　5歳未満児のいる夫婦の夫の育児，家事時間

資料：OECD “Employment Outlook 2001”.
出所：総務省「社会生活基本調査」(2001年)。

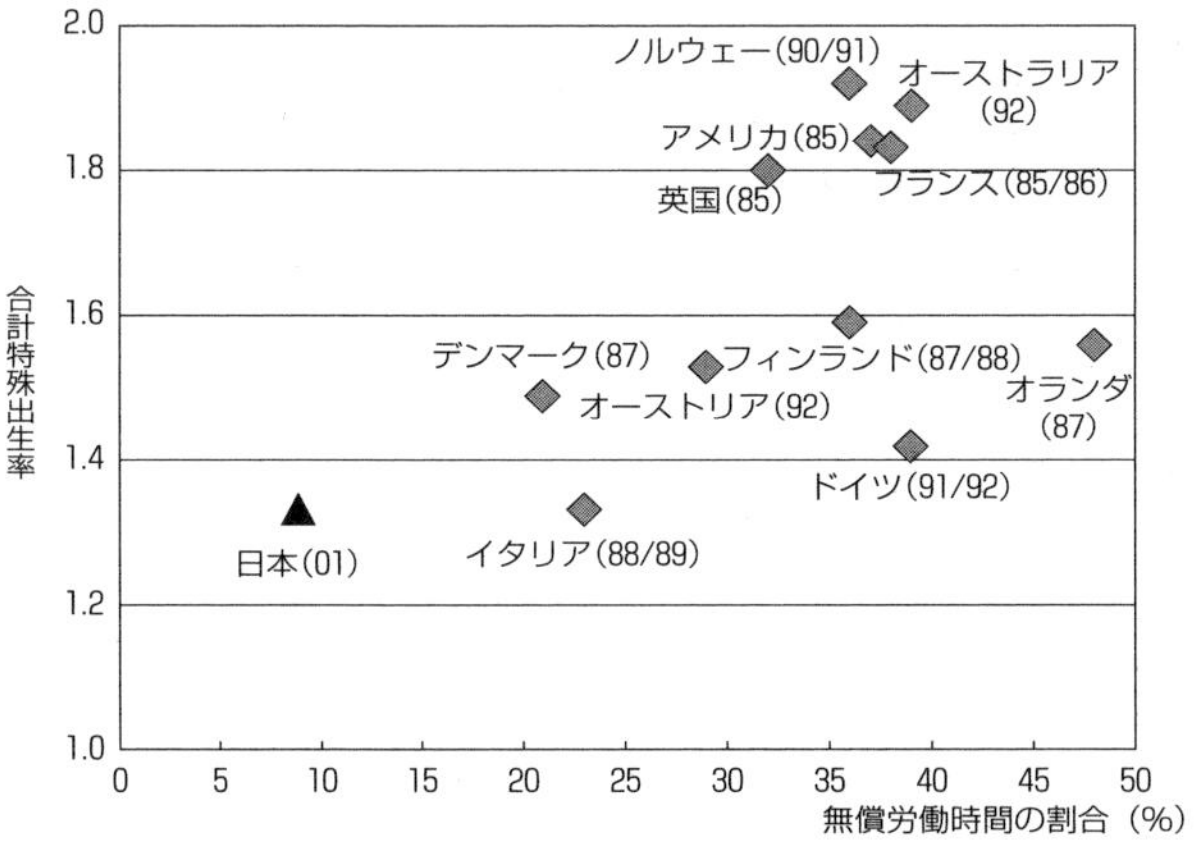

図Ⅲ-8-2　先進諸国の男性の家事・育児時間割合と出生率

注：有償労働と無償労働の合計時間と無償労働時間の割合。
資料：UNDP “Human Development Report 1995”.
出所：総務省統計局「社会生活基本調査」(2001年)。

2　ファザーリング・ジャパン関西における取り組みの実際

1　取り組みの概要

ファザーリング・ジャパン関西は、「笑っている父親を増やす」ことをミッションに、たくさんのプログラムを実施しています。メインターゲットはもちろん父親ですが、父親以外へのアプローチも重要です。そのため、プログラムを大きく次の三つにセグメント分けしています。以下において、各セグメントの概要について説明します。

① 子育て支援

父親が子育てに関わることの重要性、父親の具体的な子育ての方法などを伝えることを目的に、セミナーやイベントの開催を行うもので、最も大きなボリュームを占めるセグメントです。

② 働き方支援

父親の家事育児という切り口から、企業におけるダイバーシティーマネジメントの重要性、ワーク・ライフ・バランスやイクボス養成といった啓発、研修事業を行っています。

③ 次世代育成

これから親になる世代に向けた、ライフデザインやキャリアデザインのセミナー、啓発を行っています。

2　プログラムを企画、実施するうえでのねらい

父親の子育て支援は、少子化対策、女性の活躍推進の観点からも重要性が認知されています。そのため、多くの自治体や企業で父親向けのプログラムが実施されるようになってきました。しかしながら、主催者の意図と裏腹に、実施するプログラムへの参加者はなかなか伸びないことが課題となっています。

ファザーリング・ジャパン関西では、父親の子育て支援プログラムを行うにあたり、できるだけ多くの父親に参加してもらえるよう、以下の点を意識するようにしています。

・父親が参加しやすいキーワードを盛り込む

まず、優先すべきは参加してもらうことです。そのために、私たちが意識していることの一つが、参加に対する心理的ハードルを下げることで、その方法の一つが「遊び」です。多くの父親は、子どもとの遊び場を日々探しています。

支援といわれると参加しづらいですが、遊びということであれば、参加もしやすくなります。そうやって、プログラムへの心理的なハードルを下げることを、当事者意識を通じて考えています。

・仕事でも活かせるような内容を盛り込む

最近、少しずつ変わってきたように感じますが、父親はテーマが「子育て」だけだとイベント参加に対する反応が鈍い傾向があります。こうした場合には、参加を促進するために、子育て以外のテーマを付すなどして、一石二鳥のお得感を示してあげることが有効です。心理的ハードルを下げるのではなく、参加する動機づけを組み合わせるという考え方です。その動機づけの一つが「仕事」です。子育てに関わると、コミュニケーション能力や時間管理能力が磨かれます。この二つの能力は、仕事においても活かすことができる能力です。このように、仕事面にも通じることを前面に出していくことで、子育てに興味関心が低い人の参加へのモチベーションアップにつながる可能性があり、参加者の増加を促すことができると考えています。

・父子や夫婦で参加できる内容にする

父親が一人で、支援の場にくることは相当ハードルの高いことです。それをそのままにしてしまっては参加者の増加につながりません。また、父親一人で参加すると、その裏では、母親が一人で子どもの面倒を見ることになります。せっかく父親に子育てに関わってもらおうとしているのに、父親がいない状態を作ってしまうのは、ある種本末転倒です。

こうしたジレンマを打破するためには、父親一人が参加するものではなく、子どもや母親と一緒に参加できる内容にすることが効果的です。父と子が一緒に参加できるものであれば、子育てについて体験をしながら学ぶことができますし、父と子がプログラムに参加している間、母親は自分の時間を楽しむことができます。また、夫婦で参加できるプログラムであれば、子育てを夫婦で共有していることを実感できるようになるため、夫婦のパートナーシップの向上にもつながります。

このように、誰かと一緒に参加することは、父親が子ども（妻）のために参加しているのだという理由づけができるので効果的です。

・父親自身、経験したことのある伝承的な内容を盛り込む

父親が子育てに関われない、または関わろうとしない理由の一つに、「どうやって子どもと関わればいいのかわからない」というものがあります。これはひと言でいうと、子育てをどのようにすればいいのかイメージが持てていない状態です。父親の多くは、これまでやったことのない新しいチャレンジをしようとしますが、それらは概ねうまくいきません。

そういう人は、自分自身が経験してきたことをベースに関わることのほうが、うまくいく確率ははるかに高くなります。たとえば、多くの父親が子どもの頃に遊んだおもちゃやゲーム、いわゆる伝承遊びを活かすということです。自分が子どもの頃に遊んだ記憶のあるものなら、大人になっても成功イメージは絶対にあるはずです。こうした自分の経験を活かすことは、子育てにおいて意外と盲点になることが多いため、意識的に取り入れるようにしています。

・母親が、父親に学んでもらいたいと感じるものにする

実際に父親がプログラムに参加することになったきっかけを聞いてみると、最近では、父親自身が主体的にプログラムに参加することも増えてきましたが、今でも多くは「妻から勧められて」というものが多いのが実情です。それは

決して悪いことではありません。まだまだ母親のほうが、子育て情報全般に敏感なので、情報をキャッチしやすいということも一つの理由だからです。逆に、そうした特性を活かすことも、父親のプログラム参加率を高めるためには必要です。具体的にどうすればよいかというと、プログラムの内容を、母親にとって、父親に知ってもらいたいものにする、ということです。たとえば、子育て中のお金の話やライフプランに関すること、子どもの発達や成長に関すること、子どものしつけや教育の方法などです。こうした内容は、母親一人で決められる、受け止められるものではありません。こうした内容を父親向けに実施すると、多くの母親は、父親に知ってもらいたいことなので、父親に参加を勧めたり、母親が独自に申込みをして、父親に行くように説得してくれたりしてくれます。

3　具体的なプログラム内容

先ほど、プログラムを「子育て支援」「働き方支援」「次世代育成」という三つの切り口に分けていることを話しましたので、ここでは、実際に取り組んでいるプログラムについて説明します。

1　子育て支援

①　親子のふれあい遊び講座

父親と子どもの普段からできる遊びを講座で体験してもらい、家でのふれあいに活かしてもらうことを目的としています。「どうやって子どもに関わればいいかわからない」という父親の悩みは、イクメンという言葉が生まれる前からあります。親子のふれあいは、女性の支援員や保育士による指導がほとんどで、男性、父親が講師として伝えることは皆無です。ファザーリング・ジャパン関西が実施するものは、男性講師が伝えるため、より具体的にイメージしてもらいやすく根強い人気を誇っています。

②　親子の工作プログラム

親子のふれあい遊び同様、普段からできる遊びを講座で体験してもらうことが目的ですが、親子のふれあい遊びに比べ、子どもよりも父親をターゲットの中心に据えているプログラムです。ファザーリング・ジャパン関西には、工作好きなメンバーが多いので、彼らの得意な分野を活かしてもらうことができ、かつ、父親にとっても、何をするのかが明確なので、参加者数も多く集まるプログラムです。特にダンボールを自由に使う「ダイナミックダンボール工作」は人気の高いプログラムの一つです。

③　親子の料理教室

家事にシフトしたプログラムです。子育てをするうえで、日常の家事へのかかわりは必要不可欠ですが、その視点が抜けて漏れてしまっては、いいとこ取りの子育てとなってしまいます。それでは、どれだけやっても母親の不満は溜まる一方なので、積極的な家事参画の実現を目指すために行っているプログラムですが、こちらもいつも多くの人に参加してもらっています。

④　子育てセミナー

主に啓発を目的とした座学プログラムです。講師の経験などを踏まえた子育てをテーマとした話のほか、より良い夫婦関係を築くためのパートナーシップの話、子どもの褒め方叱り方に関する話、子どもの成長や発達の話など、メンバーの特徴を活かして、多くのテーマを有しています。

⑤　パパスクール

前述の子育てセミナーや、親子のふれあい遊びなど、子育てに関する知識と体験の両方を知り、学ぶことができるパッケージプログラムです。子育ては、たった一つのことだけを学んでも実践につながることはありません。そのため、父親の子育ての必要性のほか、実際のかかわり方、夫婦関係など、父親が子育てをするうえで必要となるさまざまなテーマを一定期間で集中的に学んでほしいという、主催者のニーズに対応するプログラムです。

⑥　パパクエスト

ファザーリング・ジャパン関西が近年、特に力を入れている、親子、家族で協力して、設定されたストーリーに沿って謎を解き、ゴールすることを目的とした体験型のプログラムです。ファザーリング・ジャパン関西は多くのプログラムを行っているものの、パパスクールのようにセミナー形式のものがほとんどでした。親子が楽しみながら、父親が子育てについて一定の知識を学ぶことができるプログラムの必要性の実感と、世の中の体験型プログラムへのニーズが高まっていたことから、企画が誕生しました。

2　働き方支援

①　イクボスセミナー

近年、注目を集めている「男性の育児」を含めた、さまざまな価値観に理解のある上司を養成するトップセミナー・管理職セミナーです。働き方改革推進と、長時間労働の是正を、制度からではなく風土から変えていくことを目的にしており、今、非常に多くのニーズを受けて実施しています。

②　ワーク・ライフ・バランス推進セミナー

近年は、イクボスセミナーに包括されていますが、一人ひとりの働き方への意識改革と、具体的な働き方についての啓発に特化した内容となっています。タイムマネジメントセミナーや、企業におけるワーク・ライフ・バランスの推進などについて学ぶ内容となっています。

③　父親の育休セミナー

こちらも、イクボスセミナーに包括されていることがありますが、日本ではいまだ二%程度しか取得が実現していない男性の育児休業の推進を図るためのセミナーです。組織における育児休業の促進のほか、男性社員向けの啓発活動を目的として行っています。

3　次世代育成

①　ライフ・キャリアデザインセミナー

これから親になる世代に向けて行うプログラムです。主に高校生、大学生向けにキャリアデザインについて体験談を伝え、学生に将来のキャリアイメージを持たせるほか、ライフイベントを組み合わせて将来設計をするライフデザインの構築をサポートするプログラムです。近年は、ライフデザイン、キャリアデザインの指導が若年化しており、中学生や小学生に対しても実施をする機会が増えてきています。

②　パパティーチャー

父親が、主に未就学児の子どもを連れて、ライフデザイン、キャリアデザイン、父親としての子育てについて、中学生、高校生、大学生に向けてセミナーを行うプログラムです。父親が子育てに関わることについて、学生は比較的受け入れられるようになっていますが、それでも具体的なイメージをするにはなかなか至りません。講師が子どもを連れて行くことで、父親として子育てのイメージをより具体的に学生たちに持ってもらうことができるため、大変人気のあるプログラムです。本プログラムを受講した学生の多くは、「結婚したい」「子どもが欲しい」とより強く感じるようになっており、晩婚化や未婚化対策としての効果も期待できると考えています。

また、本プログラムは、父親自身の子育て意識にも影響します。父親としての体験を話す機会は少ないため、自分がなぜ子育てに関わろうとしているのか、どのように仕事と子育ての両立を工面しているのかなどについて、整理することができ、自分自身の行動についての理解が深まるというアンケート結果も出ています。

4　NPO法人として、今後どのようなプログラムを行っていくべきか

ファザーリング・ジャパン関西では、多くのプログラムを実施してきました。そのなかで実感することは、父親の支援には絶対に父親の視点が必要だということです。もちろん父親の視点だけで成立するわけではありません。しかし、父親が何に悩み、何を必要としているのかについて、生の声は絶対に必要です。多くの子育て支援団体が父親支援を行っていますが、父親の生の声を活かしたプログラムというのは、まだまだ少数なのが実感です。

とはいえ、父親たちの生の声を活かしたプログラムを行っていればいいというものでもありません。生の声を拾いながら取り組んだとしても、なおプログラム参加者の確保には大変な苦労を伴います。その大きな要因は、父親自身が子育てについて学ぶ必要性をまだまだ認識していないことが多いことがあげられます。父親として子育てに関わる時間が少ないことを課題と認識していない父親に対して、啓発を促しても意味がありません。このジレンマを解決するためには、啓発だけではなく、異なった視点からのアプローチも必要になると考えています。

具体的にどのようなアプローチが必要なのか。我々が考えているのは、多くの父親にとって共通の願いである、子どもの育ちをより良いものにするための「ポジティブな体験」です。これまで、父親の子育ては支援の対象として実施されてきましたが、そうではなく、父親たちが主体的に関わりたくなるような、むしろ関わりたいと願うような体験のプログラムをつくるという、これまでになかった視点が今後は必要になってくるでしょう。こうした体験をベースとしたプログラムと、これまで行っている支援プログラムの両輪を回すことで、より多くの父親へのアプローチが可能になるではないかと思います。

NPOは、課題解決のアプローチが得意だという認識が一般的です。もちろんそれを否定するつもりはありません。しかし、自治体、企業、地域など、さまざまなセクターが欲している、父親のネットワークというリソースを持つ我々NPOは、新しい価値創造にもっと力強く踏み込んでいくこともできるはずですし、これからは、そうした一歩先を行く動きが必要とされていくだろうと思います。

今後、父親の子育てが当たり前のものとなっていく、唯一の近道は、課題解決のプログラムと新しい価値創造のプログラム、この両方を同時に進めていくことであると思います。

しのだ　あつし
特定非営利活動法人ファザーリング・ジャパン関西理事長。

9　WLBと父親の子育て支援

天野　勉

1　父親の働き方の現状

二〇一六年一〇月、「過労死等防止対策白書」が閣議決定されました。[*1] これは二〇一四年に施行された過労死等防止対策推進法に基づき、厚生労働省が過労死等の概要や政府が過労死等の防止のために講じた施策の状況を取りまとめたものであり、今回が初めてとなります。

白書から読み取れるのは、依然として長時間労働が続いている企業が少なくないということです。図Ⅲ-9-1をみると、過労死認定基準レベルの月八〇時間以上の残業（週あたり二〇時間以上）の企業が一割もあります。最も多い人や繁忙期の週のデータではなく、平均的な週の残業時間で過労死認定基準レベルというのは異常なことと言えます。

過労死という言葉は、そのままローマ字で「karoshi」として海外の辞書に掲載されています。Oxford English Dictionary Online では、karoshi は、「In Japan: death brought on by overwork or job-related exhaustion」と記載されています。「kaizen」など誇れる単語が日本語のまま掲載されることは喜ばしいですが、karoshi が日本のこととして掲載されているのは大変残念なことであります。『過労死等防止対策白書』の発刊とともに日本国内の各企業で過労死対策が着実に進み、「過労死」という単語が死語になるようにしていく必要があります。

ここまで日本全体のことを見てきましたが、もう少し細かく見てみると、長時間労働の結果として脳・心臓疾患に至る件数も大きく男女差が出ています（表Ⅲ-9-1）。

健康を害している人の九割以上が男性に集中していることから、日本の中でも特に男性の働き方に問題があると言えます。ここでいう男性がすべて父親というわけではありませんが、年代別のデータでは三〇代、四〇代の男性の労働時間が男性全体の中でも多い傾向にあるため、多くの父親が過重労働をしていると考えられます。各家庭によって事情は異なると思いますが、「男性だから稼がなくてはいけない」という古

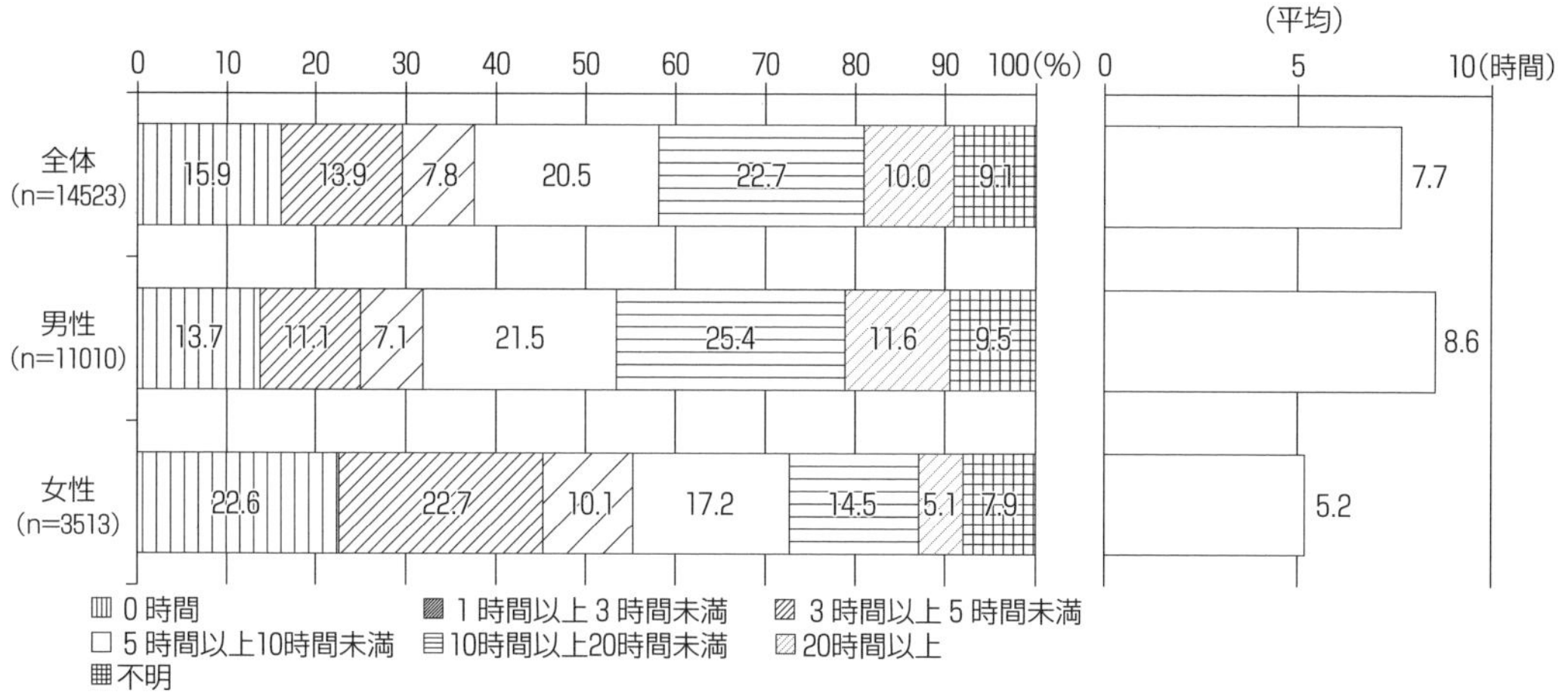

図Ⅲ-9-1　平均的な1週間の残業時間（正社員）

出所：厚生労働省（2016）『過労死等防止対策白書』。

くからの考え方に縛られてはいないでしょうか。二〇一六年四月に施行された女性の職業生活における活躍の推進に関する法律（女性活躍推進法）は、その第二条第二項で、基本原則を「男女の職業生活と家庭生活との円滑かつ継続的な両立が可能となること」としています。一般事業主行動計画など女性の働き方、働かせ方ばかりが注目されていますが、「男女の職業生活と家庭生活との円滑かつ継続的な両立」のためには男性、特に父親の働き方や生き方の見直しも同時に進めていく必要があります。

表Ⅲ-9-1　脳・心臓疾患の労災補償状況（支給決定件数の男女別）

	平成23年	平成24年	平成25年	平成26年	平成27年
男性	297	323	298	262	240
女性	13	15	8	15	11
合計	310	338	306	277	251
男性の割合	96%	96%	97%	95%	96%

出所：厚生労働省「過労死等の労災補償状況（平成27年度）」のデータを基に筆者作成。

2　ワーク・ライフ・バランスと働き方の見直し

1　ワーク・ライフ・バランスとワーク・ファミリー・バランス

働き方の見直しは、子育て支援や介護離職予防など家庭生活との両立がメインで語られる機会が少なくありません。確かに、働き方の見直しが目指すところの一つに子育て支援や介護離職予防があり、とても重要なことです。二〇一七年一月から施行された改正育児・介護休業法及び男女雇用機会均等法の改正のポイントは、「男女ともに離職することなく働き続けることができるよう、仕事と家庭が両立できる社会の実現を目指す」としています。[*2] 前述のとおり、このことは女性活躍推進法の基本原則でもあり、今後の日本の働き方を考える上で不可欠な内容です。

ただし、これは仕事と家庭生活の両立であり、いわば「ワーク・ファミリー・バランス」と言え、ワーク・ライフ・バランスとは異なります。ワーク・ファミリー・バランスだけを目的として働き方の見直しを推進しようとすると、たとえば独身の従業員や介護リスクがない従業員はその必要性や恩恵を実感できません。その結果、さまざまな取り組みを進めても従業員の間で歪みが生じたり、制度を利用しにくい雰囲気が職場にあることから制度利用が進まなかったりして、効果を十分にあげることができないケースが少なくありません。

　そもそもワーク・ライフ・バランスの「ライフ」は、家庭生活だけでなく生き方そのものを捉えています。二〇〇七年に閣議決定された「ワーク・ライフ・バランス憲章」では、ワーク・ライフ・バランスが実現した社会を次のように示しています。

　「仕事と生活の調和が実現した社会とは、『国民一人ひとりがやりがいや充実感を感じながら働き、仕事上の責任を果たすとともに、家庭や地域生活などにおいても、子育て期、中高年期といった人生の各段階に応じて多様な生き方が選択・実現できる社会』である。」

　多様な生き方を選択し、実現するとあります。つまり、育児や介護など家庭生活に限定されていないことがわかります。子育て世代など限定的な対象ではなく、あらゆる世代が多様な生き方を「ライフ」として考えていく必要があります。

2　ワーク・ライフ・バランス≠残業時間削減

　ワーク・ライフ・バランスを「労働時間はほどほどに、楽に働くこと」と勘違いされることがあります。また、企業においてワーク・ライフ・バランス推進のために、まず「ノー残業ＤＡＹ」などの労働時間削減の取り組みから始めるケースも少なくありません。しかし、いきなり労働時間を短くしようとしても、それだけでワーク・ライフ・バランスの実現とはなりません。多様な生き方を選択し、実現できることを目指す必要があります。つまり、まずは自らがこのように生きたいという生き方を選択し、その実現のために努力することが求められます。鍋に自分の好みの具材を入れて美味しくするように、自分の人生にどのような「具材」を入れて自分の人生を味わいあるものにしていくのか、まずは自分で決めることです。子どもがいる人は育児や家事の具材が大きくなるでしょうか。逆に子どもがいない人は、資格勉強や趣味、ボランティアなどの具材がたくさん入るかもしれません。もちろん、仕事という具材も入ってきます。それぞれのバランスで具材を選択していき、自分の人生を味付けしていきます。その際、鍋の大きさに限界があるように、一日二四時間という限界があるため、具材を選択しても「実現できない」可能性が出てきます。ワーク・ライフ・バランスは多様な生き方の選択・実現なので、実現するためには一日二四時間という鍋の大きさの限界に立ち向かう必要があります。ここではじめて、ワーク・ライフ・バランスと「時間」が関係してくることになります。「ワーク・ライフ・バランス＝残業時間削減」ではありませんが、自分が選択した具材を鍋に入れようと思ったとき、大きすぎる「仕事」の具材を小さくする必要が出てきてはじめて、残業（労働）時間の削減が必要となるのです。

3　主体的な取り組みの必要性

　トップダウンの命令だけでワーク・ライフ・バランスの推進を行うとやらされ感が強く、継続的に成果を出すことが難しくなります。現に、筆者が関わっている企業の中でもノー残業ＤＡＹを導入したけれども思ったような効果が出なくて、現場からも経営陣からも苦情が出ているというケースが少なくありません。ノー残業ＤＡＹの導入は残業時間を強引に下げる上では効果があるかもしれませんが、仕事の進め方や効率が変わらなければ他の日にしわ寄せがいくだけです。企業によっては、過重労働が危機的な状態にあり、緊急処置としてトップダウンで働き方の見直しを進める必要があるかもしれません。しかし、中長期的に効果をあげていくためには仕事の進め方や業務効率の改善が必要であり、簡単なものではありません。今までの仕事の進め方を見直すという「改革」は生半可な覚悟では実現しません。ワーク・ライフ・バランスの推進のためには「覚悟」が必要なのです。残業時間を削減した先にあるものを会社も従業員も意識し、その実現に向けて取り組んでいくことが不可欠です。でき上がった鍋のイメージがあるからこそ、その実現に向けて主体的に工夫し、努力し、全力で取り組むことができるのです。「こういう生き方をしたい」という思いが、改革を進める駆動力となります。この駆動力を使って従業員が主体的に取り組むことで、持続的に効果を発揮し、業績にもプラスのインパクトを残すワーク・ライフ・バランスが実現できるのです。このことが、ワーク・ライフ・バランス実現を支援する上での最大のポイントとなります。

3　一過性の取り組みにならないために必要なこと

1　「ライフ」を主体的に考える

普段、仕事と子育てに追われていると中長期的な視点で自分の人生を考える機会はあまりありません。仮に無理やり時間をつくって考えて見てもなかなか楽しいライフを考えることは難しいようです。そこで、まずは実現できるかどうかは別にして、「人生でやりたいこと」を一〇個、考えてみることをおすすめしています。[*3]

「子どもと一緒に果物の樹を育ててジャムを作りたい」

「南極に行ってみたい」

「英語をしゃべれるようになりたい」

「フルマラソンを完走してみたい」

「老後は田舎で暮らして居酒屋をやりたい」

夫婦それぞれで一〇個書き出して、共有するのもおもしろいです。大切なのは、あまり深く考えないこと。今の仕事のこと、お金のこと、時間のことなどはとりあえず置いておいて、「やってみたい」を大事にしてみましょう。個人で考え、家族で共有したり、選んだ理由を話し合ったりしていく中で、二、三個ほどは本気で「やってみよう」と思えるものが出てくるはずです。そのことを軸に、今からできることは何かを考えていきます。

たとえば、筆者の「やってみたい」の一つに「世界六大マラソン制覇」があります。そのためには、英語が話せるようにならないといけないし、海外という慣れない環境下でフルマラソンを五時間以内で走りきる体力も必要です（海外レースは制限時間が五時間であることが多い）。そこで、今からちょっとずつ英会話の勉強を始めたり、国内のマラソン大会に出場したりしています。これらが、筆者が選んだ鍋に入れる「具材」となります。仕事や子育てに多くの時間を取られますが、それでも鍋の実現に向け、マラソン大会に出られるように仕事や家事育児のやり方を工夫して走り込む時間も確保しています。

ワーク・ライフ・バランスの取り組みが一過性のものにならないためには、目指すべき姿を主体的にイメージすることが重要です。日常生活の中でいきなり「目指すべき姿」といわれても難しいので、勉強会やイベントなどちょっとした「非日常」のときに取り組んでみてはいかがでしょうか。

2　法律や社会保障制度についての情報収集

「パパ・ママ育休プラスを知っていますか?」と子育て世代向けのセミナー等で質問すると、知っていると返事する人は二、三割程度に留まります。子育ての当事者に必要な情報が届いていないと感じることが多々あります。男性が育児休業取得をためらう理由の一つに経済的なことがあげられますが、現在の育児休業給付金は育児休業取得時賃金の六七%が支給されます(最初の一八〇日間)。育児休業取得中は社会保険料が免除されるため、手取りベースで休業前の約八割を維持することができます。「このような情報を知っていれば育児休業を取得したのに」という男性に会うことは少なくありません。社会保障制度などの情報を知っていることが選択肢を広げることになるため、情報収集をしっかり行うことが、自身のワーク・ライフ・バランス実現に不可欠であると言えます。

しかし、実際に必要な情報を得ることは簡単ではありません。近年、育児を取り巻く法改正が相次ぎ、自分が見ている情報が最新のものなのか、見ただけでは判別できないことがあります。そもそも普段、法律や社会保障制度に関わっていない人にとっては、難解な言葉や複雑な例外事項が羅列された資料から自分に必要な情報を得ることは困難です。そこで筆者がお勧めするのは、市区町村等が開催している子育て世代向けのセミナーに参加することです。筆者自身、多くの市区町村が主催するセミナーに登壇していますが、その時の最新情報をお伝えできるほか、質疑応答の時間があるため、参加者が知りたいと感じていることに直接、お答えできます。また、このようなセミナーには自分が住んでいる地域の子育て世代が集まってくるため、近所のパパ友を見つけるいい機会となり、ネットワークづくりができるというメリットもあります。セミナーが開催されていなかったり、参加が難しかったりする場合は、厚生労働省が運営している「イクメンプロジェクト」のホームページを見るのが確実です。多くの情報がしっかり分類されて紹介されているため、自分が必要とする情報にたどり着きやすい構成をしています。また、最新の法律や制度の情報が紹介されていることも安心材料です。

3　全力、本気での業務改善や効率化

ワーク・ライフ・バランス実現に向けて、職場では何ができるでしょうか。業務量が多く、人が少ない。「うちの職場では無理」といってしまいたくなる気持ちがあると思いますが、無理といってしまっては始まらないので、できることから始めていきましょう。他社事例から学べることも多いですが、職場ごとに事情が異なるため、一〇〇社あれば一〇〇通りの業務改善があるといわれます。そこで、参考になるのが、内閣府が発行している「三つの心構えと一〇の実践」です。[*4] 何から手を付けていいかわからなくてもこの内容を一つずつ検討していけば必ずヒントが得られると思います。

この中で特に重要なのが、「本気」です。本気で取り組むためには、一人ひとりが業務改善の必要性を実感していることが求められます。自分の鍋にこの具材を入れたいけれども今のままでは入りきらない、仕事の具材をもう少しスリムにしたいと強く思うからこそ、本気で取り組むことができます。やらされ感ではなく、主体的に取り組めるようにワーク・ライフ・バランスの意義を十分に確認しましょう。

業務改善に取り組んでもすぐに大きな結果が出ないことも少なくありません。それでも地道に続けてください。筆者が業務改善の支援を行ってきた企業では、うまく業務改善が進んだ企業もそうでない企業もあります。うまくいかなかった要因はいろいろ考えられますが、共通しているのはすぐに「できない理由」を口にするということです。うちの業界は特殊だから無理、人が少ないから無理などできない理由が次々に出てきます。一方、何とか業務改善の結果を出している企業は、「いろいろ難しいけど、ここはできそうだからやってみようか」といった感じで、とりあえず動き出します。できそうもない難しい状況にぶつかった際、今すぐにできないのか、一人（一部署）ではできないのか、今までと同じやり方ではできないのか、と多方面から分析し、何かできることを見つけていく。このように本気で、前向きに、みんなで取り組んでいけば、少しずつ効果が表れてくるはずです。

このことは職場だけでなく、家庭での育児・家事にも当てはまるはずです。自分がどのようになりたいのか、どうしたいのかを主体的に考えて選択し、その実現に向け全力で取り組めば、多様な生き方の選択・実現が可能となるのではないでしょうか。

4　労使双方への働きかけを続けることの大切さ

筆者が、子育て支援等のイベントで会う子育て世代は比較的ワーク・ライフ・バランスに対する意識が高く、何とかより良くしていこうという意欲を感じる人が少なくありません。一方、企業内の研修等で会う子育て世代の従業員は、意欲的な人は少ないと感じてしまいます。普段の業務に追われ、なかなかワーク・ライフ・バランスということを考える余裕がないのかもしれません。それでも研修を通じてワーク・ライフ・バランスのことを詳しく話すと、研修後は顔つきが変わってきます。日常の業務に追われているだけでなく、ちょっとでも「自分の鍋」について考える時間を持つことが大事なのではないでしょうか。

一方、商工会議所等のセミナーで会う経営者は、まだワーク・ライフ・バランスの推進のメリットを感じている人は少ないようです。ワーク・ライフ・バランスを推進することで短期的には、優秀な人材の確保や定着といったメリットがあります。ただ、それだけでなく、ワーク・ライフ・バランスを推進し子育て世代の従業員の働き方や生き方に変化が起これば、中長期的に見て将来の労働力や消費力を増やすことにつながります。企業としても社会としてもメリットが大きいのです。

ワーク・ライフ・バランスを推進していくためには、従業員の努力だけでも経営側の努力だけでも足りません。労使双方が将来を意識して協力して全力で取り組むことが不可欠です。今後、各支援者の働きかけが労使双方に届き、特に父親のワーク・ライフ・バランスが実現していくことを期待しています。

注

＊1　厚生労働省（二〇一六）『過労死等防止対策白書』。

＊2　厚生労働省「改正育児・介護休業法及び改正男女雇用機会均等法の概要」（http://www.mhlw.go.jp/file/06-Seisakujouhou-11900000-Koyoukintoujidoukateikyoku/0000132033.pdf）

＊3　天野勉（二〇一四）『社労士パパが教える子育て世代のライフプラン』ギャラクシーエージェンシー、三五頁。

＊4　内閣府「ワーク・ライフバランスの実現に向けた『3つの心構え』と『10の実践』」内閣府ホームページ。

あまの　つとむ
天野社会保険労務士事務所所長。
ワーク・ライフバランスコンサルタント。

第 Ⅳ 部

当事者活動の実際

1 当事者活動における父親の子育て支援活動

小崎恭弘

1 父親育児の概念形成

本章においては、父親自身の活動についてその取り組みを中心として考えます。父親が当事者として関わる活動と、その支援についての取り組みです。

父親について最も理解をしているのは、他ならぬ父親自身です。これまで日本において取り組まれていた子育て支援において父親は、一方的にお客さん扱い、あるいは母親の附属的な存在でした。わが国において子育ての主体者として父親が想定されておらず、父親はあくまで母親のサポート役、あるいは子育ての一部を手伝う役割とされてきました。当然その二番手の父親を支える理念や方法などは、ほとんど検討されてこなかったのです。対象者がほとんどいないものに対して、社会的な関心は払われず、極端な言い方をすれば父親の育児については社会的に無視をされ続けてきたと言えます。

父親たちもそのことについて特に関心も、また問題意識も持っていなかったと言えるでしょう。つまり「父親の育児」という事象自体は、古くから存在はしており、また実際には多くの父親たちが育児に関わり、子育てを行ってはいました。しかし社会全体の中で、その父親の育児に対する概念が存在をしておらず、父親の育児を言葉として表現することができなかったのです。行為は存在していましたが概念がないという、奇妙な事象として存在していました。

それが二一世紀に入り「イクメン」や「ファザーリング」などという言葉が生まれ、同時に社会的に認知されるようになり、ここにはじめて「父親の育児」という概念形成ができたのです。二一世紀は日本において、父親育児が発見された時と言えるでしょう。それまでの社会においては「父親の育児」というフレーズを使い話をするときに「父親の育児とは、父親が積極的にそして主体となり、自らの子どもを育てる行為や活動です」という説明が必要であったのです。その説明をしてもなお「父親がどうして子どもを育てることができるのか?」「母親は一体何をしているのか？」「そんなことは子どもにとってかわいそうである」などの意見が交わされていたのです。人々の意識の中に、父親の育児が存在してはいなかったと言えます。

もちろん現代においても、この意見はまだまだ広く存在はします。しかしこのような賛否両論の議論が起きるのも、父親の育児という概念について、多くの人が一定の認識を持っているからなのです。ここに来てようやく父親育児が社会全体において認識されはじめ、議論できるスタートラインについたと言えるでしょう。

このような社会的に父親の育児についての一定の合意形成ができ、議論の土壌が整いました。その中「イクメンブーム」が起こり、その後、言葉と概念と事象が揃いはじめて、「イクメン」が定着し、さまざまなメディアなどにも取り上げられるようになりました。それと同時に父親の育児に関する書籍や「イクメン応援グッズ」などの商品の開発販売などが、さまざまな形で行われました。確実に「父親の育児」が社会的に広がりを見せたのです。

これらの社会全体での父親育児への関心が、当事者の父親たちを喚起させました。父親たちが自ら、父親としての取り組みや活動を始めだしたのです。また自らが父親としてのかかわりができないことや、その問題に対してさまざまなアプローチを始めたのです。ここに父親の当事者活動がスタートしました。

2　父親の二つの当事者活動

古くて新しい取り組みである父親の育児ですが、現在においては大きな二つの方向性がその活動に見られます。それぞれに当事者を中心とした活動であるのですが、そのベクトルは大きく異なります。一つは「父親」を包括的に捉える形の活動です。大きく「父親」自体を対象とした活動や支援と言えます。そしてもう一つは、特定のニーズや対象を絞った活動であると言えます。前者を一般的な父親支援とし、後者を限定的な父親支援とします。

一般的な父親支援は近年、全国での活動が見られるようになってきました。父親サークルやおやじの会といった、父親たちが主体的に自ら立ち上げた活動がその中心となっています。具体的な数は不明ですが、全国では一〇〇程度の父親たちの自主的な活動が見られます。また幼稚園や保育所、認定こども園などでも父親たちが集い、独自のイベントやPTA活動の一環としてさまざまな取り組みをしています。近年は企業内に父親たちのグループなどが見られる取り組みもあり、父親活動の広がりが期待されるところです。

その一つのモデルがNPO法人ファザーリング・ジャパンの取り組みでしょう。一九九六年に創立した日本初の父親支援のNPO法人であり、現在四〇〇名近くのメンバーを抱え全国規模での活動を行っています。この団体のミッションは「笑っている父親になろう」ということで、積極的に育児を楽しむ父親へのアプローチを鮮明に打ち出しています。このファザーリング・ジャパン設立後には、全国に父親支援や父親主体のNPOや自主グループが相次いで創設されました。それぞれの地域で父親たちの活動が、活性化する大きな契機となりました。これまでに全国フォーラムを数回実施しており、全国的な父親支援への活動の発展に大きな役割を果たしています。

またこれら一般的な父親活動とは別に、より社会的な課題や支援が必要な父親たちの活動も近年見られるようになりました。これが限定的な父親支援の活動です。具体的には、父子家庭や障害のある子どもを持つ父親たち、あるいは離婚により親子面会ができない父親や養育に困難を抱える父親たちです。これまでわが国に前提として存在している「子育ては母親が担う」という文化の中で、取り残されてきた父親たちと言えます。

子どもを持ち親になり初めて、父親として存在することができます。親として子どもに対する想いは、母親と父親それぞれでありどちらが優位であるということはありません。夫婦や親子の関係性の中で、それらは形作られ関係性ができ上がるものです。しかし時にそれらがうまく機能しなかったり、さまざまな事情により阻害されたことがあります。そのような場合に当事者としての父親自身の訴えや助けに応じた取り組みや、子どもを取り巻く支援者が父親の支援を行うなどいくつかのパターンが存在しています。どのような取り組みであっても、父親自身を支援することにより、それにつながる家族や子どもたちの幸せを、父親と同時に作り上げていこうとするものです。もちろん父親のみの努力や支援だけで、これらすべてが解決するわけではありませんが、これまで父親への支援がほとんどなかったことを考えると、新しい支援のあり方として大きな可能性を持っていると言えます。

これら一般的支援と限定的な支援の二つそれぞれに共通するのは、「父親」が主語となっている活動であるということです。これまで特に子育てや家族に関わる活動や取り組みにおいて、父親が全面的に主体となるものは、ほとんど見られませんでした。どうしても父親は「二番目の親」「遅れてきた親」「母親のサポート役割」「稼ぎ役割」という、子育てにおいてはセカンドのポジションであったように思います。しかし子どもを育てるという人としての役割の重要性に気づき、子どもの成長の素晴らしさや愛らしさを実感していく中で、父親たちも自らが主体的に子育てに関わる意識が強まってきたのです。このことはとても素晴らしいことであり、また親としての成長につながる大きな一歩であると言えます。同時に次世代を育むという、大きな社会的な責任を果たすことでもあります。そのような人としての成長の機会を、多くの父親が求める思いがこのように父親の当事者活動の根底に存在しています。これらは子育ての文化に大きな変化を与える、極めてユニークな取り組みであると思います。

3　今後の展望

今後の父親の当事者活動の展望ですが、全体を統合化していく形とそれぞれの専門性や特徴に合わせた形で先鋭化していくという、大きな二つの異なるベクトルが作られていくことになるでしょう。これは何も父親支援にかかわらず、社会全体の大きな流れに沿ったものだと言えます。

この社会でしっかりと父親支援が位置づけられていない今日においては、さまざまなレベルでの父親支援に関わる当事者や支援者が、何かの形として集まり父親軸、父親目線での取り組みやかかわりを整えることが必要です。そのことにより、より大きな力となり活動ができますし、同時に社会に対してインパクトを与え、一定の発言力や影響力を得ることができます。そのことが社会的に父親支援を、より良い方向へ誘導する契機となるでしょう。今はあまりに個別的な取り組みや、地域限定での取り組みが主体となっています。それぞれの取り組みが社会的には認知されていませんし、影響力も弱いままです。

ただ子育て支援の一般的な活動は、地域と期間が限定的であり、ネットワークや他団体との共同活動や連携が弱い傾向にあります。つまりそれぞれがあまり大規模なものではなく、身近な保育所や幼稚園や小学校校区などのとても限定的な範囲での活動が中心的なので、あえて他の地域や団体とのネットワークが必要ではないと言えます。

また子どもとの活動が中心になるので、子どもの成長とともに活動が終焉してしまいがちであり、世代の伝承や組織の継続が難しいという面もあります。一般的な父親支援の活動は広く対象者が存在はしますが、組織的な活動や継続的な活動は、脆弱であるということができます。活動内容や規模、また活動期間が限定的であり、ある意味自己完結型の活動になりがちなのです。

そのような地域や活動内容がバラバラにある父親支援活動のハブとなる存在が、今後求められることになると思います。それは行政であったり、父親自身の活動団体であったり、またいくつかの父親に関わるネットワークなどさまざまな形が考えられます。現在子育て支援においても、地域包括が大きなキーワードとなっていきます。地域社会全体で子どもと子育てを支えていく姿勢が、鮮明化されています。地域にある子育て支援のネットワーク化や大きな視点においての包括的な取り組みが、父親支援においても同様に求められることになるでしょう。

こざき　やすひろ
大阪教育大学教育学部教員養成課程家政教育講座准教授。

2　ＮＰＯにおける父親の子育て支援

安藤哲也

1　ＦＪの活動契機と父親の当事者活動

ファザーリング・ジャパン（以下、ＦＪ）は、二〇〇六年に日本でおそらく初めてできた父親の育児・自立支援に特化したＮＰＯ法人。一九九七年に子が生まれ父親になった筆者自身が意識と行動を変えながらやってきた育児体験やネットワークだけを頼りに活動を始めました。

立ち上げのきっかけは、二〇〇三年から取り組んできた父親による絵本の読み聞かせボランティアの活動でした。毎回二〇〜三〇組の親子連れが来てくれますが、私たちは絵本を「教育的に」読みません。読む絵本の種類も真面目なものはほとんどなく、「冒険もの」や「ナンセンスもの」、そして子どもたちも大好きな「うんち」「おしっこ」「おなら」などというビロウな絵本が主流。読み方も上から目線で子どもに「読み聞かせる」のではなく、言葉のキャッチボールを楽しむかのごとく絵本を通して子どもたちとコミュニケーションを楽しむのです。そんなイイ加減だけど楽しい「読み語り」を聴いて子どもたちも笑顔で応えくれます。そして視た絵についていろいろ考えて突拍子もない子どもらしい言葉を発してくれるのです。そんな調子で毎回楽しんじゃうのですが、ある日会場の風景を視ていて気づいてしまったことがありました。

爆笑系の絵本を読むと多くの子どもは腹を抱えて笑ってくれるのですが、中には笑わない子が一人か二人、毎回いることにです。そしてその子の背後をよく視ると「笑わないお母さん」と「笑わないお父さん」が必ずセットでいるのです。「笑わない親とその子ども」が増えていることはなんとなくわかっていました。親が仕事や育児で疲れ果て、余裕を持って人生を楽しんでいないから、そばにいる子どもも緊張してしまうし自己肯定感が育たない。ネガティブな親を見ていると、大人になることに魅力を感じずに、人生に希望を持てない子どもが増えているのではないだろうか、と筆者は考えました。だから筆者は男性の育児が当たり前になる社会を創り、「笑っているお父さん」を増やしたいと考え、父親支援のNPOを立ち上げたのです。

　FJを立ち上げた二〇〇六年。当時、筆者は大企業で働くサラリーマンでした。長女が九歳、長男が六歳。一番下の子はまだ生まれていませんでしたが、祖母祖父が同居でも近居でもない典型的な共働き核家族で、筆者も育児や家事をやらなければ家が回っていかない状況だったのです。そのとき気づいたのは「日本中の若い父親はみんな同じなのではないか」ということ。自分も苦しんだからこそ、父親の悩みを解決したいと考えました。それも設立動機の一つです。その頃はまだ日本では多くの男性の育児参加が世の中に浸透していなかったと思います。仕事をしながら育児をする大変さにすら気づいていなかったと思います。

　筆者も長女が生まれて、二男が小学生に上がるまで一四年間、毎朝保育園に通いましたが、その間、当然仕事をやらなければいけない。最初の頃は残業も多くとにかく時間がありませんでした。「仕事か育児か」の狭間で悩み、笑っている父親にはほど遠い時期もあったように思います。これではいけない、と仕事と生活との調和「ワーク・ライフ・バランス」を取るために、まず考えたのは効率のよい仕事のやり方です。自分なりに働き方を見直し、長時間の残業をやめる。そうして週に二日は早く帰って子どもと一緒に過ごし、妻の話を聞く時間が作れたのです。

　ただ、日本の社会はいまだに残業を奨励するような文化が根づいています。残業せずに職場を後にし帰るのは難しい状況もありました。だから筆者は仕事の成果をきちんと出すことに傾注しました。それを長時間労働や休暇返上でやるのではなく、無駄な業務を減らし、効率よくスピード感を持って仕事することで、割と短時間に成果を出す生産性の高い働き方が身についていったのです。そうすればおのずと生活に使える、家族と過ごす時間や地域活動に使える時間が増えて、ワーク・ライフ・バランスは改善しました。

　子育ての期間は限られているのに、「子どもに会いたくても、仕事が忙しくて会えない」と言い訳する父親が日本にはごまんと存在します。私たちが伝えたいのは「仕事があるから育児ができない」のではなく、「仕事も育児も自らの人生の楽しみ」なのだから、どちらも諦めずにバランスよくできる方法を自分なりに開発していこう、そして仕事も育児も楽しむ笑っている父親になろう、ということです。そういう父親が日本中のあちこちにいれば、日本の子育てが変わってくるのではないかと思うのです。

2　FJの活動の変遷と一〇年間の活動

　FJが活動を始めた二〇〇六年はまだITブームによる経済が好調で、多くの父親は長時間労働をしていたように思います。父親向けのセミナーを開催しても、「関心のある層」の父親やプレパパしか来ないという具合でした。ところが、二〇〇八年九月に起きた「リーマンショック」の余波で日本企業の業績も悪化。残業するほどの受注もなくなりました。その後のFJが主宰する父親向けの講座や企業のワーク・ライフ・バランス研修に参加する男性が急増したのです。

　そんな情況がしばらく続き、これまで関心の薄かった父親たちまでがある程度育児をするようになり、保育園や小児科で父親の姿を多く見るようになりました。その後、大手広告代理店が、育児に積極的になってきた日本の男性を称して「イクメン」という言葉を作り、それが各種メディアでも取り上げられ、二〇一〇年の「流行語大賞」になったのです。なのでＦＪの活動も二〇一〇〜二〇一一年が自治体や企業からの事業依頼が格段に増えました。二〇〇九年にまずはＦＪで開始していた日本初の父親学校「ファザーリング・スクール」を模した「パパスクール」なる講座が、日本各地の自治体（子育て支援課や男女共同参画課等）で開催されるようになるのです。

そうして「イクメン」は言葉とともにその姿も全国に普及し、定着していきました。ＦＪではイクメンの「次」に来るものを予測し、祖父のチカラを子育て支援に巻き込む「イクジイ」の事業や、ＰＴＡなど地域社会でイキイキ活躍する男性を支援する「イキメン」の事業を開始するのもこの頃です。

そしてその後、また大きな局面を迎えます。東日本大震災の発生です。震災の影響で都心でも「一七時退社」などが励行され、家庭にいる時間が長くなり、「震災はいつ来るかわからない。やっぱり最後は家族や地域との絆が大事だ」と感じた父親たちは「家族と共にいる父親になりたい」とますますＦＪのセミナーに来るようになったのです。

その後、日本社会はデフレ経済から脱却できず、また超少子高齢化が顕在化し、活力を失っていきます。そこで政府が二〇一三年頃から「女性活躍」を言い始めます。筆者が大学卒業した一九八六年に施行されたのが「男女雇用機会均等法」。それから三〇年の時を経て、二〇一六年に「女性活躍推進法」が施行されたのです。しかし「女性活躍」というと女性だけの問題と捉えがちですがそうではありません。女性がイキイキと働けるためには、男性を含めた働き方の改革が必須で、また男女の役割分担の意識を変えなければならないのです。

しかし男性の育児休業取得率は遅々として伸びません。二〇一六年の男性育休取得率は二・三〇％。政府が掲げる「二〇二〇年一三％」という目標からもほど遠く、男性の子育て環境は依然として厳しい状況となっています。国は、ここ一〇年で育児・介護休業法や雇用保険法を改正し、男性が育児休業を取得しやすい環境づくりを目指してきたのですが、この取得率の低さはまだ取得する男性側の意識が追いついていっていないことの現れとも言えます。

3　ＦＪは社会に何を伝えたのか

最近は育児に積極的な男性が増えました。世の中の大きな変化を実感します。「イクメン」という言葉も定着し、自宅で赤ちゃんのケアをしているパパは多いことでしょう。しかし父親も育児をするようになればいろいろなことで悩みます。

父親が育児に悩んだり、何となくぎこちないのは決して能力の問題ではなく、おそらく私たちの意識をはじめ社会全体がまだ古典的な男女役割分担意識に囚われているからです。つまり「外で働き、家族を養うこと」が父親の役割で、「育児は母親がやるもの」と思いこんでいる人はまだ少なからずいます。自然体の笑っている父親になるにはまず意識改革が必要だったのです。

しかしまだイクメンの多くは、平日は仕事で帰宅が遅く、「週末だけの父親」になっています。子どもと良好な関係を築きたいのであれば、毎日少しの時間でもいいから子どもに関わることが肝心です。帰れないパパはぜひ両親学級や父親セミナーを積極的に受けてみてください。

育休を取ったり、仕事と両立しながら子育てを楽しむ多様な父親の姿を知り、自分の中の古い意識のOS（オペレーティングシステム）が入れ替わることでしょう。

国や自治体、各企業で男性向けに「育休を取ってみたいか？」というアンケート調査はどれをみても三〇％以上の男性が常に「Ｙｅｓ」と答えています。が、しかし現実は二％。この理想と現実のギャップは何なのでしょうか？　おそらく「取れる環境があるのなら取ってみたいが、うちの会社はとても無理」という人が多いのではないでしょうか。逆に「会社にはしっかりした制度があるのに、女性は使うが男性はなかなか利用してくれない」。そうこぼす企業の人事担当者も少なからずいます。取得した際の給与ロスという問題もありますが、仕事を休むことに罪悪感を抱いてしまう日本人の場合は「職場に迷惑がかかる」「自分がいないと会社が回らない」と勝手に思い込んでいたり、「キャリアに傷がつく」「戻ったら仕事がなくなっているのでは」といった不安感を強く抱いてしまい、このあたりに取得率が上がらない大きな原因があると言えます。

育児やビジネススキル向上	ビジネスでは体験できないこと
▶パートナーへの感謝	○平日昼間は女性と高齢者しかいない違和感
▶子どもに対する愛情の深まり	○子育て施設等のパパの孤独感
▶父親としての責任感の強まり	○社会との断絶感
▶家事スキルの向上	○大人と会話したい渇望感
▶リスク管理能力の向上	○仕事したい衝動
▶作業の同時遂行能力の向上	○社会問題への関心の高まり
▶ストレス耐性の向上	○未来志向や長期的視点

図Ⅳ-2-1　育休ライフの価値

出所：ファザーリング・ジャパン（2014）『新しいパパの働き方』学研教育出版。

父親の育休取得を促すための法律は改正されてきましたが、法律だけで男性の育休取得率は改善するでしょうか？　先にも述べたように、有給休暇の消化率すら五〇％を切るような日本の職場環境で、男性が育休取得を口に出すことは容易ではありません。制度よりも「風土」（職場の空気）をこそ変えるべきなのです。

ファザーリング・ジャパンでは、産後に育休を取ったパパに経済支援等をする「さんきゅーパパプロジェクト」（二〇一一年三月まで）を実施し、五〇名の男性に経済支援を行ってきたのですが好評な結果に終わり、やはり育休促進にはまず所得の補償が有効とわかりました。同時に、取得した男性の後日談では、意識と育児における子どもとの関係性、そして育児スキルやビジネススキルの向上がハッキリと見られました（図Ⅳ-2-1）。

しかしこのような状況下では男性の育児休業を定着させるのは難しく、もはや「自助努力」では効果は期待できません。いっそのこと個人の所得とキャリアをある程度保証したうえで、きちんと「義務化」した方がいいと私たちは考えます。私たちは男性の育休が増えることは日本社会の「静かな革命」だと思っています。仕事ひと筋だった男性のライフスタイルが変わる。人の意識が変われば、社会も変わらなければなりません。そのためにも私たちは「イクボス」という考え方を提唱しています。

4　イクボスが増えれば、働き方が変わり社会が変わる

男女共同参画の講演後のアンケートでも、「自分が仕事終わっても帰れる雰囲気ではない」「育休どころか子どものことで有休すら取りづらい」「管理職世代の意識を変えて欲しい」「うちの頭の堅いボスをなんとかしてくれ！」とい

う声がいかに多いことでしょう。見えてくるのは、やはり四〇～六〇代の経営者や管理職たちの意識や古い価値観ではないでしょうか。

　政府が成長戦略として掲げる「女性活躍」や「出生率の上昇」もなかなか進まない。原因はさまざまですが、多くの企業で相変わらず見られる「男性の長時間労働・休みづらい環境のデフォルト状態」が大きな原因の一つです。核家族で子どものいる女性社員は過度な残業や休日出勤は無理です。でもその配偶者たる男性社員が家庭で機能すればどれだけ働く母親たちは楽になることでしょう。そのことを企業のボスたち（経営者・管理職層）は理解しているのでしょうか。

　だから私たちは満を持して、「イクボス」の育成を始めました。イクボスとは、職場で共に働く部下・スタッフのワーク・ライフ・バランス（仕事と生活の両立）を考え、その人のキャリアと人生を応援しながら人財育成し、それによって組織の業績も結果を出す。また自らも仕事と私生活を楽しむことができる上司（経営者・管理職）のことを指します（対象は男性管理職に限らず女性管理職も含みます）。

　イクボス像をわかりやすく説明すると、子育てや介護をしながら働く部下の状況を正しく把握し、状況に応じてフォローできる上司。たとえば職場で女性のスタッフから妊娠を告げられた時、「おめでとう」と言わずに「困ったなあ」などと言ってしまうのは論外です。あるいは部下の子どもが保育園で熱を出したと聞いた場合、スタッフを再配置して難局を乗り切り、部下には「こっちは大丈夫だから、安心して迎えに行ってあげて」と言えなければならない。「もう帰るのか。これでは戦力にならないじゃないか」などと言ってしまうのはボス失格なのです。

　また、部下に育児や介護がある場合はそのことに配慮して、業務の時間的効率を高めるスキルもイクボスには求められます。夕方や夜からの会議はもちろんあり得ませんし、打ち合わせや管理業務で部下の時間を余計に奪わない配慮も必要です。「男は遅くまで働いて当然」「休日出勤も文句を言うべからず」「単身赴任は断る余地のない命令だ」。そんな価値観を持って組織を統率するリーダーのもとでは、いくら一人ひとりの父親が「家事や育児も頑張りたい」と思っても空回りするばかりです。それどころか上司から「意欲のない部下」というレッテルを貼られ、職場で居場所を失いかけているイクメンたちを何人も見てきました。育児は妻に任せっきりで仕事に没頭してきた五〇代の管理職たちの意識こそが、「夫婦で一緒に子育てしたい」という若い世代の大きな壁になっているとハッキリわかったのです。

　イクボスは、多様な働き方を応援し、リーダーとして組織の生産性を高めようと力を尽くせる上司のことです。仕事一筋だった管理職たちが「笑顔のイクボス」になれば、職場のワーク・ライフ・バランスは一気に進み、社会に変化を及ぼすと考えます。

5　今後のＮＰＯ活動の課題と展望

　これからは男性の生き方も多様化する時代。最近では、妻が主力で働き家計の多くを担い、夫が主に家事・育児をする「主夫」モデルの家庭も増えています。おそらくそれは男性性の衰退ではなく、進化なのだと思います。そう、ＦＪのモットーは「仕事も育児も楽しむ生き方をしよう」です。仕事だけをしていれば幸福感を持てた時代とは今は異なり、これからは仕事も生活も楽しめる人生を求めるし、それを男性でも考えられるようになってきたということではないでしょうか。男性だってようやく家庭や地域で活躍できる時代が到来したのです。

　そして個人もキャリアについて考え直す時代です。長時間労働を前提にしない働き方を身につけ、仕事も育児も、趣味も地域活動なども楽しめる。そんな「寄せ鍋型のワーク・ライフ・バランス」で生きることが、新しい時代の「幸せの物差し」になります。

　そこでＦＪでは「イクメンの五段活用」を提案します。

　①　男性が父親になり、家庭でまず「イクメン」になる。

　②　イクメンも子どもが幼児期・学童期になると、次は「イキメン」（地域で活躍する男性）になる。

　③　イキメンはＰＴＡ会長などを担うため、女性のマネジメントが上手くなったり、多様性を認めるようになるので、職場で「イクボス」になれる。

　④　イクボスとして会社で活躍した男性が定年後は、「イクジイ」（孫育てや地域で子育て支援の活動をする中高年男性）になる。

　⑤　そして図らずも家族が要介護になったとき、「ケアメン」（介護する男性）になれる。

　これがイクメンの五段活用。子どもが生まれたらまずは育児にしっかりコミットすることで、その後の男性の人生は成長・進化していくというストーリーです。働き方が多様になり、男女の役割がボーダーレス化することでいよいよ男性も自分の生き方を選択できる時代になってきました。ＦＪの活動フィールドにおいても、育児と仕事の両立に悩むパパは相変わらず多く、子どもが生まれたら「ワーク・ライフ・バランス」のために起業や転職をする人も続出しています。父親の皆さんには、これからは変化を「進化」ととらえ、一度しかない人生を、家族や仲間と楽しんでほしいと願います。

　最近は企業においても、休暇制度の充実や「副業」を認め、社員の多彩なキャリアを応援するところが出てきました。終身雇用や年功序列が普通だった時代とは違い、企業も社員を会社に縛り付けるのではなく、多様性を推進し、社員のさまざまが能力やネットワークを事業に活かそうとしているのかもしれませんし、事実そういう企業がインターネットやグローバルが当たり前の今の時代を生き抜いていくことになるのでしょう。

「よい父親でなく、笑っている父親を増やす」

　ファザーリング・ジャパンは昨年が設立一〇周年。これからもこのコンセプトで父親の支援活動を続けていきます。

あんどう　てつや
特定非営利活動法人ファザーリング・ジャパン　ファウンダー／代表理事。

3 父子家庭が抱える固有の課題と支援のあり方

村上吉宣・水野　奨

1 父子家庭の実態と社会的課題

1 データから見る父子家庭の実状

厚生労働省の「ひとり親家庭等の現状について」（二〇一五年）によると、二〇一一年時点の父子家庭数は、一九八八年の調査から五万世帯増え二二・三万世帯、ひとり親家庭の一五・二％にあたります。そのうち、父子のみで生活する世帯は九・一万世帯で、父子家庭のおよそ六割が親族の助けを得ることなく一人で生計を立て、家事や育児をもこなす環境にあります。

ひとり親になった理由としては、離別が七四・三％、死別が一六・八％、未婚が一・二％です。一九八八年と比べ離婚による割合が一八・九％増加し死別が一九・一％減少していますす。そして、同年にはデータ上存在していなかった未婚による父子家庭が表面化しました。

死別と離別とでは、親戚や世間の受け入れ方は大きく変わってきます。不可抗力の死によって夫婦を分かった場合には、周囲は同情し援助を惜しみません。妻の親族との関係も継続します。しかし離別の場合には、妻の親族は疎遠となり、世間もまた自己責任、自業自得と審判し非協力的となります。さらに離婚に至った理由の詮索は、父親だけでなく子にまで及ぶのです。

次に父子家庭の就労状況を見てみると、就業率は九一・三％（うち、正規雇用八七・一％、非正規雇用一二・九％）と一般世帯と比べ差はありませんが、平均年収については一般世帯男性の五〇七万円から大きく下がり父子家庭は三六〇万円に、非正規雇用にいたっては一七五万円と経済的にたいへん厳しい状況にあります。父子家庭の収入は急速に下がり続けており、一〇〇万円以下の世帯が増加傾向にあります。非正規化は単に収入減となるだけでなく、社会保険および雇用保険未加入による生活基盤の不安定さをうかがい知ることができます。また離別の場合、養育費の取決率は母子家庭の三七・七％（受取率一九・七％）に対し、父子家庭は一七・五％（受取率四・一％）、生活保護受給率においても母子家庭の一四・八％に対し父子家庭は八・〇％と低く、過半数の父子家庭は平均年収が減収しているうえに、他からの経済支援を受けていないことがわかります。

ひとり親家庭の相対的貧困率は五四・六％と、大人が二人以上いる世帯（一二・四％）に対し極めて高く、必然的に子どもにも影響します。父子家庭の高等教育への進学率は、全世帯平均の五三・七％の半数、二三・九％足らずです。

以上から、「父子家庭の就労は安定し、収入も多いため経済的支援は必要ない」という通説は誤りであると言えます。正規雇用としての立場と収入を守るために長時間労働に投じれば、税金や国民健康保険の掛金は上がり、保育など外部サービスの負担も増します。もちろん父子の時間も減り父子分離も懸念されることを、私たちは理解しておかなければなりません。

ただし、先の厚生労働省の調査をはじめ、現存の父子家庭に関する資料だけではその実態を明確に把握することはできません。その理由として、まず父子家庭の実数が少なく統計が取りにくいためです。それゆえ、父子家庭についての資料はわずかで、父子家庭が直面する課題は非常に見えにくいのです。現段階においては、断片的に明らかにされている資料から仮説的に検証するしかありません。今後、父子家庭への支援について活発に議論し対策を講じるためにも、父子家庭がもつ苦悩と、その背景に潜む要因を追究する調査・研究がより一層求められます。

2　父子家庭が抱える苦悩

大阪市の「大阪市ひとり親家庭等実態調査」（二〇〇八年）は、父子家庭の生活実態と課題をより浮かび上がらせる内容となっています。〈ひとり親家庭になったときに困ったこと〉という設問（複数回答可）では、父親たちは「仕事と子育ての両立が困難だった」（五五・二％）、「経済的に困った」（四三・八％）、「子どもの教育（進学）やしつけのことで困った」（三六・五％）、「子どもが情緒的に不安定になった」（三三・三％）、「自分が精神的に不安定になった」（二九・二％）、「子どもをみてもらうところがなかった」（二一・九％）、「家事の仕方がわからなかった」（二〇・八％）と回答しています。父子そろって突然の事態に困惑し、先の見通しが立たないまま生活がスタートします。彼らの悩みは、不慣れな家事や育児だけではありません。父子家庭の多くは、世帯主として住宅や自動車のローンの返済途中にあります。生活費、養育費、ローン返済を捻出しなければいけませんが、家庭役割を理由に従来の働き方はすぐさま限界をむかえ、残業の抑制、雇用形態の変更、転職により減収し窮地に立つケースもあります。こうした「隠れ貧困」状態は、父子家庭の特徴の一つと言えます。

続いて、ひとり親家庭になって平均五〜六年経た父子家庭が〈現在困っていること〉（複数回答可）は、「経済的なこと」（五七・三％）、「子どもの教育（進学）やしつけのこと」（三三・三％）、「子どもの健康や精神的なこと」「家事や子どもの世話のこと」（いずれも三一・三％）、「自分の健康と精神的なこと」「仕事のこと」（いずれも二八・一％）、「住宅のこと」（一六・七％）です。

年月を経ても経済的不安定さから脱却できず、かつ複数の課題を同時に抱え続けています。しかし二割の父親は、そうした困難に直面しても周囲に相談し援助を求めることはなく、その数は母子家庭の二倍に相当し、父子家庭は母子家庭以上に孤立無援のなか奮闘しているのです。

3　父子家庭を追い込むジェンダー課題

日本社会には、ひとり親家庭に対する偏見や差別が存在します。かつて、ひとり親家庭は社会病理学・家族病理学のなかで、両親がそろう「正常な家族」に対置して、「欠損家族」「問題家族」など、社会的に逸脱した家族形態として取り扱われていた時代もありました。

先の大阪市の調査では、ひとり親家庭であるということで偏見や差別を受けた経験のある父子家庭はおよそ二割と報告されています。たとえば隣近所や保護者会では「奥さんを近ごろ見かけないわ。逃げられたのかしら」と好奇の目、裁きの目をもって噂され、職場では上司から「早く新しい嫁をもらって、昔のお前に戻れ」、同僚からは「毎日定時に退社して、いいご身分だ」と肩身の狭い日々を送ります。転職を試みるも、面接官から「子どもがいては、まともに仕事できないでしょう」と向き合ってもくれません。子どももまた、ひとり親という理由で友人グループから疎外され傷つく体験をもちます。

こうした偏見や差別の解決につながる相談先はなく、親子それぞれが堪え続けるしかありません。彼らが相談できる機関を増設し、利用促進を図ることと同時に、本当に必要なことは、死別・離別のみならず、婚姻の有無による差別をすることなく父子家庭や未婚のひとり親家庭を包括すること、ひとり親家庭が異質な家族形態ではなく多様な家族形態、ライフスタイルの一つとして受容していくための啓発です。これまでは、母子家庭を主としてひとり親家庭の研究や支援に取り組まれてきましたが、今後は男女平等の思想と子どもの立場にたって、父子家庭への理解を深めていかなければなりません。

また、子どもが母親を失った悲しみや不安から情緒不安定となる一方で、父親も状況を飲み込めないまま不慣れな家事にひどく困惑します。

父親として毅然にふるまい生活の建て直しを図るも、「母性神話」をはじめ日本社会に根づく母子一体を前提とする子育て観が立ちはだかります。社会的・文化的に形成された性差（ジェンダー）によって、男性もあるべき姿や言動、生き方は当たり前のように固定化され、母子家庭とは異なる父子家庭固有の課題を生じさせています。先述した父子家庭に関する資料が少ないことも、「子育ては、母親がすべきもの」というジェンダー・バイアスが根底にあり、父子家庭を見えにくくさせてきました。

世間は、母親を失った子の喪失感を父親はフォローできないと見ており、父子の希望に反し児童福祉施設や親きょうだいへ預けること、再婚を勧めます。父親はそうした社会的通念に振り回され、自他が描き上げた理想の母親像と自身を比較し、母親役割を担えない自分の無力さを痛感しています。さらには、男性は強さと成功を求められ、泣き言や弱音を吐くことも許されません。父親自ら家庭を優先しワーク・ライフ・バランス両立の道を選んだとしても、今日の時間軸を基準とした人事評価において出世競争から取り残され、敗者としての烙印を押されます。周囲に相談し助けを求めることを躊躇し、家庭や職場の悩みを一人抱え込んでしまうのです。経済的貧困、時間的貧困、ジェンダー・バイアスの三重苦によって、父親たちの心理的ストレスは高まり、憂うつ感、モチベーションの低下、未来に対する悲観、自己肯定感情の低下など、否定的な感情を持ちやすくなります。

そして父親のメンタルヘルス悪化は、親子関係にダイレクトに影響を与えます。父親が経済的・時間的な余裕を失うと、建設的に子どもと接するポジティブな子育ては難しくなり、次第に子どもとのかかわりは弱まり子どもの要求や変化に鈍感となります。子どもの情緒面や知的発達に影響を及ぼす事態に気づくのは、親子関係が著しく悪化した、あるいは子どもが問題行動を起こしたときです。さらに、心からゆとりが失われると、児童虐待を誘発する可能性も高まります。実際、ひとり親家庭における児童虐待発生率は一般家庭より高まる傾向にあります。

　こうした負のスパイラルに陥らないよう、父子家庭の経済的貧困を防ぐ施策のほか、ジェンダーの視点をもって父親たちのメンタルヘルスケアに取り組むことが優先課題と考えます。

　ワーク・ライフ・バランス支援においても、それが二人ペアで保証されるものであってはなりません。ひとり親が育児の主体者となりながらも、仕事と家庭、地域活動を安心して継続していくことのできる社会システムが保障されなければならないのです。

4　父子家庭の食生活

　父子家庭における食生活の貧困も、大きな課題です。先の大阪市の調査では、「家事に困っている」と回答した母子家庭が一％未満であるのに対し、父子家庭は二〇倍にも上ります。父子家庭となってはじめて包丁を握るも上手くいかず、栄養も偏ります。結局出来合いの弁当や総菜、インスタント食品、外食で済ませ食費は嵩むばかりです。

　男性は、これまで家事能力を訓練されることなく育ち、「男は仕事、女は家庭」という通念を疑わず、家事・育児を女性の領域として妻に任せてきました。そうした性別役割分担の意識が、男性の生活的自立を阻んでいます。父子家庭支援の一つとして、基本的な家事能力を習得する機会を提供する必要があります。

2　セルフ・ヘルプ・グループがもつ有用性と可能性

　父子家庭は、地域においても孤立しやすいことが特徴です。父親たちの通勤時間ならびに労働時間は、一日平均九〜一一時間です。そこに家事や育児が加わっているため、地域活動に参画する余裕はありません。そうした中で、いかにロールモデルと出会い、地域や子育てに関する情報を入手し、相談し協力する関係性を築いていくのかが、父子家庭の最大の課題です。

　一九八〇年代から父子家庭当事者によるセルフ・ヘルプ・グループが拡がりをみせ、今日においてはソーシャル・ネットワーキング・サービスも活用し全国的な活動が展開されています。

　たとえば、筆者の一人である村上が代表理事を務める「全国父子家庭支援ネットワーク」は、主に母子家庭のみを対象としている支援制度の拡充を求める活動を軸とした政策提言を行っています。ひとり親家庭は有権者の一％程度、父子家庭の比率となれば〇・二％程度と考えられます。これまで父子家庭は、母子家庭と比べ正規雇用率や年間収入が高いという数値から福祉の対象から外されてきました。

　しかし、近年になって当事者団体が連携して声をあげたことで、父子家庭が抱える課題はようやく顕在化し、かつ主体的に行政に働きかけたことで父子家庭支援は大きく前進しました。

　二〇一〇年、それまで母子家庭のみを対象とした児童扶養手当が父子家庭も受給対象となりました。二〇一三年には、高等技能訓練、自立支援教育訓練給付金、母子家庭等就業・自立支援が、二〇一四年には遺族基礎年金と母子寡婦福祉資金貸付が拡充されました。そして同年には、「母子及び寡婦福祉法」が「母子及び父子並びに寡婦福祉法」へと改称されるなど、父親たちの声が法改正を手繰り寄せたのです。

　全国父子家庭支援ネットワークの活動は、政策提言だけではありません。自主的に学習会を開催し、子どもとの接し方、家事の工夫、働き方の見直し方について、当事者がともに学びを深めています。その際に父親間で情報を共有し、互いの体験や思いに共感し、普段から相談し合える相互扶助の関係を構築しています。また、他の当事者団体や父親の育児参画を支援する団体とのネットワーク化にも積極的に取り組んでいます。団体内外での父親間の交流が盛んになることは、多様な生き方・働き方があることへの気づきをもたらし、選択に迷いが生じたときには的確なアドバイスと勇気を与えてくれます。

そして、仲間からあるがままの自分を受容される経験は自己肯定感の維持につながり、その後の選択・決定にも良い影響をもたらします。

次第に、弱さを見せまいと相談や助けを求めることを頑なに拒んできた父親たちも、「助け上手、助けられ上手」な関係を育んでいきます。

また家族ぐるみの交流によって、子どもの情緒的安定と心理的発達が期待され、さらに父子そろって第二・第三の居場所が増えることで、父子の良好な関係をもたらします。

現在、母子寡婦福祉協議会は全国的にひとり親家庭の支援に取り組んでいますが、既存する父子家庭のセルフ・ヘルプ・グループの活性化、および新設団体の発起を側面から支援することもまた、これからの地方公共団体の役割として期待されます。行政、当事者、民間NPO、そして企業がつながることができれば、加速度的に父親たちの声を拾い上げ、多様な視点で具現化していく土台が形成できます。

3　父子家庭を支える支援制度の概要と課題

今日におけるひとり親家庭の支援は、母子及び父子並びに寡婦福祉法、児童福祉法、児童扶養手当法を主な根拠とし、次の四つの側面から展開されています。

① 子育て・生活支援

母子・父子自立支援員による生活一般や貸付金に関する相談、家事援助や保育のための低料金制ヘルパー派遣、ショートステイやトワイライトステイなど子育て短期支援、学習支援ボランティアの派遣などによる子どもの悩み相談

② 就業支援

就職支援、就業相談・講習会・就業情報の提供、家庭ニーズに応じた自立支援プログラム策定、看護師・保育士・介護福祉士など就職に有利な資格取得の助成

③ 養育費の確保

養育費相談支援センターや地方自治体における相談、面会交流支援

④ 経済的支援

児童扶養手当の支給、子どもの進学に要する費用など母子父子寡婦福祉資金の貸付

これら諸制度は、先述したとおり近年になって父子家庭へ拡大され、市町村の担当窓口や福祉事務所で相談、利用が可能です。たとえば、父親が自立に必要な技能習得のための通学や転職活動、病気などを理由に日常生活に支障をきたす場合、家庭生活支援員などが訪問、あるいは家庭生活支援員の自宅において乳幼児の保育や家事を代行してくれます。保育所や放課後児童クラブについても、父子家庭の子どもは優先的に入所できます。残業や出張、育児疲れなど身体的・精神的負担の軽減が必要となり家庭での育児が一時的に難しい場合には、最長七日間まで子どもを児童養護施設などで預かるショートステイ、平日の夜間または休日に児童養護施設で預かるトワイライトステイも利用可能です。

そして、父子家庭への福祉施策において最も象徴的な児童扶養手当制度は、一八歳に達する

日以降の最初の三月三一日までの間にある児童（障害児の場合は二〇歳未満）を監護し、かつ生計を同じくする父親にも、所得や児童数によって手当が算出・支給されます。ひとり親家庭にとって、命綱にひとしい制度にあたります。

このほか、条件によっては医療費助成や所得の寡夫控除、住民税が非課税となる制度もあります。東京都の児童育成手当など独自にひとり親家庭の経済的支援に取り組んでいる自治体もあるほか、水道・下水道料金の福祉減免措置、JR通勤定期券の割引も受けることができます。

以上のように、父子家庭への各種支援はここ数年で大きく前進し、ようやく母子家庭並みの支援を受けられるようになりました。しかし、父子がともに無理を重ねやっとの思いで食いつなぐような支援では不十分です。まずは、最低限の生活保障を福祉・教育の両面からなす必要があります。子どもの最善の利益や権利を重視しながらも、養育環境を保持する父親の自立支援と、彼ら自身が人生を再デザインすることができるサポートも重要です。

また、近年では男性からのDV被害相談が急増していることから、今後は妻からのDVを理由とした離婚も増加すると考えられます。ただし、DVに関する相談も男性たちは沈黙する傾向にあります。DV被害者である父子の保護、自立支援をどう現行制度に組み込んでいくのかがこれから検討すべき課題です。死別時のグリーフケアと併せて、心のケアにも持続的に取り組んでいかなければなりません。

4　父子家庭支援をとおして社会を再構築する

父子家庭の父親は、親であることを放棄せずに生きようとするかぎり、強い意思を持って自己変容を続けアイデンティティをつくり変えていく大変な作業をともないます。それは、これまで男性たちが中心につくり上げてきた性別役割分担に基づく社会通念に真っ向から対峙します。終身雇用、長時間労働に何ら疑いを持つことなく当たり前のように身を粉にして働いてきた父親たちが、死別や離別から真剣に家庭と向き合う経験を持って、別の角度から社会を解釈しはじめます。家族とは何か、仕事とは何か、会社とは何か、地位とは何か、地域とは何か、そして社会の仕組みを客観的に見つめ疑問を持ちはじめるのです。

彼らやその子どもの声に耳を傾け、父子家庭への肯定的・共感的理解を深めることは、その家族を支える仕組みを根本から見直すとともに、多様な生き方や働き方を尊重し、支え合うことのできる社会を再構築することにつながります。

今こそ父子家庭をはじめとするひとり親家庭に着目し、実態と課題を顕在化させ、社会全体で考え取り組んでいくことを提唱します。

参考文献
春日キスヨ（一九八九）『父子家庭を生きる』勁草書房。
厚生労働省（二〇一五）「ひとり親家庭等の現状について」。
大阪市（二〇〇八）「大阪市ひとり親家庭等実態調査アンケート」。
重川治樹（二〇一二）『父子家庭が男を救う』論創社。

むらかみ　よしのぶ
全国父子家庭支援ネットワーク代表。
みずの　しょう
特定非営利活動法人ファザーリング・ジャパン関西。

4 障がい児と父親の支援、活動

橋 謙太

二〇〇五年四月に「発達障害者支援法」が施行されてから一一年。昨年、二〇一六年には同法が改正されました。近年、LGBTをはじめとする社会的マイノリティが注目を集める中、発達障がいも同法がきっかけとなり、年々認知度が上がっています。筆者の娘は二〇〇二年生まれで、発達障がいだということがわかったのが三歳。「発達障害者支援法」を意識していたわけではないですが、結果として同法の施行と共に親子で今日まで歩んできました。

本章では、認知度が上がってきているとはいっても、まだまだ一般化されていない日本の発達障がい児を取り巻く現状、課題、今後について触れていくと共に、当事者、非当事者の父親たちの役割、重要性について提唱していきます。

1 発達障がい児を持つ父親の現状

昨今の日本では「イクメン」ブームが起こり、父親の育児参加率、関心は年々上がっています。しかし、育児休暇取得率一つを取ってみても先進国中、日本は最低水準にあります。では、そもそもこういった父親の育児参加率の低い日本社会の中で、発達障がい児を抱える父親は、子どもとどのように関わっているのでしょうか。

アメリカでは、自閉症の子を持つ夫婦の離婚率は八〇％といわれています。真偽はともかく、こういった話が出るほど自閉症を抱える家庭の状況は大変です。仮にこの話を信じるとすると、一般的に二組に一組が離婚しているアメリカでも、この数値が高いことがわかります。因みに日本での一般の離婚率は、おおよそ三組に一組といわれています。[*1] アメリカとは、価値観、社会環境が違うので一概には言えない部分もありますが、傾向として自閉症児（障がい児）を抱える家庭の離婚率が高いということは言えそうです。実際、筆者の肌感覚でも、同じ障がい児を抱える友人たちからも同じような感想をもらいますし、娘の通う学校の家庭をかえり見ても、あながち間違っていないと思っています。

では、なぜ障がい児を抱える家庭は、健常児の家庭と比べ離婚率が高いのでしょうか。筆者が発達障がいに関する講演等を行った際に母親から「父親が子どもと関わってくれるようにするにはどうしたらよいか」と相談されることがよくあります。もちろん、筆者は父親であって、こういった相談を受けやすいといったこともあるのでしょうが、彼女たちの相談の裏には、母親一人での子育ては厳しいという思いが強く表れています。そこには、一般的な子育ての講演にいる、父親にもっと育児参加をして欲しい、という母親より切実な印象を受けます。

　中学校の保護者会で、こんな体験をしました。保護者会は、通常学級でも父親の参加率は低いのですが、特別支援級ともなると父親の参加は皆無です。娘が特別支援級に通い始めて五年間で、二〇～三〇人のクラスの中で、筆者以外の父親が出席したのはたった一回です。その時に出席した父親は、普段は保護者会には出席しないものの、運動会や学習発表会には積極的に出席して子どもの写真を撮ったりと、比較的子どもと関わろうとしている父親です。その父親でさえも保護者会の各保護者のあいさつで開口一番「今日は（母親の）代理で来ました」と話しました。主体はあくまで母親で、父親は客体。もしかしたら、この父親の感覚は、健常児の家庭の父親と寸分変わらないのかもしれません。しかし、母親が父親に求める子育てに関する切実さは、障がい児と健常児の家庭では決定的に違うのです。こういった主体であらねばならないと思う母親、客体である父親、こんな潜在的な意識が結果的に母親を追い詰め、父親への期待が諦めに変わり、そして離婚につながる可能性を多分に秘めているはずです。

　しかし、障がい児を抱える父親たちの中にも、母親と一緒に悩み、子どもと積極的に関わり幸せになっている家庭もたくさんあります。

2　発達障がい児と父親の関わりの実際

1　メインマンプロジェクトとは

「メインマンプロジェクト」は、NPO法人ファザーリング・ジャパンの一プロジェクトです。ファザーリング・ジャパンは「良い父親でなく、笑っている父親になろう！」をコンセプトに父親の育児支援を行っているNPO法人で、その中から「メインマンプロジェクト」は、発達障がい児を支援する目的で、二〇一四年から活動を開始しました。立ち上げからプロジェクトリーダーとして、首都圏を中心に、定期的に勉強会やフォーラム等を行っています。メンバーは、当事者の父親はもちろん、当事者ではないけれど発達障がいに関心のある父親、母親、そして地域の方、大学教授等です。

　立ち上げのきっかけは、地元での活動です。小学校は通常級でスタートした娘でしたが、通級（通常級に通いながら一週間の内、一定の時間または曜日、個別の指導を受けられる学級）には通っていたものの小学三年生の後半、人間関係、勉強等で、いよいよついていくことができなくなり、特別支援級（特別な支援が必要な児童、生徒のための少人数の学級。通級に対して固定学級といわれることもある）のある隣の小学校に四年生になると同時に転校しました。そこの小学校には伝統のある親父の会「稲城第三小学校父親ネットワーク」があり、父親として、より子どもと学校にかかわりを持つ必要があると感じ入会しました。

　「父親ネットワーク」では、毎月一回定例会を開催し、定例会の前に各分野で働いたり活躍したりしている父親が交代で三〇分の「ミニセミナー」をやっていました。筆者の場合、娘のことがあったので、学校行事や親父の会のイベントで娘を含めた特別支援級の子ども、および通常級にいるちょっと気になる子どもを「父親ネットワーク」の父親たちが少しでもサポートしてくれると子どもたちが楽しく過ごせる、という思いで、発達障がいの特性や基本的な接し方について話しました。聴講した父親たちは、とても熱心に聞いてくれ、その後のイベントで、特別支援級の子どもたちに通常級の子どもたちと同じように接するようになりました。たとえば、マラソン大会で子どもと並走してくれたり、お祭りの出店で子どもたちに売り子をやってもらい、わかりやすい指示で対応してくれました。

このセミナーをやって良かった点は二点です。まず父親たちが、特別支援級の子どもたちは、前々から気になっていたもののどのように接すればよいのかわからなかった。それが対処の仕方を理解したので、子どもたちに壁を作ることなく、気軽に接するようになった点。もう一点は、イベントでどんな子どもにも当てはまるユニバーサルな対応をすることにより、特別支援級に通う子どもたちが、イベントに参加しやすくなったことです。地域の人々のかかわりが重要なことは以前から感じていましたが、地域での理解が、発達障がい児の生活を豊かにするということを身を持って感じた出来事でした。

地元での父親たちの発達障がいの理解が進むのは大変うれしい出来事ではありましたが、より積極的に当事者の父親と情報を共有したい、悩みを相談したいという思いも強くありました。発達障がい児を持つ母親の集まりは、数多くあります。しかし、共に語らい活動する地元の友だちは母親ばかりです。一方、父親は多くはありません。先に触れた特別支援級の保護者会のように、地元の通常級よりも父親という分母が少ない中で、発達障がい児を持つ父親と接触するというのは、なかなか難しいことです。それならば、地域からエリアを広げ、東京都、全国にはきっと同じ悩みを抱えた父親がいるはず、という考えがよぎってきました。

2　プロジェクトの目的

「メインマンプロジェクト」のキーワードは「子ども」と「母親」、そして「父親」。そしてもう少し掘り下げた目的が三つあります。

①障がいを理解し障がいを理解してもらおう

当事者の父親が、子どもの障がいを容認、理解をする、というのはもちろん、地域の父親を含めた人たちに発達障がいのことを理解してもらうことも重要な目的としています。地域の人々が、発達障がいを理解することで、偏見、誤解がなくなり、障がいを持つ子どもたちが少しでも過ごしやすい環境で成長できることが大切です。

②パートナーと協力して障がい児を育てよう

先に述べた離婚率の問題でも触れた通り、発達障がい児のいる家庭の父親の役割は健常児の家庭より、より重要です。離婚率以外にも、うつ病になる母親の率も健常児の母親より高いという調査[*2]もあります。母親がうつ病になり、子どもを理解しようとしない姿勢では、状況は悪化するばかりで、父親はますます家庭から遠ざかり離婚につながります。負のスパイラルは、誰も幸せになりません。父親が、子どもに、妻に寄り添うことにより、子どもの理解が深まり、妻とも信頼関係が生まれます。うつ病になることもなく、もしかしたら健常児の家庭よりも、より視野の広い実りの多い家庭を築くこともできるかもしれないのです。

③障がい児を地域のみんなで見守り一緒に育てよう！

地域の人々が、発達障がいを理解して子どもたちを見守ってくれたら、当事者の家族にとっ

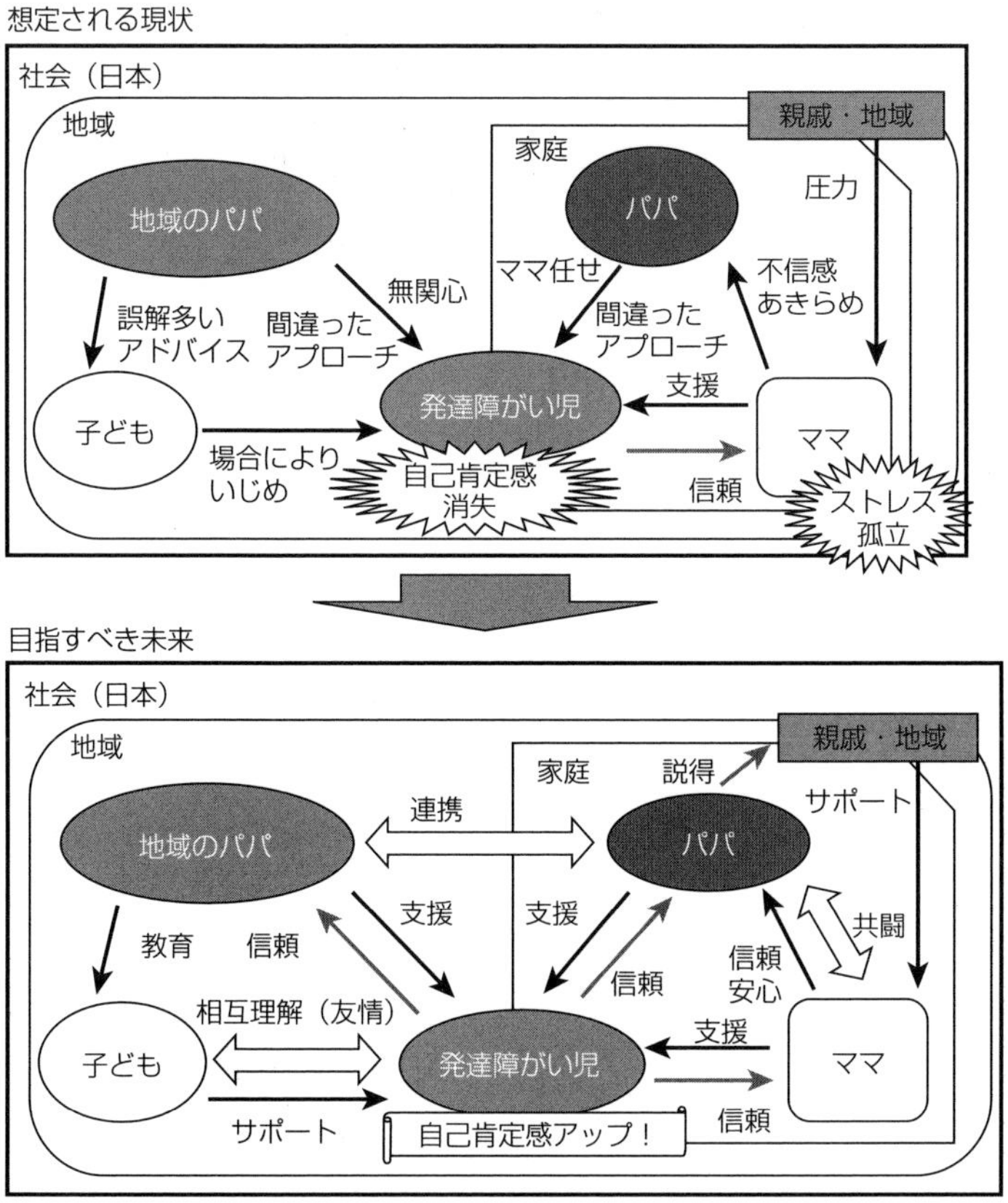

図Ⅳ-4-1　発達障がい児が過ごしやすいダイバーシティな地域・社会の創出
出所：ファザーリング・ジャパン「メインマンプロジェクト」。

ては幸運なことです。そのためには、当事者の父親は、地域の人々に自分の子どもの障がいについて話さなければならないでしょう。最初は隠したいかもしれません。父親としての気持ちの整理も必要です。母親との認識合わせも大切です。いじめに会うかもしれない。そんな不安もあるでしょう。でも時間はかかるかもしれませんが、それでも子どもが生活する地域の人々に障がいを理解してもらうことは、サポートという意味でとてもプラスになることです。地域の人にとっても、何か変な困った子どもと思うのと、障がいがある子どもと思うのでは、対応や許容が違ってきます。カミングアウトは、とても勇気のいることですし、タイミングや置かれた環境の状況にもよるかとは思いますが、子どもにとって、家族にとって、地域にとって、とても重要なことなのです。

　これら三つの目的を、活動を通して具現化し多くの発達障がい児が、高い自己肯定感を持って楽しく充実した生活をおくれる社会に一歩でも近づけていくのが「メインマンプロジェクト」のテーマとなります（図Ⅳ-4-1）。

3　活動内容

　本プロジェクトの中心となっている活動が「メインマン・カフェ」という首都圏在住の父親を中心に行っている勉強会および情報交換会です。勉強会といっても堅苦しいものではありません。約二カ月に一度、平日の夜の一時間半、関心のある人が集まって開催しています。当事者の父親は、最近の自分の子どもの様子や課題、悩み等をオープンに語ります。それに対して他の参加者が、感想や経験、対応策等を伝えます。当事者でない父親には、地域活動をする上で、発達障がい児に、どういった対応をしたらよいか当事者の父親がアドバイスします。時には、専門家を呼んで話を聞きます。

　この「メインマン・カフェ」に参加する当事

者の父親から出る話は興味深く、また参考になります。発達障がいといっても、特性は子どもによってさまざまです。発達障がいは、自閉症スペクトラム（自閉症・アスペルガー症候群・特定不能の広汎性発達障がい）、ＬＤ（学習障がい）、ＡＤＨＤ（注意欠陥・多動性障がい）、知的障がい等々の総称です。さらに、多くの子どもが、それらの障がいを複数持っているケースが多いのです。父親たちから出る具体的な事例は、ある子どもには参考になったり、ある子どもにとっては全く参考にならなかったりします。たとえば、時間にこだわりのある子どもには細かい時間の指示が重要になってきますが、時間の理解が弱い子どもにとっては細かすぎる時間の指示はストレスになります。さまざまな父親の体験談が関心をよんだり、笑いを誘ったりもします。集まる父親の悩みは多く苦労の連続です。しかし子どもに対する愛情は、参加者皆が持っていて自分の子どものことを話したがっています。ただ、そういった場が母親と違って、なかなかないのが現状です。「メインマン・カフェ」は、そういった父親たちが情報を共有し、悩みを吐露できる場となっており、貴重な機会を作っていると自負しています。また、非当事者の父親たちにとっては、新鮮な内容ばかりなのはもちろんのこと、発達障がい児への対応は健常児にも有効なことも多いので、地域にいる発達障がいの子どものサポートに少しでも役に立つ存在になってくれているはずです。

また「メインマンプロジェクト」では、専門家に講演をしてもらったり、当事者の親の座談会をやってみたり、さまざまな形でフォーラムを行っています。フォーラムは、父親向けとはしているものの、母親ももちろん参加できます。そして参加する当事者の母親の多くが、父親に期待、そして失望していることが多いのです。先に書いたようにフォーラム中、フォーラム後、父親がどうやったら協力してくれるのか、どうやったら理解してくれるのか、祖父母をどう説得したらよいのか、堰を切ったように話しかけてくる母親、泣きながら相談にくる母親に会います。まだまだ、子育てを母親に任せっきり、母親の育て方が悪い、と責める父親、祖父母が多いことを感じます。相談された場合には、こちらの連絡先を伝え、対応の仕方等、情報共有できるようにしています。

今後「メインマンプロジェクト」では、いくつかのあらたな取り組みを行っていきます。一つは首都圏でやっている「メインマン・カフェ」を他地域でも開催していくことです。仙台、広島、各地で有志を集い開催する予定です。また、父親向けの発達障がい児ハンドブックの作成を検討しています。そしてスピーカーを増やすこと。「メインマンプロジェクト」の主力メンバーにスピーカーになってもらい、各地で話をしてもらいます。発達障がいの理解、さらに父親への理解は、地道な活動が必要なのは「メインマンプロジェクト」の母体である「ＮＰＯ法人ファザーリング・ジャパン」が行っている「イクメン」の啓蒙活動と同じです。人の、父親の、母親の、地域の人の意識改革が重要になってきます。

4　「いなちち（稲城父親の会）」

先に触れた「稲城第三小学校父親ネットワーク」のほかにも、筆者の住む東京都稲城市の各幼稚園、保育園、小学校、中学校には親父の会があります。娘が小学三年生まで通っていた小学校にも「城山小学校熱血組！」という親父の会があり代表を五年務めました。その間に他の園、学校の父親たちと「いなちち（稲城父親の会）」という組織を設立しました。市内の親父の会の連合体で約二〇の会が参加しています。

そして、子ども向けのイベントをする傍ら「いなちち」内に「メインマンプロジェクト」と同じような発達障がい児を支援するプロジェクトを立ち上げました。メンバー集めをした際、筆者の娘が障がいを持っていることは、周りの父親は知っており、結果「実は、私の子どもも」という当事者の父親、支援したいという父親が一〇人以上手をあげてくれました。地元に悩みを共有できる父親がいないと思い立ち上げた「メインマンプロジェクト」でしたが、実は地元にも共有できる父親がいたのです。活動を通じて感じたことは、実は悩んでいる父親は、どこにでもたくさんいるということです。ただきっかけがないだけであり、きっかけさえあれば、声をあげてくれるということです。そういった意味でも「メインマンプロジェクト」を通して父親たちが各地で、活動してくれることを期待しています。

3　関わる人すべてが「母親が」という概念を捨てることが父親の支援を促す

今までは父親からの側面での話でしたが、発達障がい児の支援という角度では、もう一つ重要なポイントがあります。それは、障がい児の支援は母親がやるもの、といった社会の価値観、および母親自身がもっている価値観です。残念ながら、発達障がい児に関わる人々や当事者の母親が、父親を排斥しようとすることもあります。

以前、娘のために入ろうとした障がい児の団体に筆者が入会しようとした際、担当の人が「お母さんの連絡先を教えてください」といってきたことがあり、「私ではダメなのでしょうか」と質問すると「お母さんでないと」という回答でした。結局、わが家の場合は父親が対応するということで納得はしてもらいましたが、これに近いことはその後何度か経験しました。

問題なのは、こういった支援に熱心であり、かつ善意で活動している人の中には、子育ては母親でないと可哀想と考えている人がいることです。父親が関わることが子どもにとって不幸と思っている点です。あとで聞いたことですが、地域によっては療育センターに親と子が通うことを〝母子通園〟というところもあると聞きました。今後、こういった社会通念が母親に負担を強いるような価値観を変えていかないと、発達障がい児を抱える母親はどんどん追い詰められていきます。

発達障がい児を支援していく上で、関わる人たちの意識が、母親、父親という性差でなく「子ども」を中心に物事を捉える、行動を起こす、といったことが実は一番重要なことなのです。結果として支援の手は、母親、父親、地域の人等々と二倍にも三倍にも増えていきます。そのためにも、まずは志のある父親が地域に出て行き、発達障がい児の理解を深める、支援をするといったことが既成の価値観を打ち破るために、大変重要になってきます。そしてその行動こそが、障がいを抱える子どもたちにとって過ごしやすい家庭、地域、社会の創出へとつながるのです。

注

＊1　厚生労働省（二〇一六）「人口動態統計の年間推計」（参考）。

＊2　日本障害者リハビリテーション協会（二〇〇九）『厚生労働科学研究費補助金障害保健福祉総合研究成果発表会報告書「高機能広汎性発達障害児の母親の抑うつについて」』（参考）。

はし　けんた
特定非営利活動法人ファザーリング・ジャパン メインマンプロジェクトリーダー。いなちち（稲城父親の会）代表。

5 児童虐待加害者としての父親への支援

野口啓示

1 どんな活動をしてきたか

筆者は児童虐待の防止等に関する法律が施行された二〇〇〇年当初より、某県児童相談所の依頼を受け、「児童虐待防止保護者カウンセリング事業」[*1]の嘱託カウンセラーとして、児童虐待加害者となった保護者へのカウンセリングを随時実施してきました。その対象者は母親が多かったのですが、父親へのカウンセリングを実施する機会をたびたび持つことができました。ここでは、父親へのカウンセリングを実施した経験から得られた知見を踏まえながら、父親への支援の必要性やその特徴を述べたいと思います。

2 ペアレント・トレーニング

筆者は児童虐待加害者となった保護者へのカウンセリングをペアレント・トレーニング[*2]を用いて実施してきました。ペアレント・トレーニングを用いたのは、それが児童虐待を防止するためのスキルをわかりやすく保護者へ教えることが可能であることから、保護者にとっても取り組みやすく、かつ短期の支援で効果が得やすいからです。

筆者が用いたペアレント・トレーニングはソーシャル・スキル・トレーニング（Social Skill Training 以下、ＳＳＴ[*3]）の方法を子育てのスキルアップに応用したプログラムです。ＳＳＴで特徴的なモデリング学習とロールプレイを活かし、子育てにおける子どもをしつける方法を経験的に学習できるようになっています。また、このプログラムの特徴は、児童虐待の原因を保護者の精神的な問題に求めず、保護者と子の有害な相互関係上の問題と捉えている点です。この視点からすると、児童虐待を防止する援助の焦点は有害な保護者と子の相互作用となり、それを維持する連鎖を断ち切ることに置かれることになります。児童虐待、中でも身体的虐待のケースでは、保護者が「しつけのために叩いた」ということが多くあります。子どもの問題行動を抑えるのに、暴力的なしつけに依存し、それ以外のしつけの方法がとれず、保護者の暴力的なしつけが虐待にまでエスカレートするのです。暴力的なしつけは、はじめは威力を発揮することが多いのですが、時間とともに子どもはこれらの手段に慣れてしまい、服従しなくなり、親の暴力的なしつけをエスカレートさせてしまいます。[*4] そしてこの暴力的なしつけは保護者と子どもの関係にもダメージを与え、そのダメージが子どもの問題行動や親への不服従を強めることが報告されています。これをしつけのバッドサイクルといいます。援助の目標は暴力的なしつけから、それ以外のしつけ（ほめ、教えるといった肯定的なしつけ）を保護者にさせることからグッドサイクルを実現させることです。

3　児童虐待加害者としての父親への支援の必要性

児童虐待の数は減る気配はなく、毎年増加の一途をたどっています。児童虐待の防止等に関する法律が制定された二〇〇〇年度の全国の児童相談所で児童虐待相談として対応された件数が一万七七二五件だったのに対して、二〇一五年度の虐待対応件数は一〇万三二八六件に上りました。このことが意味するのは、助けを必要としている家族が増加しているという点です。児童虐待が問題となるのは、児童虐待に苦しむ子どもが多くいるということ、そしてその影響が大人になっても続くという事実です。

また、日本でよく取り上げられるのは、主たる虐待者は実母が一番多く（五〇・八％）、次いで実父（三六・三％）そして実父以外の父（六・〇％）となる点です。海外の統計を見ると、実父等が主たる虐待者の一番目にあがることが多く、実母が一番にあがることの特殊性がよく話題となります。実母が一番の主たる虐待者にあがることの理由としては、それだけ女性に育児の負担が集中していることが影響しているとも考えられています。しかし、警察庁から出されている児童虐待の検挙状況を見てみますと、二〇一五年に検挙された八一一件の内訳は、実父が四一・四％と一番高く、次いで実母が二二・二％、そして養・継父が一八・七％となります。内縁の夫等を含めますと、七五・七％が父親等になります。この数字を見てみますと、検挙までに至る重度の虐待になると父親が多くなるということが言えます。児童虐待の防止そして予防を考えると、父親への支援は外せるものではないのです。

4　児童虐待加害者としての父親への支援の特殊性

児童虐待加害者となるのは被害を受ける子どもの保護者となるのですが、支援ということを考えるときに、児童虐待のケースにはある特殊性があります。それは、児童虐待が保護者の行動上の問題（虐待行為そのもの）を主題にしているのにもかかわらず、虐待行為といった問題が、虐待行為をしている保護者自身がその問題により被る影響のためではなく、子どもに及ぼす影響のために関心がもたれるということです。[*5] つまりは本人がその問題により被害を受けないので、問題を認識させることから支援を始めなければならなくなります。保護者は虐待において自らが困るということがないので、支援を必要と感じていないことが多いのです。そのため、児童虐待加害者への支援では、支援への動機づけをどのように行うのかという作業から始めなければならなくなります。

筆者が行うペアレント・トレーニングを用いたカウンセリングでも、この問題は避けることができません。ほぼすべての保護者からカウンセリングを受けることへの不満が聞かれました。「なぜ自分はカウンセリングを受けなければならないのか」「自分がしたのは本当に虐待なのか」と不満や怒りをカウンセラーにぶつけられることが多くありました。そこで、まずはその気持ちを受け止めながらカウンセリングを開始してきました。関係性の構築が重要となるのです。

しかし、児童虐待ケースのカウンセリングでは、このように共感のみをしていてはいけません。それはこのカウンセリングが児童虐待の防止を目的としている、つまりは保護者の虐待行動を止めさせるために行っているからです。親の怒りや不満に共感はしますが、してはいけないことはいけないと伝え、虐待以外の方法でしつける方法を教えなければなりません。これらの特殊性を考えるとき、構造が明確に規定され、プログラムに沿って実施できるペアレント・トレーニングの有効性は高いと筆者は感じています。

これらの特殊性は父親・母親といった性別を問わずに生じるのですが、父親と母親を比較すると、実際の臨床場面の中で、これは父親の特徴ではないのかと思われることが浮かんできました。以下では、児童虐待の加害者としての父親に実施したカウンセリングの中で、筆者が父親の特徴として感じた事柄を父親の語りを紹介しながら考察をしていきたいと思います。

1　秩序を保たねば

身体的虐待で子どもが施設入所となった父親とのカウンセリングの中で、「どのような家庭にしたいですか」と尋ねたときに、その父親は「笑顔が絶えない明るい家庭です」と答えました。一瞬、「虐待をしていて、よく言うな。殴っといて明るい家庭になる訳がないやろ」と思いましたが、そのあとの父親からの語りから、父親が感じるプレッシャーの結果、虐待に至ってしまったのではないかと感じました。その父親は「子どもたちが言うことを聞かずに悪いことばかりをするので、妻も私も怒ってばかりになる。こんなにも怒ってばかりだと笑顔が絶えない明るい家庭にはならない。だからこそ、子どもたちにきちんとしつけをして、家庭内を平和にしようと思って……気が付いたら子どもを殴っていたのです」と語りました。「子どもがよくなれば、殴らなくていられるようになる」。この考えは一見、短絡的なようにも響きます。しかし、これは真実です。子どもが保護者を怒らせるようなことをしなければ、もちろん子どもを叩く必要はなくなります。ただ、子どもが保護者を怒らせるようなことをしなくなるために、保護者が暴力を使うとき、先に紹介したしつけにおけるバッドサイクルが生じ、問題行動は減るどころか、増えてしまうのです。ここで紹介した父親は家庭の秩序を保つためにも、自分が父親として、子どもに言うことをきかせなければならないというプレッシャーにがんじがらめにされていたのです。

また、別の父親は妻から子どもを叱ってほしいといわれると、ついつい手が出てしまうといいました。妻から「子どもたちは私だけのときは、ふざけてばかりで全然言うことをきかない」と訴えられた場合、男性としての父親の暴力のスイッチは入りやすいように感じます。そして、この場合も、父親は家庭を守るために取った行動が暴力的になりやすいということです。父親は子どもと敵対し、妻を守ろうと子どもに暴力を振るうのではありません。家庭の秩序を守るために、子どもがどのように振る舞えばよいのかを教えたかっただけなのに、思わず暴力的なしつけになってしまったのです。

2　なめられる存在にはなりたくない

「子どもはできるだけほめてください」との言葉に、ある父親は「子どもをほめたら、親をなめてきませんか?」といいました。その父親に「子どもはほめても、親をなめてきません。それは、目上の人だからこそ、目下の人をほめることができるからです。部下は上司をほめないでしょ。上司だからこそできるのです」と答えたところ、非常にびっくりしていました。それはこれまで、この父親は子どもになめられたらいけないとほめることをしてこなかったからです。「上から（アップ・ポジションから）ほめたらいいのです」とほめることを勧めましたが、いまさらそんなことはできないと言われるので、「よくやった」と殿様になったつもりで子どもの行動を認めてくださいと頼みました。その父親はそれならできそうだと最後には納得しましたが、子どもとの関係に力関係を持ち込まれることは多く見られます。親子関係には明確な差があり、大人と子どもとの関係であるにもかかわらず、子どもと勝負してしまうのです。特に、ほめるとき、「なんで私が下にならないといけないのか」と感じることが多いようです。何度も言いますが、ほめることは子どもに対し下手に出ることではないのです。でも、父親としての威厳を保たなければという無言のプレッシャーは、時として、子どもになめられるといけないのでほめないという極端な思いを生み出すことがあります。

また、「何度言っても同じことをするので、殴った」というのもよく聞かれます。これも、「子どもがしつこく同じことを何度もするのは、父親としての自分をなめているからだ」と感じた結果、力の差を見せつけるために殴るという行動に至ったということです。子どもが父親をなめているということが原因で同じ問題行動をし続けているのではないのにもかかわらず、子どもが言う事をきかない状況は父親のプライドを傷つけるようです。

3　殴ってくれた父に感謝している

「今の自分があるのは父が殴ってくれたからだ。殴ってくれた父に感謝している」。こんな言葉も父親からはよく聞かれます。そして筆者は今まで、母親がこのような言葉を発したのを聞いたことがありません。「母に厳しくしつけられたのがよかった」と母親が言うのは聞いたことがあります。しかし、「殴られてよかった」と口にする母親に会ったことはありません。男性と女性は違うのだと感じます。

そして、この「殴られてよかった」という信条は強く、なかなか変化させることができません。児童虐待の防止のために働く支援者としては、この父親の信条をなんとか変えようとアプローチするのですが、「殴ってくれたからよかった」と暴力を肯定する信条を持つ父親にとって、暴力を否定することは自分の生きてきた道つまりは人格を否定する言葉だと多くの父親は感じてしまうようです。そのためか、児童虐待の加害者と支援者との間で、「殴ることはよい、わるい」で議論になり支援が中断してしまうということがよくあります。

児童虐待にまで至ってしまったという暴力性を正当化したいという気持ちが父親にないかといえば、もちろんその気持ちはあるでしょう。ただ、「父親から殴られたからよかった」と言ってしまった場合、それはよくないことだと言われてしまっては、その人の生育歴を否定してしまうことにもつながってしまうという側面があり、配慮が必要になるということです。

5　児童虐待加害者としての父親支援の可能性と今後

児童虐待加害者としての父親へ実施したペアレント・トレーニングを用いたカウンセリングの中から筆者が父親の特徴だと感じる事柄を「秩序を保たなければ」「なめられる存在にはなりたくない」「殴ってくれた父に感謝している」という三つの語りから整理しました。そして、この三つの語りはいずれもが父親としてのプライドに関係するものだと言えます。父親として、家族の中でその存在感を維持し、家長として振る舞わなければならないという考えは知らず知らずのうちにプレッシャーになり、そのため、父親としての力を見せつける意味でも暴力というものが優先されるのではないかと考えられます。

筆者は児童養護施設で一八年間勤めました。駆け出しの若いころ、女性の職員から「男らしくがつんと叱ってください」と言われることにプレッシャーを感じることが多くありました。「男らしくがつんと叱る」、この言葉が言わんとしていることはわかるような気がします。しかし、この言葉をどのように実践したらよいのでしょうか。筆者もそうでしたが、怒鳴りつける等の暴力性を伴った表現になりやすいのではないでしょうか。

児童虐待の加害者には父親・母親のどちらの場合もあります。しかし、父親への支援をする中で、父親が「男として、こうあるべき」と自らにプレッシャーを与えた結果として児童虐待にまで至ってしまったのではないかというケースが少なくないことを感じてきました。父親と母親で違いがみられたのです。

児童虐待の支援をみるとき、全国的にも父親への実践報告が少ないのが現状です。父親が主な加害者であるのにもかかわらず、仕事等を言い訳に支援を受けたがらないということがよく起こります。もしかしたら、この支援を受けるということも、父親にとっては、支援を受けるほど弱いということを眼目につきつめられることのように感じるのかもしれません。

筆者はこれまで児童相談所と連携し父親へペアレント・トレーニングを用いたカウンセリングを行ってきました。父親にとって、はじめの敷居は高いようですが、カウンセリング受講者のドロップアウトの率も低く、効果も感じられます。ペアレント・トレーニングでは、親と子の相互作用に注目し、どのようにコミュニケーションを行うのかということを教え、練習していきます。他のカウンセリングと違い、心の問題よりも、行動を取り上げていきます。心の問題を取り上げない分、自分自身の弱さ等を問題にせずにすみ、父親の持つコンプレックスを刺激しないので、父親に安全・安心感を与えられているのかもしれません。

父親の支援を行う中で、感じるのは、父親は支援を必要としていない訳ではないということです。ただ、防衛機制が母親よりも強く働くのではないかと考えられます。そういった男性に特有な心の動きにも配慮しながら支援の輪を広げていきたいと感じます。

注

＊1　児童虐待防止保護者カウンセリング事業の要綱によると、この事業は「第一条・児童虐待を行う保護者自身（以下、保護者）も被虐待体験を持っていたり、家族内の問題や経済的理由、さらには児童の特性が養育を困難なものにしていることなど、さまざまなストレスを受け、心の問題を抱えている事例がほとんどである。本事業ではこのような保護者に対して、専門の学識経験者や心理療法士等により心理的なカウンセリング（以下、心理治療）を行い、保護者の心理的な葛藤や不安を和らげ、あるいは育児方法の改善により、虐待の防止や家族の再統合の促進を図り、児童の福祉を向上させることを目的とする」とある。

＊2　筆者がアメリカのペアレント・トレーニングを参考に作成したものとして、野口啓示『むずかしい子を育てるペアレント・トレーニング――親子に笑顔がもどる一〇の方法』明石書店がある。

＊3　SSTとは生活の中で必要とされる対人的行動スキルの効果的な獲得を目的として、構造的かつ体験的に学習を図れるよう開発されたプログラムである。日本語としては、生活技能訓練、社会生活技能訓練、または社会的スキル訓練と訳される。

＊4　エイザー、S・T（一九八九）山上敏子・大隈紘子監訳「被虐待児の親訓練」『共同治療者としての親訓練ハンドブック』二瓶社、五六一‐五九七頁。（"Training Parents of Abused Children." In C. E. Shaefer and J.M. Briesmeister (Eds.) *Handbook of Parent Training Parents as Co-Therapists for Children's Behavior Problem.* New York: John Wiley & Sons.）

Kuczynski L. (1984) "Socialization goals and mother-child interaction: Strategies for longterm and shortterm compliance." *Developmental Psychology,* 20: 1061-1073.

＊5　前掲書＊4。

のぐち　けいじ
福山市立大学教育学部准教授。

6　父親のＰＴＡ支援

川島高之

「父親のＰＴＡ支援」には、「父親が、ＰＴＡを支援する」という父親が主語という側面と、「父親を、ＰＴＡ参画しやすいように支援する」という父親が目的語という側面があります。そこで、これら二つの側面を、総合商社の勤務や会社社長という「しごと（ワーク）」、家事や子育てという「自分ごと（ライフ）」、そしてこのＰＴＡやＮＰＯという「社会ごと（ソーシャル）」という三つを同時にやってきた筆者の経験と、他例を交えながら述べていきます。

結論から言うと、前者の「父親がＰＴＡを支援」というニーズは非常に大きいのです。父親がＰＴＡに参画することで、教師の多忙さやＰＴＡの形骸化など多くの課題を軽減させることができるからです。また後者の「父親を支援する」必要もあります。ＰＴＡや学校行事に父親が参画するためには、「男は仕事、女は家庭」という固定的な性別役割分担意識や、長時間労働で休暇も取りづらいという職場環境を改善し、彼（父親）の上司の意識改革が不可欠です。

1　ＰＴＡの現状と課題

1　嫌われているＰＴＡ？

ＰＴＡに加入しない保護者や、ＰＴＡを解散した学校も増えていますが、なぜＰＴＡを敬遠する傾向が高まっているのでしょうか？

まず保護者からは、

「仕事があるので日中に学校なんかに行けない」

「意義を感じない、つまらない」

「効率的にやろうとすると、反発される」

「新しいことをやろうとしても、反対される」

など、ネガティブな声をよく耳にしました。

ネガティブなのは保護者だけではありません。「ＰＴＡのせいで、かえって多忙になった」という教職員の話を時々聞きます。地域の住民たちからもＰＴＡに対し、「我々は学校に協力しているのに、学校やＰＴＡは何ら地域に協力してくれない」という声もあります。加えて、ＰＴＡとは「子どもたちのため」の存在であるにもかかわらず、「ＰＴＡって何をやっているのか知らない」と思っている子どもたちが多数います。

2　ＰＴＡの意義

ＰＴＡが敬遠されるままでいいはずはないです。筆者は、ＰＴＡ（や類する組織）こそ、子ども教育にはなくてはならない存在だと思っています。

まず、子ども教育には、家庭・学校・地域の「三位一体」が必要であるにもかかわらず、「新設反対」、「運動会がうるさい」など学校と対立している地域、過剰な要求をする保護者に振り回されている学校、新住民と旧住民が対立している地域、など少なくありません。これらを解消し、家庭・学校・地域が三位一体となり、子ども教育が良い方向に進むためには、ＰＴＡのような潤滑油の組織が必要なのです。

また、コミュニティの希薄化に直面している地域にとっては「ＰＴＡが地域活性化の役に立つ」という意義があります。「世界で一番多忙な日本の教師たちと中堅教師の不足」で苦労している学校に対しては「ＰＴＡが教師のサポーターになる」という役割があります。「子育てに無関心な父親のせいで、一人で子育てを抱え孤立している」母親に向けて、「ＰＴＡが時には代打役」を果たすという意義もあります。

そう、子ども教育にとってはもちろん、地域社会、学校や教師、そして家庭や保護者にとって不可欠な存在であるＰＴＡ。では、形骸化させず、ヤラサレ感ではなく、活性化させ積極的な参画者を増やすにはどうすればいいのか？　その一つの解決策が「父親によるＰＴＡ支援」です。

2　父親によるＰＴＡ支援

では、「ＰＴＡの課題」を、父親たちがどうやって解決してきたかの具体策を述べてみます。

1　保護者が参画「したく」なる

まず、保護者がＰＴＡに「参画したくなる」ためにやってきたことをあげてみます。

①　ＰＴＡ参画のメリットを言い続けたこと
②　面白い企画をドンドンやったこと
③　父親たちを巻き込んでいったこと
④　楽しんでいる姿を見せつけたこと
⑤　配布物を雑誌風にしたこと
⑥　「全ては子どものために」というモットーを掲げたこと

ＰＴＡ参画の一〇大メリットは後述しますが、その他について説明してみます。

人は「面白そう・楽しそう・見返りがありそう」と思える事に関心を寄せますので、ＰＴＡ関連で何かを企画する際、「保護者にとって得ることがあるかどうか」を一つの判断基準にしました。単に運動会の準備を保護者に依頼するのではなく、協力してくれた人にはテント内での観覧席を用意しました。形式的なＰＴＡ総会ではなく、教師たちへの質問コーナーやゲームを総会に取り入れました。おやじの会や他の父親たちを、敷居の高いＰＴＡではない機会で気軽に参加をしてもらうよう声をかけました。そうやって、ＰＴＡ関係者や協力してくれた保護者同士が、時には子どもたちと一緒に「楽しんでいる」姿を他の保護者たちに見せつけるのです。

配布物にも工夫をしました。従来の「春うらら、保護者の皆様、いかがお過ごしでしょうか……」のような堅苦しい内容ではなく、雑誌風なカジュアルさと語りかける語調で、読んでみたくなるＰＴＡ会報誌にしました。そして「Ｐ

ＴＡ活動の全てが、子どもたちのために」というミッションを全面に出し、保護者全体で共有してもらうよう仕掛けていきました。

２　保護者が参画「しやすく」なる

ＰＴＡに参画したいという気持ちが芽生えても、実質的に参画できないようでは絵に描いた餅です。そのためにやってきたことは、

①「決めていく」習慣化
②「やらないこと」を決める
③稟議制度の導入
④役割分担の明確化と、相互補完体制
⑤会議を、平日と週末、昼と夜に分散
⑥情報共有や伝達の仕組み導入　です。

筆者がＰＴＡ役員になって感じたことは「誰も決めようとしない、いつまでも決まらない」ことへのストレスでしたので、筆者が物事を決める役割を担いました。

「やらないことを決める」ことも大切です。形骸化していることや過去の慣習に固執していることが多数ありました。たとえば、ＰＴＡ会議で配るお茶とお菓子、一字一句同じの議事録作成、役員強制参加の講演会などです。

またわが校では、古紙代が収入の「特別会計」の使途ルールが定まっておらず、何を買うかでもめたり、結論がでないということがしょっちゅうでした。そこで金額に応じて役員だけで決める・委員会で決議・総会で諮るなどのルールを定めました。

また、会議を平日と週末、日中と休日を交互に開催し、会合に出られない人のために、情報共有の仕組みも導入しました。

３　教師、地域、子ども

ＰＴＡの意義や存在価値を高めるために、保護者以外の利害関係者である教師、地域、子どもへの対応も必要です。

まず、「ＰＴＡは教師のサポーターだ」という概念を保護者間で共有し、教師や学校への負担を増やさない、いやむしろ減らすよう努めることです。印刷物を保護者だけでやる、ＰＴＡイベントも保護者内で完結、夏祭りに夜回りする教師の数を半減、保護者クレームにはＰＴＡが前面に立つことで、教師に余分な時間を取らせないようにしました。

「ＰＴＡは、地域にも役立つ」という主旨で、地域活動への保護者の参加を促したり、登下校で見守りしてくれている地域の人々に子どもたちからお礼状を渡すような仕掛けもやりました。

「子どもたちにもＰＴＡを理解してもらおう」ということで、子ども参加型のイベントや、子ども向けのＰＴＡ会報誌なども作成しました。

3　やったことによる効果

さて、こうやって、保護者が参画したくなり、しやすくなるようにしながら、教師、地域、子どもたちにも認められるＰＴＡにしてきたことで、さまざまな効果が得られました。その中でまず、ＰＴＡに参画した父親自身にとってのプラス効果を述べてみます。

１　父親にとっての効果

父親にとっての効果や得たことを、「ＰＴＡの一〇大メリット」として、ＰＴＡの宣伝にも使ってきました。

①　知人や友人が増える

地元での知り合いが増えたことは、何よりもの財産です。

②　視野が広がる

職場の常識は世間の非常識だが、異質な人々と接してきたことで、自分の視野が広がりまし

た。

③　居場所が増える

家庭というセカンドプレイスに続き、「地元」というサードプレイスができました。

④　仕事力がアップする

段取り力、マネジメント能力、コミュニケーション能力など、仕事能力が向上しました。

⑤　先生たちと親交を深められる

教職員との距離が縮まり、相互信頼も生まれるようになりました。

⑥　学校教育に（少しは）参画できる

ＰＴＡ主催のイベントなどを通じて、子どもたちへ体験学習やキャリア教育などを提供できました。

⑦　学校に行ける

平日の昼間、「何々君のパパだ！」と言われながら校舎に入っていくのは最高の気分でした。

⑧　わが子との距離が縮まる

わが子の同級生たちや学校について知るようになり、わが子との共通話題にも事欠きません。

⑨　子育て・子ども教育の幅が広がる

他の保護者や学校の教育方針を目のあたりにすることとなり、非常に役立ちました。

⑩　そして、ともかく楽しい

まあともかく、ＰＴＡ活動は楽しい。可能ならもう一度やってみたいものです。

2　母親にとって

夫（父親）のＰＴＡ参画が、妻（母親）にとってもプラスになることが多くあります。まず、妻が楽になります。たとえばワーキングマザーが、「私は忙しいから会議に出られません」と言おうものなら、専業主婦ママたちから「何、じゃあ私はヒマってこと！」と集中砲火を浴びる可能性があります。一方、夫の場合は、一時間出席するだけで「忙しいのにありがとうございます」と感謝されるのです。妻がやるよりも夫がやるほうが、効率化が図れることもあります。

また、ＰＴＡに参画することにより夫は、学校や子ども教育に関心を高めてくれます。「学校や子ども教育は妻任せ」という家庭では、妻が一人で学校や子ども教育を抱え込むことへのストレスなどが問題としてあげられています。

加えて、週末は家でゴロゴロ、老後はやることがなくて濡れ落ち葉に、という夫ではなく、現役時代はもちろん老後も、地元で夫のやることや知り合いが多数というのは、妻のストレス軽減につながるでしょう。

3　子ども、学校、地域にとって

子どもにとっても、父親のＰＴＡ参画は、いいことがあります。子どもが小学生なら、父親が学校で活躍するのはうれしいものですし、男性の目線でのＰＴＡイベントを行うことで幅が広がり結果、子どもの楽しさも増します。また、地域の子どもたちと顔見知りになる父親が増えることは、安全向上にもつながります。

4　今後のＰＴＡと父親たちへの期待

1　ますます高まるＰＴＡ（的）な存在

これからの子ども教育や学校現場、そして地域社会や家庭環境、さらには企業や経済動向などを考えると、ますますＰＴＡやそれに類する組織の存在意義が高まると思います。

偏差値偏重の親や学校が増えていている中、子どもたちには教科書的な学びで認知能力を高めるだけではなく、勤勉性・責任感・好奇心・想像力・積極性・コミュニケーション能力、協調性・利他性・共感性・自己肯定感など、いわゆる非認知能力を育むことが大切です。これら非認知能力を育むために子どもたちは、多様な経験や社会経験をしていくことが望ましいです。

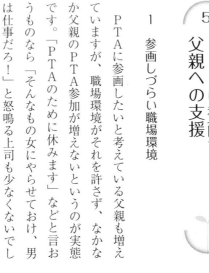

筆者が代表のＮＰＯ法人コヂカラ・ニッポンでは、「地域に役立つこと」を通じて子どもたちは伸び、また子どもたちの参画により地域も活性化する」というコンセプトで、子どもたちの「本番のキャリア教育」機会を提供しています。たとえばシャッター通りの商店街を盛り上げるイベントや、地域の特産品の開発販売などに子どもたちが「お客さんではなく主催者（運営者）側」に回るという事業です。

このような「社会での本番体験＝本物のキャリア教育」を学校任せにしているところが見られますが、それは教師への負担が重過ぎます。地域（の企業や商店街）も、一任されるには腰が引けるでしょう。だからそこをＰＴＡが補い、このような本番の体験を子どもたちに提供できるイベントを企画していきたいものです。そこまでいかなくても、学校や地域のお祭りで子どもたちに販売体験させるとか、教師と親と子どもたちによるスポーツ大会を企画するなど、気軽なイベントでも十分です。

また、新興住宅地やマンションが多い地域でのコミュニティ作り、子どもの貧困やいじめ、引きこもりなど問題も山積です。これらを誰が解決していくのか？　国や自治体任せではダメで、やはり保護者たちが自分ゴトとして、ＰＴＡなどの組織を使いながら関与していくしかないと筆者は思っています。

2　パパ、出番ですよ！

そこで、パパ（父親）の登場です。前述した本番の社会体験学習には、「父性」が欠かせません。本番の体験学習などを学校やＰＴＡに提案すると、「それは危ないから」とか「過去に例がないから」、「やり方がわからない」などの理由で、なかなか取り入れてくれないことも少なくないのです。リスク負担が難しい学校や自治体だけだとそうなってしまいがちです。だからこそ、「少しくらい危なくてもやっちゃおうぜ」、「例がないからやるんだ」、「大変だけど面白そう」と、父性の発揮、親たちの参加が不可欠となります。

また、この本番体験には、仕事上のノウハウや技術を持っている親たちが、いかんなくそれらを発揮してくれます。学校のお祭りで、ポスター作りや表計算などのパソコン技術、大きな物を運ぶトラック運転、イベント全体を取り仕切るプロジェクトマネジメント、食材仕入れ先との交渉、楽しいゲームを考える企画力、などは全て、仕事上で得たノウハウや技術です。

では、ＰＴＡや学校に参画する父親を増やすにはどうすればいいのか？　最後の節でそれを述べてみましょう。

5　ＰＴＡに参画する父親への支援

1　参画しづらい職場環境

ＰＴＡに参画したいと考えている父親も増えていますが、職場環境がそれを許さず、なかなか父親のＰＴＡ参加が増えないというのが実態です。「ＰＴＡのために休みます」などと言おうものなら「そんなもの女にやらせておけ、男は仕事だろ！」と怒鳴る上司も少なくないでしょう。

2　イクボス

そこでイクボスの存在が求められます。イクボスとは、筆者が理事のＮＰＯ法人ファザーリング・ジャパンで立ち上げた理想の上司像で、以下三つの定義を満たす上司・管理職・経営者のことを指します。

① 部下が、大切にしている私生活の時間を取れるように配慮する。
② 上司自らも私生活を満喫している。
③ 組織の成果達成に、強い責任感を持っている。

そしてここで言う「大切にしている私生活」には、子育てや親の介護などの「自分ごと（ライフ）」だけではなく、ＰＴＡや地域活動などの「社会ごと（ソーシャル）」も含めています。

3　しごと、自分ごと、社会ごと

五二歳の筆者が今、充実した日々を過ごせているのは、ＰＴＡの経験があったからです。

当時の筆者は商社マンとして企業戦士として二四時間戦ってきました。でも子どもが生まれて子育ての時間を取るようになりました。子どもと一緒に行動していると自然に学校にも行くようになり、そこでＰＴＡに出会い、これも自然に何ら抵抗感もなく参画することになりました。ＰＴＡに参画していると他の地域活動にも出るようになり、新聞なんか読んでも気づかない社会の課題が見えてきました。筆者の場合は子育てや子ども教育という社会課題に関心があり、それをやっているＮＰＯに参画あるいは立上げをしました。

そのようなわけで筆者は、しごと（ワーク）、自分ごと（ライフ）、社会ごと（ソーシャル）の三本柱の人生を送っていますが、ＰＴＡがなかったら、二本で終わっていた気がします。どんな建物でも一本柱は弱く、二本でも倒壊しやすい。三本あるから壊れないのです。人生も同じではないでしょうか。三本柱により、人生はより強くしなやかに、そして豊かになっていきます。そんな父親たちが、母親（妻）、子ども、学校、地域に笑顔を増やしていくのです。ＰＴＡはそのための手段や機会とも言えます。

だから、「ＰＴＡにもっと参画しようぜ、世のパパたちよ！」。

かわしま　たかゆき
特定非営利活動法人コヂカラ・ニッポン理事長。

7　父親の子育てネットワークづくり

馬見塚珠生

1　父親の子育てネットワークの現状

この章では、最初に、「子育てネットワーク」とは何かについて、次に、父親に焦点をあてた子育てネットワークの現状について触れます。後半には、父親の子育てネットワークづくりの試みとして筆者らが取り組んだ「子どものしあわせプロジェクト」を紹介し、この取り組みをふまえて、父親の子育てネットワークづくりの可能性について提示していきます。

1　子育てネットワークとは

中谷と橋本[*1]によれば、「子育てネットワーク」とは、「子育ての当事者が、自らの子育てに関わる個人的な欲求の解消を契機として集い、段階を経て社会的な取り組みに発展する」活動の総称です。こうした活動が確認されるようになったのは、一九八〇年代後半からで、母親たちの子育てサークルなどのグループとして始まりました。

先の中谷ら[*2]によれば「母親たちの子育てネットワークが生じる背景」として、「社会的背景」「渇望」等があげられています。一九八〇年代後半ごろから、子どもを抱えた母親、家族が孤立しやすい状態が顕著になるという社会の変化が見られるようになりました。母親の話し相手も子どもの遊び相手も見つからずに母親が子育てに自信を持てないストレスフルな状況が強まっていきました。そうした「社会的背景」の中から、つながりを求める母親たちの「渇望」とも言える「子育て当事者としてのニーズ」が、子育てに必要な環境を自分たちの手で整えていこうという動きになっていったと考えられます。

一九九〇年代には、全国各地でこうした子育てサークルやＮＰＯが多く生まれ[*3]、お互いネットワークする動きを見せるようになります。そして、二〇〇〇年代には、四つ葉プロジェクト[*4]に代表されるように、国の社会保障制度を変えるための動きの一翼を担い[*5]、現在の子育て三法の成立につながっていく社会的動きにまで発展していっていると言えます。

2　父親の子育てネットワークが生まれる背景と現状

では父親たちの子育てネットワークが生まれる背景はどのようなものなのでしょうか。

母親の子育てネットワークの発生と同様に、「社会的背景」と「子育て当事者としてのニーズ」という点から検討してみます。

母親のサークルが生まれてきたのと同時期の一九八〇年代、小中学校区を単位とする「おやじの会」が全国各地で創設されだし、現在全国に四〇〇〇以上あると言われています。「おやじの会」をゆるくつなげる、「日本『おやじの会』連絡会」も組織され、毎年「おやじサミット」を開催するなどの活動がなされています。[*6]

「おやじの会」は「コミュニティに新たなメンバーとして社会参加を行おうとする父親たちの戦略」ととれる一方、その活動は、男に活動の主体、女に支える役まわりを与える「性別分業というジェンダー秩序を再生産しており性別役割分業を解体するような新しい子育てモデルを提供するものではない」との指摘もあります。[*7]父親たちはその後に続く社会の変化の影響を受けつつ、新しい子育てモデルを模索していきます。

二〇〇〇年代に入り社会構造の変化の中、男女共同参画の推進、共働き率の上昇などがおき、[*8]徐々に家庭内の関係性の均等化がおきていきました。父親たちの中に、仕事中心の生活から自分やパートナー、子どもを大切にする生き方、つまり、パートナーシップやワーク・ライフ・バランスを志向する意識の変革が起き、「イクメン」という子育て当事者意識を持つ父親たちを育てていきました。二〇〇六年にはＮＰＯ法人「ファザーリング・ジャパン」が設立され、「父親であることを楽しむ」をコンセプトに、父親向けの各種セミナーや事業を展開しています。[*9]二〇一〇年には、厚生労働省も「イクメンプロジェクト」を開始し、社会全体で父親の育児を支援する整備に乗り出しています。[*10]

若い父親たちが、子どもを育てる「当事者」として育児に積極的に関わるにつれて、子育ての喜び、悩み、つらさを仲間と共有したいというニーズを強く持つようになっていきます。こうしたイクメンたちの中から、乳幼児を持つパパたちの「パパサークル」というネットワークが新たに生まれてきました。正式な数は把握されていませんが、現在全国に一〇〇ほどの父親サークルが存在しているようです。[*11]

パパサークルを自らたちあげて運営する父親たちや、父親の意識の変革や社会を変えていくというミッションを持って活動するようなＮＰＯに参加する父親、おやじの会で積極的に活動する父親などが増えているとはいうものの、実は全体の中ではまだ少数派と言えるのでしょう。育休取得を考える男性が三割以上いると言われますが、逆に見れば七割の男性は取得しなくてもいい、どちらでもいいと考えているということ、つまりいまだ子育てに父が参加しなくていいと考える男性が多数しめているということです。

清水・馬見塚・吉島[*12]は、父親向けセミナー型の子育て支援プログラムを提供した結果、夫婦関係や父子関係に肯定的変化を及ぼすが、父親同士の支援ネットワークを形成することには限界があると報告しています。

松本[*13]によれば、〇歳児を持つ父親がパパセミナーを受講した後には、他の父親と今後も父親同士交流したいという意欲を向上させることが明らかになっていますが、一方で、父親自ら、持続的に交流し子育てを支援しあえる関係性を構築するまでに至ることが難しい、ということも指摘されています。

こうしてみてくると、母親たちの子育てネットワークが発展した時と同じように、父親たちも、「社会的背景」の中で、自ら子育ての楽しみを共有し、つながりたいという「子育て当事者としてのニーズ」を持ってネットワークする動きは広がりつつありますが、まだ少数派であり、社会を動かすネットワークを作っていった母親たちほどには大多数の父親たちの当事者意識が成熟に至っていないと考えられます。

今後の父親支援は、「子育てに関心のない男性に動機づけを行い」「積極的に子育てを行う意識の変革」「それを支える社会整備を整えていくこと」だと、小崎・増井[*14]は提言しています。いかにして子育てを自分事として意識する父親を増やすのか、という社会課題の解決策に焦点があたります。

この解決を図るための試みとして、筆者らが二〇一三年から二〇一四年にかけて取り組んだのが、「子どものしあわせプロジェクト」（トヨタ財団地域助成事業）でした。

2　子どものしあわせプロジェクトとは

1　子どものしあわせプロジェクトの概要

「子どものしあわせプロジェクト〜未来に続くペアレントメンター養成〜」は、NPO法人ファザーリング・ジャパン関西（以下、FJK）の協力を得て、父親が地域における父親ネットワークを広げ、他の父親を応援できる仕組みの構築を一つの目標に、さらに、未来の父親となる学生も巻き込み未来のイクメンも育てることを二つ目の目標とし、最終的には、子どもがしあわせだと思う社会が未来に続く連鎖が起きるような基盤づくりにつながることを構想して取り組みました。[*15]

プロジェクトに参加してくれる父親グループの募集については、大阪、京都の関係機関への紹介を依頼し、紹介を受けたグループと会って趣旨を説明し、最終的に賛同してくれた七つの父親グループが参加してくれることになりました。その七つは、①保護者会組織がない保育所でのパパの会の立ち上げグループ、②地域子ども会の世代交代への仕掛けづくりをしたい子ども会代表、③市の子育て支援センター後押しのパパグループ、④子育て支援NPO法人の父親支援グループ立ち上げ、⑤活性化を図りたい小学校のおやじの会、⑥冒険遊び場での父親グループ、⑦有志の父親で立ち上げた市民活動グループ、という特徴を持ったグループです。

プロジェクトが提供したのは、①子育て中の父親向けイベント企画のための講座およびサポーター派遣（FJKスタッフが子育て講座講師、学生ボランティアが託児や父親の手伝いを担う）、②活動費、③活動内容の報告をシェアする場の提供（ホームページ（HP）運営とオフ会、各種報告会）の三つをパッケージにしたものでした。

二三名の学生ボランティアは七つのチームに分かれて二年間ともに活動に取り組んでもらいました。この学生たちの変化については、次章「次世代に向けての父親育て」にて清水が詳しく報告しています。

2　子どものしあわせプロジェクト活動の実際

二年間の活動の流れは次の通りです。

まず、二〇一三年八月、九月に京都・大阪にて、「お父さんリーダー育成講座」を実施しました。内容は、父親たちをつなげるイベントの意義と実践のコツについて学んでもらうワークショップでした。参加する七つのチームはここではじめて顔を合わせ、お互いの関心ごとの共有と共感関係を構築することを目指しました。

講座は父親たちからの肯定的な評価を得、[*16]いよいよ、各父親グループの地域での実践活動が始まりました。各グループの活動は、ＨＰにアップし、スタッフも積極的に各地に取材に行き、その報告もＨＰ上で共有しました。そうすることで、お互いの取り組みに触発されて、自分たちのイベント企画のヒントを見つけたり、動機づけが高まるだろうと考えました。

継続して顔を合わせる機会を意識的に作って仲間意識を高めていくために、二〇一四年二月には「オフ会」を実施しました。

二〇一四年四月、一年目の活動まとめとして「中間報告会」を実施しました。初年度の振り返りと二年目の計画についてプレゼンテーションをしてもらいました。参加した父親リーダーの九〇％以上が、「とても役に立った」「どちらかというと役に立った」と答えています。具体的には、「今後のイベントに向けてのヒント等、聞くことができてよかった」「今後どういう活動をするか考える中で、他チームの報告がすごくいい種になると感じた」など、お互いに触発されて二年目の活動に入っていける手ごたえが感じられました。

二年目も各グループの活動のＨＰでのシェア、およびスタッフによる取材も継続しました。八月には、二回目の「オフ会」を実施、グループのゆるいつながり意識を活性化しました。

二〇一五年二月、二年間の活動まとめとして「シンポジウム」を開催しました。高松、京都、奈良から、他の父親支援団体も招待し、新たな出会いとお互いの交流が活発に図られるような工夫もしました。基調講演にはソーシャル・マーケティングの専門家を招き、自分たちの活動と地域コミュニティの未来とをつなげることを考える機会を持ち、今後の活動継続への意欲を高められるようにと意図しました。

参加者からの感想は、「楽しく後に引き継いで行ける内容、しくみ、つながり強化を考えていきたい」「継続のためのモデルづくりの必要性については、確かにと思わされた」など、これからに向けてどうしていくか、それぞれの立場で思いをはせるものが見受けられました。

3　子どものしあわせプロジェクトの意義と課題

本プロジェクトの副代表を務めた清水里美は、報告書で以下のように述べています。

「プロジェクトを二年間の継続にしたのは、……二年間続くと地域が三年目を期待するだろう。期待されたときお父さんリーダーたちに、……支援はなくてもできる、やりたいという気持ちになってもらいたい。そうすれば地域にお父さんリーダーが根づく可能性が高くなるだろう」「それには、主体性……お父さんたちが、自分たちで考え、自分たちで決定し、自分たちで実行する、それを私たちは後方支援する」、プロジェクトはそのような骨子で推進されました。

果たして、そのようにねらいどおりの成果があげられたのでしょうか。以下では本プロジェクトの意義と課題についてみていきます。

一つ目は、「シンポジウム」に参加した父親から回答をえたアンケート調査[*17]の結果です。父親同士の交流に対する意識、評価の結果から、本プロジェクトの父親たちに特徴的だったのは、先行研究と比較して、交流することを面倒くさいと意識せず、「父自身が自分自身として交流できている」傾向が高いことや、「異なる年齢、異業種の人と知り合える」ことや、「地域ネットワークができる」ことに高い評価をおいている傾向です。ここから父親たちにネットワークづくりへの主体的な志向が読み取れます。

二つ目は、清水・馬見塚・矢本[*18]による、父親グループのタイプとイベントタイプの関連に関する調査分析からの検討です。父親グループタイプは「役割意識型」「自己実現型」「新米パパリーダー模索型」の三群に分類されました。またイベントは子育てに役立つスキルや知識を伝授するタイプの「教授型」と、父自身の興味関心から企画され父自身が楽しむオリジナルな内容の「娯楽型」に分類されました。そして、イベント傾向の経年変化を見ると、どのグループタイプにおいても後半は「娯楽型」が増えていきました。ここから、父親支援においては、「生活スキルや子育てスキルを伝授するよりも、童心に返って父親自身が子ども時代を再現」するようなギャングエイジ的なテーマが好まれることが示唆されています。また、HPやオフ会などでのグループ同士の交流を図ったことに触発されて、各グループの「自主的な活動に広がりを持たせることができた」と言えます。

現在、プロジェクトは終了しています。活動を継続させ、発展しているグループが多いですが、中には活動休止状態のグループも残念ながらあります。継続グループを見ると、やはり地域の他のネットワークとも結びついて活動を発展させていっています。[*19] 二年間のプロジェクトの取り組みは、地域の父親リーダーが自主的な活動を継続する動機づけを触発することには一定の成果を果たしたと言えるのではないかと自己評価しています。

ですが、裏を返せば、これほどの後方支援をしてはじめて、父親の自主性を発揮したネットワークづくりが進むということは、父親自身の「地域における父親同士の交流への主体性は乏しい」[*20]と言わざるを得ず、自らネットワークしていく必要性をたとえ感じていたとしても具体的な方法がわからないで戸惑っているのが現状である、ということも示唆されたと言えるでしょう。

3 父親のネットワークづくりの可能性

働き方改革が国の政策にあげられるように時代は変化しています。男女問わずだれもが自身のワーク・ライフ・バランスを考えて生き方を変えていくことが求められています。父親たちが、子育てを通じて父親同士交流を持つことは、男性に「コミュニティの一員としての自覚を促し、地域活動への参画意識を高める機会」[*21]であり、「成年男性が地域や会社、社会でつながりを持ち、より成熟した市民への第一歩となる」[*22]、それが子育てネットワークの大きな可能性だと言えます。

子どもを通じて地域の人と関わることが楽しい、そしてそれが人生を豊かにすることだと実感できる機会を父親たちに継続的に提供していくこと、そして、父親たちの交流への自主性をいかに高めていくかが、今後のネットワークを広げていく上での鍵となるでしょう。

注

＊1　中谷奈津子・橋本真紀（二〇〇七）「『子育てネットワーク』活動の体系的把握の試み――『子育てネットワーク』に関する論文、雑誌記事の検討から」『幼児教育研究』一三、三一―三八頁。

＊2　同前書。

＊3　原田正文（二〇〇二）『NPOと子育て支援』朱鷺書房。

＊4　四つ葉プロジェクトHP（https://plaza.rakuten.co.jp/yotubaproject/）（二〇一七年三月一七日確認）

＊5　杉山千佳（二〇〇五）『子育て支援でシャカイが変わる』日本評論社。

＊6　日本「おやじの会」連絡会ＨＰ（http://nipponoyajinokai.web.fc2.com/）（二〇一七年三月一七日確認）

＊7　京須希実子・橋本鉱市（二〇〇七）「『おやじの会』と父親の育児参加（二）――Ｂ会の事例として」『東北大学大学院教育学研究科研究年報』五五（二）、一三-二一頁。

＊8　内閣府男女共同参画局『男女共同参画白書平成二六年版』「共働き世帯数の推移」（http://www.gender.go.jp/about_danjo/whitepaper/h26/zentai/html/zuhyo/zuhyo01-02-08.html）（二〇一七年三月一一日確認）

＊9　ＮＰＯ法人ファザーリング・ジャパンＨＰ（http://fathering.jp/）（二〇一七年三月一七日確認）

＊10　厚生労働省イクメンプロジェクトＨＰ（https://ikumen-project.mhlw.go.jp/）（二〇一七年三月一七日確認）

＊11　小崎恭弘（二〇一六）「父親たちのネットワークがもたらすもの」『産労総合研究所　人事実務』一一六六、五四-五七頁。

＊12　清水里美・馬見塚珠生・吉島紀江（二〇一二）「効果的な子育て支援のあり方――父親グループへのペアレントトレーニングプログラム適用の試み」『明治安田こころの健康財団研究助成論文集』四八、一二一-一三〇頁。

＊13　松本しのぶ（二〇一四）「父親を対象とした地域支援子育てプログラムの効果と課題――参加者に対する質問紙調査から」『種智院大学仏教福祉学会誌　仏教福祉学』二三、三三-四八頁。

＊14　小崎恭弘・増井秀樹（二〇一四）『子育てにおける父親支援の移り変わりとその意義』五二、生活文化研究、一-一一頁。

＊15　子どものしあわせプロジェクト実行委員会（二〇一五）『子どものしあわせプロジェクト―未来に続く父親ペアレントメンター養成―事業報告書』。

＊16　清水里美・小崎恭弘（二〇一四）「子育て支援における父親リーダー育成プログラムの検証（一）」『日本保育学会第六十七回大会発表論文集』三五七頁。

＊17　前掲書＊15。

＊18　清水里美・馬見塚珠生・矢本洋子（二〇一六）「子育て支援プロジェクトにおける父親グループの特徴と活動内容との関連」『平安女学院大学研究年報』一七、五九-六九頁。

＊19　「子どものしあわせプロジェクト」ＨＰ（https://www.facebook.com/groups/1403181930009940/）（二〇一七年三月一五日確認）

＊20　松本しのぶ（二〇一六）「地域における父親同士の交流を促進する支援――子育て支援プログラム参加者に対するグループインタビュー調査から」『京都光華女子大学短期大学部研究紀要』五四、二二七-二三六頁。

＊21　同前書。

＊22　前掲書＊11。

まみつか　たまお

元「子どものしあわせプロジェクト」代表。

8 次世代に向けての父親育て

清水里美

この章では、次世代の父親育てという観点から、次世代の代表としての大学生（以下、学生）と子育て家族の交流の現状、その際にあえて「父親」をクローズアップさせることの意義と重要性、および子育て支援に関わる専門職養成といった取り組みの成果について考えます。

1 親準備教育の現状

1 学生が学びの中で子育て家族と接する機会

一般的には、青年期の学生が子育て家族と接する機会は限られています。なかには、飲食店や娯楽施設などのアルバイト先で利用者としての家族の姿を見ている学生もいるでしょう。あるいは、子育てをしながら学んでいる同級生が身近にいるという学生がいるかもしれません。

しかしながら、学生全体としてみれば、武田の[*1]提案にあるような乳幼児の育ちに直接関わる機会を得ることなく、親になることの方が多いのではないでしょうか。乳幼児のさまざまな行動について、その意味や対処の仕方を学ぶことなく親になってしまうことが、子育ての負担感につながるのではないかと考えられています。[*2]学生にとって、子育ての問題は直面していない限り現実味が薄いものです。それでも、自身の育った家族以外のさまざまな家族のありようを知ることは、学生にとってどのような意義があるのでしょうか。

最近では、大学発の学生と幼児の交流や地域世代間交流が企画されるようになっています。たとえば、大学内に子育て広場を設け、学生がボランティアとして参加するような内容です。このような試みは、地域の活性化や互恵性を高めるとともに、学生に対し子育てや家族について考える機会を提供することにつながっています。藤後・岡本・山本[*3]や金谷[*4]から、乳幼児との交流の機会は、学生に対し、子ども理解のみならず、自己理解を促進することが示唆されています。

また、学生発の新たな取り組みも見られます。たとえば、東京都内の女子学生たちが中心となって活動している団体ｍａｎｍａは、「今の女子大生が五年後、安心して母親になれる社会をつくる」をコンセプトに活動をしており、子育て中の共働き家庭を訪問する「家族留学」を企画しています。[*5]「家族留学」は、学生たちがさまざまな生き方のロールモデルに出会い、人生の選択の幅を広げることを目的とし、参加者と受け入れ家庭の自由な交流の機会を提供しています。この企画は、女子学生をターゲットに始められましたが、男子学生や社会人の参加希望者も増えているようです。

　このように、学生にとって、キャリアを形成する上でも、ライフプランを考える上でも、子育て家族との交流の機会は重要と認識されており、そのような機会にアクセスすることが現在では容易になってきています。

2　父親の子育てを見ることの重要性

　大学や地域における子育て家族と学生の交流の場に参加するのは、主として母親と子どもになります。学生は、そのような場に参加することで、母親の話を聴いたり、乳幼児と接したりすることができます。一方で、父親と子どものかかわりを身近に見たり、父親の話を聴いたりする機会は得られているのでしょうか。ｍａｎｍａの「家族留学」では、学生が受け入れ家族の中に入る形が中心であり、父親の子育てに焦点化されているわけではありません。「家族留学」によって得られるものは、家族や家庭の多様性の理解と自分自身のキャリア選択やパートナー選択に関わる具体的な検討事項のイメージの確立となっています。

　寺本・柴原[*6]によると、男子学生よりも女子学生の方が、子どもの理解や育児に対し肯定的であり、ライフサイクルにおける出産・育児への関心の高さがうかがえるということです。また、男女を問わず、現在や未来への肯定的な展望を持つ群は、次世代育成意識が高いという結果も得られています。したがって、特に男子学生において父親が前向きに子育てに関わる姿に触れることは、彼ら自身の子育てスタイルに肯定的な影響を及ぼすものと考えられます。

　ところで、実際に次世代の「父親」を育てるということに焦点化された取り組みはあるのでしょうか。あるいは、次世代の「父親」たちは、「父親」のロールモデルとどこで出会うのでしょうか。

　清水・馬見塚・吉島[*7]は父親グループを対象にペアレントトレーニングを実施しました。このように、父親だけをターゲットにしたペアレントトレーニングの試みは二〇一〇年頃としては先進的なものでした。父親の多くは母親に促されて参加したということで、「子育てに関して、父親の出番は『子どもが思春期になって、母親の手に負えなくなったとき』だと思っていた」と語っていました。

　父親の育児参加への意識は社会的にも高まりつつありますが、実際には育児の大半を母親が担っています。[*8]父親の育児参加を妨げる要因の一つに、子育てする父親のイメージが具体的になく、子どもとのかかわり方がわからないことが想定されます。その背景には、父親になる以前に子育て中の父親と接する機会が少ないということも影響しているのではないでしょうか。実のところ、父親が子育て支援の対象とされるようになったのはごく最近のことです。小崎[*9]による全国自治体調査の結果、父親向けの子育て支援プログラムの提供は、母親向けのおよそ七分の一にすぎないことがわかりました。このように、父親のみを対象とした子育て支援プログラムの企画実施は、まだまだ少ないのが現状です。したがって、学生が地域の子育て支援活動の場に参加したとしても、そこで父子のかかわりを見る機会はいまだ乏しいと言えるでしょう。もしかしたら、母親向け、あるいは親子向けのプログラムに参加している父子と出会うことはあるかもしれません。しかし、そのような場は、父親に焦点化されているわけではありません。この特集でテーマとして取り上げられているように、父親を対象としたときの支援における留意点や父親ならではの育ちがあると考えられます。ところが、次世代が父親の子育てに触れる機会は、母親の子育てに触れる機会に比べ、ずっとまれなのではないでしょうか。寺本ら[*10]から、特に男性にとって現在や未来の育児に対する肯定的な展望形成には、子育てに積極的に参加している父親たちとの出会いの機会を持つことが重要だと考えられます。ところが、男子学生にとって、子育てに関わっている若い父親の姿や父親同士の付き合いの姿に触れる機会がほとんどないのが現状なのです。

3　専門職養成としての父親理解

心理臨床の実践家は、学校現場や医療現場などから、その専門職としてのキャリアをスタートさせることが多いものです。いずれの現場も家族関係の把握を抜きにしては支援が始まりません。人生経験が浅いうちは、自身の原家族をベースに家族イメージが形成されがちです。家族の一員として父親の機能が発揮できるよう支援するためには、まず、さまざまな家族のありようへの理解を深め、多様な親子関係に対する見立ての力をつけることや、何より自分自身の親子関係についての客観的な捉えなおしが望まれます。

2　次世代の父親を育てる取り組み

1　学生に提供した役割

前章で馬見塚が紹介した「子どものしあわせプロジェクト」（トヨタ財団二〇一二年地域助成事業）では、心理臨床分野での実践家をめざす男子学生を対象に父親グループが企画したプログラムの運営ボランティアスタッフを募集しました。それは、いずれ父親になることを意識し、そのモデルを得るだけでなく、家族支援、とりわけ父親支援の担い手として育ってもらいたいとの思いからでした。父親たちの活動の場に身を置き、時間と場を共有し、思いを交換する機会を提供することで、彼らが何を得るかを知りたいとも考えました。先に述べたように、学生に対し、子育て家族と交流する機会の提供は増えてきているようですが、特に父親グループと男子学生の組み合わせでの交流の機会は乏しいと考えられました。また、単発の交流ではなく、企画運営スタッフとして継続的に交流する形態はほかではなかなか得られないのではないかと思われました。「子どものしあわせプロジェクト」では、彼らに、父親グループをサポートするプログラムスタッフとしての役割を担ってもらうことで、現在の父親たちと、次世代の父親でありかつ次世代の父親を支援する専門職予備軍である彼らをつなぎ、その出会いを通じて、父親たちの活動が活性化し、学生たちの視野が広がることを期待しました。

2　実際の活動内容

プロジェクトには、さまざまな関係機関からの紹介で、男女合わせて二三名の大学院生が運営スタッフとして参加しました。当初は、男子学生のみを対象として募集していたのですが、女子学生も手をあげてくれました。彼らの主な参加動機は、子育て中の父親と接する機会がないため、父子のかかわりを知りたいというものでした。

学生ボランティアには、住まいからの地理的条件や希望を考慮し、担当する父親グループを割り当てました。そして二年間のプロジェクト期間中、同じ父親グループに継続して関わってもらいました。また、中間報告会および最終報告会で、学生の立場から父親たちの活動に対する感想や意見を述べてもらいました。

彼らが実際に行ったサポート内容は、個々の父親グループによってかなり異なっていました。しかし、いずれにしても、それぞれのグループの父親リーダーたちとともに父親支援プログラムを企画運営するスタッフとして活躍してくれました。

学生がプロジェクトに協力することで、父親たちの結びつきもいっそう強くなったのではないかと思われます。たとえば、グループによっては、活動外でも父親リーダーたちと学生たちが集い、父親たちが仕事や家族への思いを語ったり、家庭生活のノウハウを伝えたりといった交流が見られました。プロジェクト終了時に父親たちから、「学生が入ってくれたことにより、父親自身が頑張るきっかけになった」「マンネリ解消になった」「違う世代の人と活動できてよかった」「飲み会や活動の時に進路の相談や私たち父親の価値観などを次の世代の学生さんに伝えられたことは意義があったかと思う」といったコメントが寄せられました。プロジェクト終了後も交流が継続しているグループがあります。このように、二年間の継続的な活動を通じて、世代を超えたつながりが形成されたようです。

3　取り組みが学生に与えた効果

「子どものしあわせプロジェクト」に参加した学生たちは、プログラムスタッフという立場で、より積極的に父親支援に関わることを求められていました。つまり、乳幼児と触れ合ったり、親子と交流したりするだけでなく、父親の子育て支援、父親同士のネットワークづくりといったテーマを意識しながら活動に参加していました。したがって、彼らは、各地ですでに提供されている世代間交流や子育てに関わるプログラムに参加した場合とは異なる体験をしたのではないかと考えられます。多くの父親たちとプログラムを企画実施し、成果の交流を行うことで、将来的に子育て支援に関わる専門職として「父親」という視点を得ることができたのではないでしょうか。ここでは、提供者の立場からと参加した学生の立場からの二つの調査結果をもとに、学生に与えた効果について改めて考えてみたいと思います。

1　プログラムスタッフとして参加した大学生に対する影響

プロジェクト終了時に学生たちの感想を尋ねたところ、「あらためて、自分が父親になるというイメージがなかったことに、二年間で気づいた」「今の自分に近い将来、父親像・母親像・家族像が垣間見られ、想像するきっかけになった」「未来の母親として、どうしたら夫とともに子育てができるか、どうしたら夫に子育てを楽しんでもらえるかが課題」といった声がきかれました。

小崎・清水[*11]は、「子どものしあわせプロジェクト」のプログラムスタッフ学生を対象に、父親支援に関わる意識の変容を把握し、父親支援プログラムへの参加の意義を明らかにするために、グループフォーカスインタビューを実施しました。その結果、学生の語る「父親」という言葉には、「個人」としての父親を意味する場合と「社会」的存在としての父親イメージを意味する場合の二つがありました。「個人」としての父親は、自身の生育歴の中での実体験に基づく一個人としての父親です。「社会」的存在としての父親とは、実体験をベースにしながら一般的な父親イメージとしてとらえられていたものであり、彼らがこれまでに形成してきた価値観も含まれています。そこに、プロジェクトの参加を通して出会った、自身の父親とは世代の異なるリアルな父親との交流体験が加わり、「社会」的な父親イメージの再構築とともに、個人的な父親のとらえなおしが行われた様子がうかがえました。

平野ら[*12]は、学生ボランティアとして参加した男女各五名の学生を対象に、彼らの「父親イメージ」が実際に子育て中の父親とのかかわりを通してどのように変容したのかを明らかにするために質問紙調査を実施しました。彼らの分析でも、「幼少期の父親イメージ」が、父親リーダーたちとのかかわりを通して、「父親」に関する「活動での発見」がなされ、もとのイメージと擦り合わされる中で「父親イメージの再構築」が進んだことが示されました。

2　調査結果からみえること

これら二つの調査結果をみると、父親たちの子育て支援活動への思いに触れることで、学生たちは自分の父親の生き方やわが子への思いをとらえなおすことができたようです。また、そのようなとらえなおしが、原体験の中の「個人」的な父親イメージを「社会」的な存在としての父親イメージに変容させたと考えられます。つまり、多様な父親との交流が、「個人」的な体験を超えた、自分の世代にとっての理想的な父親イメージを構築する契機となったと言えるのではないでしょうか。

父親が家事・育児に関わることは、子どもが父親および夫婦関係に対する良好な認識を形成することにつながると考えられています[*13]。それでは、もし自分の父親が過去に家事・育児に関わっていなかった場合は、父親や夫婦関係について肯定的な認識が形成されないままなのでしょうか。小崎ら[*14]や平野ら[*15]の調査結果から、たとえ幼少期に自身の父親が子育てに関わっていなかったとしても、子育てに関わるほかの父親に出会うことで、父親イメージの再構築がなされうるのだと言えるでしょう。父親育児モデルと出会う機会は希少であるがゆえに、出会いが彼らの父親イメージの再構築に与える影響は大きいと考えられます。また、これらの調査結果から、父親になる前に、さまざまな父親がさまざまな形で子育てに関わる姿に触れることが、多様な生き方や家族のあり方の中から、自らに合った具体的な親モデルを得るきっかけになるのではないかと言えるでしょう。さらに、子育て支援者としてのあり方を意識することにもつながると考えられます。

4　次世代の父親育てに関する提言

学生時代に子育てに関わる親と交流する体験を得ることにより、親以前の段階から自身の子育てについて意識できるようになると考えられます。次世代の親準備教育という点では、以前に比べ、学生に乳幼児と交流する機会が提供されるようになり、乳幼児の理解や世話の仕方について学ぶことができるようになっています。しかしながら、子育て現役の親がどのように親同士でつながっているのか、子どもの親としてのみでなく、一人の人間として家族とどのように向き合い、また子育て仲間と付き合っているのかといったリアルな姿に触れる機会を得ることは難しいでしょう。特に、学生が父子と交流できる機会が現状ではまだ乏しいため、父親の子育てへの思いや父親がほかの父親とどのようにつながろうとしているのかといった、父親に焦点を当てた理解も当然弱くなりがちです。

次世代の親である学生に対し、父親支援活動への参加の機会を提供していくことは、父親イメージの再構築を促し、結果的に夫婦そろっての子育て参加という価値観の獲得につながるのではないかと期待できます。家族モデルの多様性、父親としてのあり方の多様性を学生が実感することは、子育てに積極的に関与する父親を育てるだけでなく、男女を問わず、子育て支援者としての彼らのあり方にも影響を与えることになると考えられます。とりわけ、日常的に機会の乏しい父親と男子学生との交流の機会を意図した子育て支援プログラムの提供は、これからの父親支援を考える上で重要なテーマの一つであると言えるでしょう。

注

*1　武田信子（二〇〇二）『社会で子どもを育てる』平凡社新書。
*2　原田正文（二〇〇六）『子育ての変貌と次世代育成支援――兵庫レポートにみる子育て現場と子ども虐待防止』名古屋大学出版会、一三八-一六一頁。
*3　藤後悦子・岡本エミ子・山本和子（二〇〇五）「保育体験を中心とした教育プログラムの有効性」『国立オリンピック記念青少年総合センター研究紀要』五、五七-六八頁。
*4　金谷有子（二〇〇八）「大学生と幼児との世代間交流の重要性についての探索的研究」『埼玉学園大学紀要（人間学部篇）』八、一一九-一二七頁。
*5　『毎日新聞』夕刊記事、二〇一七年二月三日付(http://mamma.co/)
*6　寺本妙子・柴原宜幸（二〇一五）「大学生の次世代育成意識と時間的展望の関連」『日本橋学館大学紀要』一四、一五-二三頁。
*7　清水里美・馬見塚珠生・吉島紀江（二〇一二）「効果的な子育て支援のあり方――父親グループへのペアレントトレーニングプログラム適用の試み」『明治安田こころの健康財団研究助成論文集』四八、一二一-一三〇頁。
*8　内閣府（二〇一四）平成二五年度『「家族と地域における子育てに関する意識調査」報告書』(http://www8.cao.go.jp/shoushi/shoushika/research/h25/ishiki/index_pdf.html)
*9　小崎恭弘（二〇一六）「父親支援に関する全国自治体調査について」(http://www.blog.crn.or.jp/report/02/220.html)
*10　前掲書*6。
*11　小崎泰弘・清水里美（二〇一四）「子育て支援における父親リーダー育成プログラムの検証（二）――育成講座に参加したボランティア学生の父親イメージの変容」『日本保育学会第六十七回大会発表要旨集』三五八頁。
*12　平野仁弥・原口喜充・小川将司・矢本洋子・清水里美・馬見塚珠生（二〇一五）「父親への子育て支援プロジェクトの構想と展開（2）――学生ボランティアの『父親イメージ』の変容プロセス」『日本心理臨床学会第三十四回大会発表論文集』四五九頁。
*13　尾形和男（二〇一一）『父親の心理学』北大路書房。
*14　前掲書*11。
*15　前掲書*12。

しみず　さとみ
平安女学院大学短期大学部教授。

第Ⅴ部

今後の父親の子育て支援のあり方

1 父親の子育て支援の専門性

田辺昌吾

「保育者による子育て支援の専門性」や「保健師による子育て支援の専門性」といったように、特定の職種における専門性について論じられることが一般的です。職種が違えば支援対象が同じであっても支援の目的やアプローチの仕方は異なり、必要とされる専門性も異なります。その一方で、資格・免許によって規定された専門職に限らず、自治体やNPO、企業などによる支援も含めて、共通する専門性もあるでしょう。

では、「専門性」とはどういった意味でしょうか。汐見は[*1]「①あることにもっぱらかかわって、②素人ができないレベルでそのことをなすことができ、③それを職業にしてお金を稼いでいる人、のことを専門家＝プロといってよいでしょう。専門性とはその専門家のもっている資質、属性のこと」と述べています。このうち本章では特に①と②を中心に「専門性」を捉え、資格・免許によって規定された専門職によるものかどうかは問わないこととします。子育て支援においては、たとえば地域子育て支援拠点の職員やNPOのメンバーが、必ずしも資格・免許を有していなかったとしても大きな役割を担っている現実があります。このことを踏まえて、全体的な子育て支援の専門性にふれつつ、父親を対象とした場合の特徴について述べたいと思います。

1 父親の子育て支援の専門性は定義できるのか

父親を対象とした子育て支援はⅡ～Ⅳ部で取り上げられているように、さまざまな支援主体・支援者によって行われています。幼稚園教諭や保育士、保健師といった、いわゆる専門職による支援もあれば、自治体やNPO、企業や父親自身の当事者活動としての支援もあります。その内容を網羅した、父親を対象とした子育て支援の専門性を定義することはできるでしょうか。そもそも父親に限らず、全体的な子育て支援に関してもその専門性がようやく確立されつつあるのが現状ではないかと思います。また、

2 子育て支援者の専門性

1 子育て支援者の役割

全国保育士会倫理綱領[*2]には、保育士の職務として「子どもの育ちを支えます」「保護者の子育てを支えます」「子どもと子育てにやさしい社会をつくります」と記されています。この内容は保育士に限らず、すべての子育て支援者に共有されるべき内容です。子育て支援というと保護者の子育てを支えるという点に焦点化されがちですが、もちろんその点は大切ですが、保護者の子育てを支えることが子どもの育ちを支えることになり、それが地域社会の発展につながるという広い視点をもって支援に取り組むことが大切です。

たとえば、幼稚園における父親同士の交流促進支援について考えてみます。幼稚園教諭とのかかわりや他の父親との交流などから、子育ての方法を学んだり子育てのモデルを得たりして、父親の子育てが支えられることとなります。そのことが子どもの育ちにもつながるでしょうし、パートナーである妻（母親）の子育てを支えることにもなります。また父親同士の交流の場に子どもも参画することで、子どもがさまざまな大人と関わる機会となり、子どもの育ちを支えることにもなります。さらに、父親同士がつながるということは地域の大人がつながるということであり、地域の人間関係が豊かになり子どもや子育てにやさしい社会が築かれます。保護者への支援を保護者への影響だけで完結するのではなく、子どもや社会への影響も含めて考える姿勢が求められます。

企業における取り組みについても考えてみます。（父親に限りませんが）従業員のワーク・ライフ・バランスを促進することによって、父親自身のウェルビーイングが向上し、そのことが父親の子育てや子ども・家族にプラスの影響を与えます。父親の家庭生活が充実するということは家庭の集合体である地域の活性化にもつながるでしょう。従業員という個人を支える視点から、その家族も含めて支え、さらには地域の活性化にも寄与するという広い視点をもった企業における子育て支援が期待されます。

2 子育て支援者に求められる姿勢

新澤[*3]は子育て支援者の専門性の土台となる態度として、「やさしいまなざし」と「冷静な判断」をあげています。「やさしいまなざし」については「親たちや子どもたちに対し、たんに仕事の対象者としてや『困った人』と、とらえるのではなく、つねに対等な立場でかかわりをもち、温かい気持ちで向かいながら一緒に考える姿勢をもつということ」と説明しています。また「冷静な判断」については「冷静であるということは冷たいということとは違い、自分たちの役割を見失わずにかかわることができるということ」とし、〈背景と状況の理解〉〈子どもの発達理解〉〈援助する心と技術〉がそれを可能とする要素としています。

「やさしいまなざし」のなかの「対等な立場」や「一緒に考える姿勢」などからは、子育て支援において支援者がいかに子育て当事者の視点に立てるかが問われているということが読みとれます。〈支援者―被支援者〉という縦の関係を明確にし、専門的な知識や技術を前面におしだした支援が求められているのではなく、支援者と子育て当事者がともにいい方向に向かっていく姿が目指されています。一方、「冷静な判断」を支える〈背景と状況の理解〉〈子どもの発達理解〉〈援助する心と技術〉は知識や技術を背景としたいわゆる「専門性」の側面が強いように感じられます。要するに、子育て支援者の専門性は「やさしいまなざし」がベースにあって、その上に一定程度の専門的な知識や技術を備えたものと解釈することができます。

ただし、知識や技術の専門性の程度は支援主体や支援内容の違いによって異なると考えられます。たとえば「児童虐待加害者としての父親への支援」においては、込み入った事情が想定され、個別性を重視した支援が必要であり、より高度な知識や技術が必要とされるでしょう。一方、「NPOにおける父親の子育て支援」や「父親の子育てネットワークづくり」などでは、一定程度の知識や技術は必要なものの、より当事者であることを活かした支援が展開されています。子育て支援全体で「専門性」とそのなかの「当事者性」をバランスよく配置することが、子育て当事者のニーズを満たすためには重要です。

3　子育て支援者に求められる援助技術

新澤のいう「冷静な判断」を支えるために、ソーシャルワークの視点が有効に働きます。先に述べたように、子育て支援者にはより広い視野が求められています。ソーシャルワークの援助技術には、父親や母親を個別に援助するケースワーク、父親や母親を集団として援助するグループワーク、父親や母親が生活する地域に働きかけるコミュニティワークなどがあります。

山縣ら[*4]の定義を参考にすると、それぞれ概ね次のように説明できます。ケースワークは「主に個人や家族を対象にした社会福祉援助の方法」であり、「個人と環境との相互作用に焦点をあて、個人の内的変化と社会環境の変化の双方を同時に視野に入れて援助過程を展開」します。またグループワークは「グループを活用して個人の成長や問題の解決を促す社会福祉の援助技術」であり、「メンバーとワーカーの対面的援助関係、メンバー間の相互作用、プログラム活動、社会資源の活用」などを援助媒体として目的の達成を図ります。さらにコミュニティワークは「地域社会で生じる地域住民の生活問題を地域社会自らが主体的・組織的・計画的に解決していけるよう、コミュニティワーカーが側面的援助を行う過程及びその方法・技術」のことを指します。

父親の子育て支援においてもこれらの援助技術が活用されています。たとえば「児童虐待加害者としての父親への支援」で取り組まれているペアレント・トレーニングは、ケースワークの技術が活用されています。また「父親の参加プログラムの実践」で紹介されているプログラムには、父親同士のかかわりを促すものも見られ、グループワークの技術が活用されています。さらに「父親の子育てネットワークづくり」ではグループワークの技術も活用しつつ、より広範囲に及ぶ課題解決を目指していることから、コミュニティワークの技術も活用されています。

もちろん同じ支援主体であっても支援内容によって活用される援助技術は異なり、ケースに応じて援助技術が重層的に活用されています。それぞれの子育て支援をより効果的なものとするために、各支援主体や支援者がソーシャルワークの視点をもって支援を展開し、あわせて支援内容の振り返りを行うことが必要です。

3　父親の子育て支援を促進するために

ここまでは父親の子育て支援に限らず、子育て支援全体にあてはまる内容（支援者の役割や支援者に求められる姿勢・援助技術）について、父親の子育て支援の実践内容を例にあげて述べてきました。これらを踏まえたうえで、ここでは特に「父親の」子育て支援の専門性として特徴づけられる内容を取り上げます。

1　価値観を転換させる

他の章でも述べられているように、父親の意識や行動は家庭生活を自己のなかに積極的に位置づける方向に変わりつつあります。その変化に子育て支援者は対応できているでしょうか。たとえば乳幼児健診に子どもを連れて行った父親が「お母さんはご一緒ではないですか?」と言われ、自分が来る場所ではないのかと感じたという経験談を耳にします。また保育現場の参観で数人ではあるものの父親もいる場で「お母さん、本日はありがとうございました。お母さんが……」と「お母さん」という呼称でのみ呼びかけられて、なんとなく居心地の悪さを感じたという父親の話も聞きます。

確かに父親の意識や行動に変化が見られるといっても、依然子育ての領域では母親が登場することのほうが圧倒的に多いです。乳幼児健診に行ったり、保育現場の参観（特に平日の）に出席するのは多くの場合母親です。しかし、だからといって少数派の父親を除外していいのでしょうか。父親の意識や行動に徐々に変化が見られ、その変化を社会全体で後押ししていこうとしているなかで、子育て支援者の価値観が「子育て＝母親の役割」のままでは多くの父親の変化は望めません。本書で取り上げられている父親の子育て支援の実践者は、男女（父母）問わずみんなで子どもを育てていく社会を志向しています。その志向性がより多くの子育て支援者に共有されなければ全体的な変化はわずかなものにならざるを得ません。父親の変化に合わせて、あるいは父親の変化を先導できるように、支援者には価値観の転換が求められます。

なかでも特に父親の意識や行動の変化の萌芽期を大切にしてほしいと思います。たとえば当事者活動などで積極的に行動している父親は周囲の支援者の価値観がどうであれ、さほど問題にはならないかもしれません。その父親たちは子育てを自己の役割として明確に位置づけ、ゆるぎない信念がそこにはあると思われるからです。ただしこのような父親はごくわずかであり、大部分の父親は以前に比べて子育てに少し意識が向きつつあるといったところでしょうか。そういった父親が先述した乳幼児健診や保育現場での体験をすることで、「やはり子育ては自分の役割ではない」という気持ちを大きくすることになります。せっかく芽生えた父親の意識や行動の変化の兆しを摘み取ってしまうことになります。父親の意識や行動の変化の萌芽期だからこそ、父親が「自分は受け入れられている」「自分はそこ（子育て領域）にいてもいいんだ」と感じられるような雰囲気づくりが大切になります。その雰囲気には支援者の価値観が無意識的に反映されることは言うまでもありません。

2　父親の特徴を捉え、支援をデザインする

対人援助職の専門性において「対象の理解」は欠かせません。父親の子育て支援においては主たる対象である父親の理解が欠かせません。ここでは父親に対する子育て支援を展開するなかで導かれた、支援内容を検討する際に特に留意すべき父親の特徴について述べます。

松本[*5]は、地域における子育て支援プログラム（父親同士の交流を促進する支援）に参加した父親を対象とした調査から、父親の特徴として「父親同士は会話をすることに非常に慎重である」「数回会っただけでは、主体的な父親同士の交流はできない」「地域における父親同士の交流に対する父親の主体性は乏しい」「家族で

参加できる企画に対する参加意欲は高い」の四点を明らかにしています。これらの点を踏まえたうえで、地域における父親同士の交流を意図した支援の方法として「父親同士が継続的に交流するための講座・行事の開催」「父親同士の交流時の話題提供」「父親同士の交流への意欲を高める講座開催」「夫婦・家族で参加する講座や行事等の開催」「配偶者や子ども同士のつながりを活用した取り組み」「地域の中で父親が子ども連れで訪れる場づくり」を提案しています。

　また田辺[*6]は、保育現場における父親とのかかわりについて、父親への支援で役割が期待されている男性保育者に焦点をあて、男性保育者の捉えている父親とのかかわりの特徴について検討しています。その結果、父親と母親でかかわるうえでの基本的な態度に違いはないものの、父親との具体的なかかわりで心掛けていることとして「子育てのハードルを低く設定する」「（父親参画）活動の目的を明確化する」「（相談事項を）端的に伝達する」「個別に対応する」「父親の力を強調する」という五点を明らかにしています。

　松本の研究結果は主としてグループワークの技術を活用した父親支援において有効な知見です。また田辺の研究結果は主としてケースワークの技術を活用して父親と関わる際に参考となる知見です。これまで「子育て＝母親の役割」とする価値観を背景に、子育て支援の対象には母親が設定され、支援者が母親理解を深めるための研究や実践報告の積み重ねがなされてきました。一方父親に関してはそれらがようやく散見されるようになってきたものの十分とは言えない状況です。父親の子育て支援を促進していくためには支援者の父親理解の深まりが重要であり、そのためには研究や実践報告の積み重ねが必要となってきます。

3　父親をアセスメントする視点を持つ

　父親という対象の理解を深めるために、父親の状態を捉えるための一つの視点を提案します。田辺ら[*7]は、乳幼児を持つ父親の包括的な健康状態を捉える視点として「父親のウェルビーイング」という考え方を提案しています。ここでのウェルビーイングとは、「身体面でも心理面でも健康であり、社会的場面においても安定した生活が送れている状態」とし、QOL（Quality of Life）の目的概念であるというWHO（世界保健機関）の位置づけに基づいています。これより「父親のウェルビーイング」を「父親である自己の受容」「家庭面のウェルビーイング」「仕事面のウェルビーイング」「心理面のウェルビーイング」「身体面のウェルビーイング」の五つの下位概念からなると定義し、二四項目の尺度を考案しています（詳細は引用元を参照のこと）。子育て支援者は本尺度で示されている包括的な視点を持って父親にかかわることで、より充実した父親支援を展開することができるものと思われます。

4　よりよい支援とするために
――PDCAサイクルの重要性

　最後に、子育て支援全体の課題ではあるものの、特に父親の子育て支援での遂行が期待されるPDCAサイクルについて述べます。子育て支援に限らず、今やあらゆる分野でその重要性が指摘されているPDCAサイクルですが、子育て支援においては特にC（check）の段階、すなわち実践の反省・評価が依然不十分であると言えます。それはいわゆる専門職ではないさまざまな支援主体・支援者によってその役割が担われていることも一因であるように感じられます（ただし専門職ではない子育て支援者がみんな反省・評価をしていないという意味ではありません）。支援計画を立てて実践し、その後しっかりと反省・評価を行いよりよい実践につなげていくという一連の流れのなかで、最も専門性が発揮される（専門家と素人の差がはっきりとする）のは反省・評価の段階だと思われます。言い方を変えれば、反省・評価をしっかりとしてこそ専門性の担保された子育て支援者と言えるのではないでしょうか。また単に反省・評価をすればいいわけではなく、何を評価の指標とするかも重要です。

たとえば子育て支援のイベントなどの事業評価で参加人数を評価指標とすることがあります。わかりやすい指標であり、多くの人の参加があったということは多くの人に支援の場を提供できたという意味ではいい実践であったと評価できるかもしれません。しかし、もしかしたら参加人数が多すぎてゆったりと落ち着いた時を過ごすことができず、一人ひとりにとっては満足のいく実践ではなかったかもしれません。参加人数などのわかりやすい評価指標と合わせて、一人ひとりにしっかりと支援が届いているかを丁寧に評価する取り組みが必要ではないでしょうか。そのことが子育て支援全体の質を高め、支援者の専門性を担保することにつながります。

では、このＰＤＣＡサイクルを遂行することが特に父親の子育て支援において期待されるのはなぜでしょうか。子育て支援の実践のなかでも父親を対象にした取り組みの歴史は浅く、先述したように研究や実践報告の蓄積も不十分です。現状では「父親の」と銘打った取り組みをするだけで子育て支援に積極的だと評価される側面があります。五〜一〇年先を見通したとき、それではいけないことは明らかです。父親の子育て支援が新しい取り組みである今の段階から、しっかりとＰＤＣＡサイクルを遂行し、専門性の担保された取り組みとしていくことがその価値を高め、父親やその家族、さらには地域社会を支える効果的な支援となるはずです。父親の子育て支援の反省・評価をしっかりとすることが、支援者が父親の理解を深めることにつながり、よりよい支援の展開に活かされます。

注

＊1　汐見稔幸（二〇一〇）「保育者の専門性って何だろう」汐見稔幸・大豆生田啓友編『保育者論』ミネルヴァ書房、一七三頁。

＊2　全国保育士会倫理綱領（http://www.z-hoikushikai.com/about/kouryou/index.html）（二〇一七年三月二〇日確認）

＊3　新澤拓治（二〇一四）「子育て支援者の専門性」大豆生田啓友・太田光洋・森上史朗編『よくわかる子育て支援・家庭支援論』ミネルヴァ書房、一七八－一七九頁。

＊4　山縣文治・柏女霊峰編（二〇一三）『社会福祉用語辞典（第九版）』ミネルヴァ書房、六九、七四、七五、一〇九頁。

＊5　松本しのぶ（二〇一六）「地域における父親同士の交流を促進する支援――子育て支援プログラム参加者に対するグループインタビュー調査から」『京都光華女子大学研究紀要』五四、二二七－二三六頁。

＊6　田辺昌吾（二〇一七）「家庭と連携した保育を展開するための一方策――保育現場における父親支援に焦点をあてて」『エデュケア』三七、一九－二六頁。

＊7　田辺昌吾・畠中宗一（二〇〇七）「『父親のウェルビーイング』尺度作成に関する研究」『メンタルヘルスの社会学』一三、二八－三七頁。

たなべ　しょうご
四天王寺大学教育学部准教授。

2 父親の子育て支援の具体的なプログラムとマニュアル

小崎恭弘

1　子育て支援におけるプログラムについて

1 子育て支援におけるプログラムの現状とその実践

現在ほど子育て支援が活発に取り組まれている時代はないと言えます。一九八九年の「一・五七ショック」以降、社会全体で少子化の防止を目指しさまざまなレベルにおいて少子化対策が取り組まれてきました。政府主導から地方自治体へとその範囲が広がり、そしてNPOなどの市民セクターを巻き込み、さまざまな主体が子育て支援事業に取り組んでいます。エンゼルプラン以降のプランを見てもわかるように、それらの取り組みが年々量的な目標などを持ち、より具体的な活動を行ってきました。その結果、子育て支援における量的な拡大は、以前とは比べ物にならないほど充実したものとなりました。社会全体の多くの場面や領域において、積極的に子育てを支援していこうとする機運が醸造され取り組まれていると言えます。

現在そのような状況の中で、子育て支援の量的な拡充はある程度図られるようになってきました。子育て支援センター、子育て広場、幼稚園、保育所、認定こども園の子育て支援活動、NPOや民生委員や地域公民館や行政施設や図書館などが取り組んでいます。市民生活の身近な場所に、さまざまな形態の子育て支援に関わる取り組みが見られるようになってきました。

そしてより専門的な取り組みとして、子育て支援の目指す次の段階は、支援活動の質的向上となってきています。身近な活動が増え、手軽に利用できるようになり多くの子育て世代への支援が行き届くこととなりました。しかし過度な量的な拡充は時として、それぞれの施設や支援者の取り組みのあり方やサービスにバラつきを生むこととなります。もちろん子育て支援自体は、公共性が強い性格のものであり、一定の税の投入も行われているのですから、あまり過度に何か特定の理念や偏ったありようが認められるものではありません。

施設の運営に関しては、一定の規則やガイドラインが用意されそれに基づき取り組まれています。また同時にそれぞれの支援の内容、つまり質的な活動の向上においては一定の研修や方向性は示されているものの、多くの場合それらは各施設の判断に任されています。その多様性が、子育て支援の大きな特徴であり、利点でもあります。

それらの活動の中においても、一定の質の担保やより積極的な子育て支援内容の充実を目指し、さまざまなプログラムの導入や実践、また時にはプログラム自体の開発が進められてきています。ここでいう子育て支援のプログラムとは「子育て支援施設と支援者が子どもを含む保護者を対象に行う、意識的に計画され取り組まれているプログラム活動」を指します。

2　わが国における父親支援プログラム

現在わが国においては、さまざまな子育て支援のプログラムとそれに基づく活動が展開されています。しかし父親の支援のプログラムは、残念ながらこれまであまり注目されることがありませんでした。父親の子育てに関するプログラムという言葉が公的に最初に使われたのは、二〇〇四（平成一六）年に作られた「子ども・子育て応援プラン（少子化社会対策大綱）」においてです。その中において重点課題に取り組むための二八の行動（仕事と家庭の両立支援と働き方の見直し）として、「(7)男性の子育て参加促進のための父親プログラム等を普及する」と明記されました。具体的には「男性労働者が子育てのための休暇等（育児休業・看護休暇・年次休暇等）を取得しやすくするための取組（例えば、男性の子育て参加のための父親プログラムを労働者自ら作成し、職場全体でプログラムの実施をサポートする取組など）の普及を図る」という項目が創設されました。[*1]

また次年に出された『平成一七年度版　少子化社会白書』[*2]において、このプログラムに関する記述は次のようになっています。

「二〇〇五年より男性労働者育児参加促進給付金を創設し、男性の育児休業取得を促進するなど、男性の育児参加を可能とするような職場作りに向けたモデル的な取組を行う事業主に対して助成することにより、男性の育児参加を支援している。」

これらから見られるのは政府の考える「父親の子育て支援促進プログラム」とは、父親の労働環境の改善であり、働き方のありようが父親の育児に大きな影響、あるいは育児ができにくい要因として捉えられているということです。「父親」を捉えるときに、どうしても「働く・労働」というものとセットとして捉えられており、父親が育児の主体者という位置づけはほとんど見られません。極端な言い方をするのであれば、父親がどのようにして「仕事を休むのか」ということが、父親の育児のプログラムのように捉えられています。それほど父親の労働者としての立ち位置が、強く意識されていたと言えます。

そして『平成二〇年度版　少子化社会白書』[*3]においては多くの記述がこれまでとは違うものとなっています。

「仕事と家庭の両立については、男女を問わず推進していくことが求められる課題である。父親に対しても子育ての喜びを実感したり、子育ての責任を認識しながら、積極的な子育て参加を促進していくことが一層求められている。次世代法に基づく行動計画策定指針において、一般事業主行動計画及び特定事業主行動計画の内容に関する事項として、子育ての始まりの時期に親子の時間を大切にし、子どもを持つことに対する喜びを実感するとともに出産後の配偶

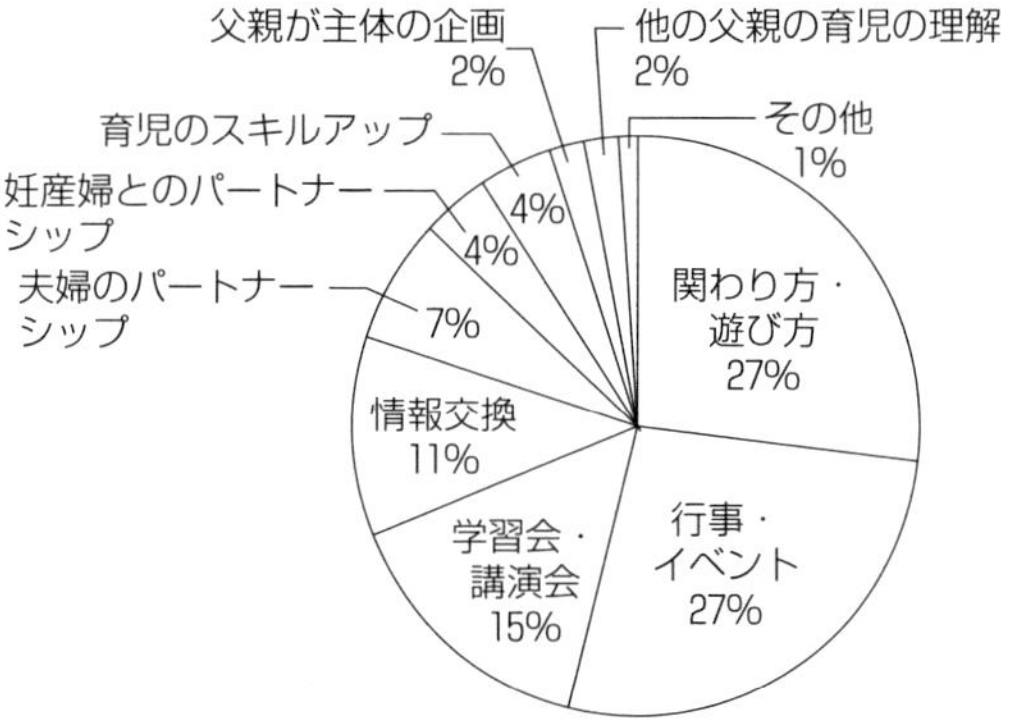

図Ⅴ-2-1　地域子育て支援センター父親支援プログラムの実施内容

出所：全国子育て支援センターアンケート調査より。

者を支援するため、子どもが生まれて父親となる者について、たとえば五日程度の休暇を取得しやすい環境を整備する旨が盛り込まれている。

また、市町村が主体となり、地域ぐるみで父親の育児参加を推進するため、父親が主体となった子育て支援活動（父親サークルの育成、父親のための子育てサロン）や、商工会などと連携した父親育児参加シンポジウムの開催などに対して支援（子育てパパ応援事業）を行っている。」

これまでには見られなかった、子育てについての明確な記述が読み取れます。

これらは、父親を育児の主体として位置づけているようです。その上で具体的な、父親の育児に関わるプログラムとして、

・子育て支援活動「父親子育てサークル、父親子育てサロン」
・父親育児参加のシンポジウム

の二つが提案されています。これらは父親支援の歴史的な変遷において、画期的な事象であると言えます。労働も包括しながら、父親が育児に積極的に関わることを、父親の育児支援のプログラムとして認めているのです。ここにきてようやく父親が育児の主体としての位置づけがされたと言えます。

2　父親支援プログラムの具体的な内容

それではわが国における父親支援プログラムはどのような状況となっているのでしょうか。地域子育て支援センターの取り組みや自治体における父親支援のプログラムについて見てみましょう。

二〇〇九年に筆者が行った「全国地域子育て支援センターにおける父親支援調査[*4]」では、この時点で父親支援プログラムを継続的に実施しているところは、九%でありその多くが取り組んでいないことがわかります。

またプログラムの実施頻度は、「一年に一回（三三%）」と最も多く、次いで「一カ月に一回（二一%）」「半年に一回（一六%）」「二〜三カ月に一回（一二%）」とつづいており、実施しているところも積極的に取り組んでいるとは、言い難い状況となっています。

そしてそれらの具体的な内容については、図Ⅴ-2-1で示したものです。過去一年間に実施したプログラム内容についてたずねました。「子どもとのかかわり方・遊び方（二八%）」「行事・イベントの開催（二七%）」「学習会・講演会（一五%）」「情報の交換会（一一%）」でした。参加型、イベント型のプログラムが多いことがわかります。

本書第Ⅲ部の2章の図Ⅲ-2-2は二〇一五年に実施した「全国基礎自治体における父親支援調査[*5]」の父親支援プログラムの取り組み状況です。基礎自治体の子育て支援担当者への調査なので、先ほどの地域子育て支援センターと一概に比較することはできませんが、全体の二五%程度の自治体が、父親支援プログラムに取り組んでいることがわかります。以前より子育て支

援全般において、父親支援プログラムは広がりを見せ、実施されていることがわかります。

　このように社会全体が父親支援に意識を向けていく中で、父親支援プログラムもさまざまに発展、拡充をしてきていると言えます。子育て支援のさまざまな取り組みが社会全体に広がり、また発展していく中で父親を子育て支援の新しい顧客として見る視点がでてきました。これまでの母親中心の子育て支援から、母親を軸としながらも父親を親としての役割や、育児の中心的な担い手として捉えるという視点です。全体的にはそのような取り組みはまだ少数であり、母親に対するプログラムと比較すると、数も内容も十分なものではありません。しかしこれらの取り組みは、今後の子育て支援や父親の育児の発展において重要な意味があると思います。

　つまり子育てを「母親」のみのものとして一方的に押し付けるのではなく、父親も含めて、これまであまり子育てに関わってこなかった人や、かかわりにくかった人を対象に広げていくことにつながります。それは、祖父母であったり、また企業の経営者や管理者、そして子どもをまだ持っていない若年層、学生などです。子育てに直接かかわってこなかった、あるいは関わりにくかった人々へのかかわりのプログラムを展開することにより、社会全体で子育てを共有する文化や取り組みが活性化する方向に向かうことでしょう。父親のプログラムは単に父親を育児の場に誘導するだけでなく、社会全体の子育て文化の変化を起こす可能性を大きく含んでいると言えます。

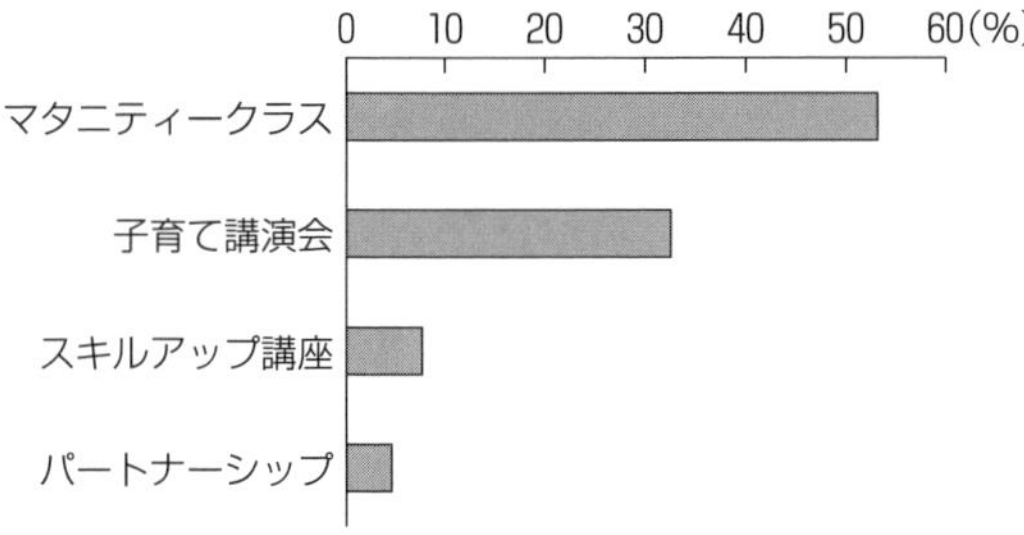

図V-2-2　夫婦を対象にしたプログラムの実施状況

出所：ゲンナイ製薬「出産に関する調査」。

3　具体的な父親支援プログラム

　前述したような参加型プログラムが日本では中心的なものですが、それら以外にも継続的に作り上げられた、父親を対象としたプログラムがいくつか存在します。それらについて考えていきましょう。

①　プレパパ・ママスクール、マタニティースクール

　図V-2-2は、自治体の父親支援の全国調査の夫婦を対象にしたプログラムの実施状況です。[*6] 父親向けの講演会が約三〇％程度の実施であったのに比べ、妊娠期を対象とした夫婦のプログラムは約五〇％を超えています。これから子育てを始める、スタート時において母親と父親の両者を対象としたプログラムの活発さが見られます。

　父親の立ち会い出産の割合も五〇％を超えるようになり、[*7] 男性である父親にとっても出産が関心の高い、身近なものになっていると言えます。特にパートナーシップ意識の高い若年夫婦においては、妊娠、出産、子育てを夫婦で共に関わる一連のものとして捉える傾向が強いです。そのために妊産婦のパートナー（プレパパ）を対象とした父親へのプログラムが熱心に行われています。

　母子保健の向上を目的として活動をしている

「公益財団法人母子衛生研究会」は、全国での「プレママ・パパセミナー」を「マタニティ広場　ハロー赤ちゃん」を実施しています。筆者は以前その活動に関わっていました。二時間程度のプログラムの内容としては、妊娠出産の知識理解のための映画や講演会、父親の育児のありようについての講演会とワークショップ、赤ちゃん人形を使用しての着替え、沐浴、授乳体験、各自治体からの子育て支援情報提供などでした。これから出産を迎える夫婦にとっては、非常にタイムリーな内容と情報であり、参加者の多さと満足度は高いものとなっていました。子育ての初期段階で、父親を育児の場に取り込んでいく機会として大変有効であり、また夫婦の関係性の構築や父親の子育てに対する意識づけもできる機会ともなっています。

②　コモンセンスプログラム

このプログラムはアメリカの児童のための施設で開発をされ、その後日本に導入されました。事務局HPでは以下のように説明されています。

「ボーイズタウン・コモンセンスペアレンティング®（Common Sense Parenting®）」はボーイズタウンが親向けに開発した育児プログラムです。「ボーイズタウン教育モデル®（Boys Town Teaching Model®）」を一般家庭向けに応用しています。子どもの良い行動を励まし、悪い行動を減らし、代替行動を教えます。参加者は効果的なしつけ、積極的な態度で子どもと向き合う方法を学びます。[*8]

このプログラム自体は、父親のみを対象としているわけではありませんが、子どもとの関わり方に悩む保護者などへの対応を想定しており、その有効性が近年注目をされています。そのような視点に立てば、子どもとの関わり方に悩んだり戸惑いを持つ父親たちにとって有効なプログラムであり、近年さまざまな団体や自治体が、父親向けのプログラムとして実施をしています。たとえば関西を中心として父親支援を行っているファザーリング・ジャパン関西などでは、コモンセンスプログラム資格を取得しているスタッフが、父親を対象としたコモンセンスプログラムを実施しています。

また鎌倉市においては「育メンエンジョイ子育て講座」と題して、コモンセンスプログラムのダイジェスト版を三回実施しています。[*9]

③　お父さん応援プログラム（ＮＰＯ法人新座子育てネットワーク）

埼玉県のＮＰＯが独自に開発をした父親支援プログラムです。団体のＨＰには「本プログラムは、文部科学省をはじめ独立行政法人福祉医療機構・財団法人こども未来財団などによる助成事業等を通じ、研究者や専門家、実践家とともに取り組んできた父親支援のための調査研究と実践活動を経て、新座子育てネットワークが開発したプログラムです」とあります。

二〇〇七年のスタートから二〇一四年までに二三二回実施を行い二七一七名の父親が受講をしています。カナダの父親支援のプログラムを一つのモデルとして、日本における父親支援プログラムの草分け的な存在であると言えます。

これらのように子育て支援の拡充とともに、さまざまな形での父親支援の形が生まれ、その中から父親を対象としたプログラムが見られるようになってきました。しかしまだこれらは父親支援プログラムとして、完成形でもなければ、社会の環境の変化やニーズにより、大きく進化発展していくことになると思います。それらの変化のためにも、今後もより積極的な父親支援プログラムの構築や研究や開発が求められます。より効果的でなおかつ、父親自身の良い成長や生活のためにも、質の高い父親支援プログラムが求められます。

注

＊1　「子ども・子育てビジョン少子化社会大綱」少子化社会対策会議決定。

＊2　内閣府（二〇〇五）『平成一七年度版少子化社会白書』。

＊3　内閣府（二〇〇八）『平成二〇年度版少子化社会白書』。

＊4　小崎恭弘（二〇一〇）「子育て支援における父親支援プログラムの取り組み――全国子育て支援センターアンケート調査の結果より」『子ども家庭福祉学』一一、二五-三四頁。

＊5　小崎恭弘（二〇一六）「父親支援に関する全国自治体調査について」チャイルド・リサーチネット電子版（http://www.blog.crn.or.jp/report/02/220.html）

＊6　ゲンナイ製薬「出産に関する調査」（http://minds.jcqhc.or.jp/n/medical_user_main.php）

＊7　同前調査。

＊8　コモンセンスペアレンティングホームページ（http://www.csp-child.info/index.html）

＊9　「エンジョイ子育て応援事業」（http://www8.cao.go.jp/shoushi/shoushika/kiremenai/pdf/no4pdf/kamakurashigaiyo.pdf）

こざき　やすひろ
大阪教育大学教育学部教員養成課程家政教育講座准教授。

3　父親の子育て支援の意義

松本しのぶ

1　少子化対策と母親の育児負担軽減を図る父親の子育て支援

父親の子育て支援は、少子化対策の一環として政策的に進められてきました。厚生労働省の調査では、子どもがいる夫婦は、夫の休日の家事・育児時間が長くなるほど、第二子以降が生まれる割合が高くなる傾向にあることが明らかとなっています。[*1] したがって、父親の子育て支援を行うことで、父親の育児時間が長くなれば、少子化を食い止めることができると考えられます。また、「イクメン」という言葉が社会の中で浸透し、若い世代の父親たちの中では、子育てに積極的に関わる意識が高まっているといわれています。たとえば、熱心な父親たちは、自らNPO法人ファザーリング・ジャパンなどの父親の子育て支援活動に参加し、父親同士のネットワーク活動などを楽しみ始めています。その一方で、「ワンオペ育児」といわれるような母親が一人で子育てのすべてを担う状態も依然として存在しています。男女共同参画の推進、児童虐待防止を目的とした母親の育児負担軽減のために、父親の子育て支援が求められています。

このように、父親支援の意義を考えるとき、少子化対策と母親の育児負担軽減は欠かせません。しかし、父親支援の意義はそれだけでは留まりません。本章では、父親自身へ及ぼす影響、そして、働く環境に及ぼす影響から、父親の子育て支援の意義について検討します。

2　父親の子育て支援が父親自身にもたらす影響

実際に父親支援プログラムに参加した父親を対象とした調査結果を手掛かりに、父親の子育て支援が父親自身にもたらす影響について考えてみます。

具体的には、主に奈良県で父親支援を行っている「NPO法人パパちから応援隊」による父親を対象とした子育て支援プログラム「パパセミナー」に参加した父親たちに二〇一一年に実施した質問紙調査結果の一部から、[*2] 父親の子育て支援が父親自身にどのような影響を及ぼすのかを検討します。なお、「パパセミナー」（以下、セミナー）とは、同じ市町村に住む一〇組程度の〇歳児とその父親を対象とした子育て支援プログラムです。その目的は、「〇歳から発達に応じた子どもとの遊び方を学ぶ」「子育てや配偶者との暮らしなどをふり返る機会を持つ」「地域の父親同士の交流を図る」こととし、隔週の週末に各一時間半、三回連続で行います。ファシリテーターが二名入り、毎回、親子遊び等のレクチャーに加え、父親同士で子育てや配偶者との関係、ワーク・ライフ・バランスなどをテーマに語り合いの時間を設けています。

1　父親自身の変容

セミナー受講後の父親の変化として、以下の三点があげられます。

第一の変化は、父親の子どもと関わる自信や意欲が高まることです。回答者の八割近くが、セミナー終了後に「実際に子どもとうまく関われるようになった」と答え、七割以上が「子どもともっと関わりたい」という気持ちに変化していました。また、セミナー後に「子育てについて考える機会が増えた」と約七割が答えています。また、自由記述では、「パパセミナー中に子どもがはじめて自分の抱っこで気持ちよく寝てくれた」、「二人で外出をするきっかけとなっただけでなく、自信を持って子どもと接することができるようになった」等の感想が見られました。この変化の背景には、セミナーで学んだ子どもとのふれあい遊びなどをセミナーや家で繰り返したことで、子どもへのかかわりに対する父親の不安が軽減されたことがあると考えられます。また、日常は配偶者や子どもの祖父母などがそばにいるため、子どもと二人きりで過ごす時間が少ない父親であっても、パパセミナーでは母親から離れて父子だけになるため、否応なく自分が子どもと関わらざるを得ない状況へと置かれます。その環境に慣れることによって、父親の育児のスキルアップや育児に対する意欲の向上につながったと考えられます。

第二の変化は、配偶者との関係や自らの生活についてふり返り、行動変容が起こることです。六割近くの参加者がセミナーの中で「配偶者との関係性を考えることができた」と答え、セミナー参加後は、七割近くが「子どものことについて配偶者とより話すようになった」と変化しています。さらに、ほぼ四割の人が「配偶者との関係がよくなった」と答えています。また、ワーク・ライフ・バランスについては、半数以上の参加者が「仕事と子育てのバランスについて考えるようになった」と回答し、実際に「仕事の時間や方法を変えた」と回答した人が約二割いました。これらの結果から、セミナーにおいて父親同士で育児や配偶者への接し方、仕事と生活のバランスといった内容を語り合う中で、日々の自らの考え方や行動をふり返るきっかけとなったと推察できます。そして、実際に配偶者とのかかわりや仕事について行動を変化させた父親もいることがわかります。

第三の変化は、他の父親との交流を通じて自分自身の子育てを客観視するとともに、父親同士の交流への意欲も高まる点です。セミナーについての自由記述の感想を見てみると、「他のパパと子どもの接し方を見られることができ、自分の足りないところ、足りているところを考えることができた」「周りのパパの頑張ってる姿を見て、自分も頑張ろうと勇気づけられた」「自分は結構子育てに参加している方だと思っていたが、他の父親の方の話を聞いていると、もっと積極的に家事、育児をされている方もいて、いろいろと参考になった」「今回セミナーに参加して、子育てに関しての父親と母親の役割分担は家族によって色々だと感じた」等、他者と話すことで自身の子育てのかかわりの程度や内容を客観的に考え、自分以外の子育てのあり方を知る機会となったことがわかります。また、参加前は「父親同士の交流」を求めていた人は三割程度でしたが、参加後は参加者の約半数が「父親同士の交流がしたくなった」と肯定的に気持ちが変化したと回答しており、父親同士の交流への意欲がやや高まったと言えます。

2　父親支援についての意見

父親の子育て支援について自由に記述してもらいました。回答の多くは、「母親は学ぶ機会が多く情報量も多いが、父親が子育てについて学ぶ機会は、出産前の両親教室など機会が少なく思う。いろいろな選択肢から自分に合う子育て方法を学べるような、機会が必要と感じる」といった父親に対する子育て支援の必要性やそのあり方に関するものでした。一方、数は少ないながらも、「イクメンとか言葉だけが一人歩きしている気がして、なかなか子育てをしたくても、育休や有休がはっきりとれない父親が多いのではないかと思います。そういった意味ではもっと社会が支援のための法整備などをする必要もあるのではと思います」「なかなか妻に協力しきれないながらも、わが家が何とかなっているのはやはり妻の存在が大きいことを思うと、いわゆる父子家庭にはもっとさまざまな困難があると思われます。受講してそのことがやはり気になるようになりました」等の記述がありました。

3　調査結果から

セミナーに参加する父親の大部分は、配偶者からセミナーの情報を得て、配偶者に勧められてセミナーの参加を決めています。つまり、主体的に子育て支援を求めているタイプの父親ではないことがわかります。その背景には、仕事が忙しいなど、地域での子育て支援活動に参加することに積極的になれない状況があります。しかし、セミナーに参加することで育児への意欲は向上し、自分の育児や配偶者とのかかわり、ワーク・ライフ・バランスについて見つめなおす機会を得たことが調査結果からわかります。

また、セミナーに参加することによって、その後の配偶者との関係がより良く変化した参加者も多くいます。男女共同参画社会に関する世論調査によると、「今後、男性が家事、子育て、介護、地域活動に積極的に参加していくためにはどのようなことが必要だと思うか」という問いに対し、「夫婦や家族間でのコミュニケーションをよく図ること」をあげた者の割合が五九・四%、「男性による家事・育児などについて、職場における上司や周囲の理解を進めること」をあげた者の割合が五七・〇%、「男性が家事・育児などに参加することに対する男性自身の抵抗感をなくすこと」をあげた者の割合が五七・〇%と高くなっています（複数回答、上位四項目）[*3]。この調査結果からも、父親が子育てに関わるためには、配偶者とのコミュニケーションが欠かせないことがわかります。前述のセミナー参加者に対する調査においては、セミナーをきっかけに自分たちの子育てに関して話し合い、夫婦のパートナーシップの形成・強化が行われていたと考えられます。このことから、父親の子育て支援は、単に父親の育児への関心を高めたり、育児のスキルアップを行ったりするだけではなく、夫婦のパートナーシップを高める機能があると言えます。

さらに、他の父親の子育ての話を聞くことは、客観的に自分の子育てのかかわり方を判断したり、多様な子育てのあり方を知ったりする重要な手段となります。自由記述から、父親自身も参加してみてそのことを実感したのではないかと考えられます。そのため、地域における父親同士の交流への意欲も高まる結果となったと言えます。子育てを通じた父親同士の地域交流が始まることは、子育ての相互支援ができるだけでなく、父親が地域社会でネットワークを構築する契機になると考えられます。そのネットワークは、将来的にコミュニティ機能の強化につながることが期待されます。さらに、母親と比較して少ない父親支援の現状や父子家庭の大変さ、ワーク・ライフ・バランスの推進といった社会課題に気づく父親も現れています。自分自身や家庭だけでなく、地域や社会へと目を向けていくことは、父親の市民性を育むことにもつながっています。

3　父親の子育て支援が労働環境に及ぼす影響

セミナーの参加者に対する調査においても、家事や育児を行いたくても、仕事が忙しいために時間がない父親も多くいました。ここでは、父親の子育て支援が及ぼすわが国の労働環境への影響から考えてみます。

一つ目の影響として、ワーク・ライフ・バランスの推進があげられます。内閣府が二〇一三年度に実施した「家族と地域における子育てに関する意識調査」では、二〇～四九歳の有配偶者に、家庭での育児や家事を夫と妻のどちらが行うべきかを問うた結果、男性の半数近くが父親が母親と同様に育児に関わることを当然のこととして捉えていました。[*4] つまり、「性別役割分業意識」は、近年、若い世代を中心に薄らいできていると言えます。しかしながら、実際の父親の育児時間は大きな変化はなく、母親が育児の大部分を担っています。この大きな要因として、父親の長時間労働があげられます。父親が子育てに関わるためには、働き方を変えることが必要です。しかし、長い間培われてきた労働環境や労働意識を変えることは容易ではありません。そのため、国は、父親の育児推進を目的に育児休業を少しでも取りやすくするために育児・介護休業法の改正など、近年、積極的に制度を整備しています。現状ではその効果が高く出ているとは言い難い状況ですが、ワーク・ライフ・バランスの推進に向けて、制度・施策の充実を図ろうとする政策的努力は評価できます。

ワーク・ライフ・バランスの推進は、子育て世代のみならず、他の世代にも有効な施策です。武石は「ワーク・ライフ・バランスを、子育て支援策、あるいは女性活用策としてとらえるのはあまりに表層的な見方である。ワーク・ライフ・バランスは、従業員のモチベーションを高めて生産性を向上させる、ひいては社会に活力をもたらすための重要な手段の一つと位置づけるべきなのである」[*5]と述べています。育児だけでなく、たとえば介護が必要な家族を抱えながら働く人にとっても、ワーク・ライフ・バランスは重要です。また、長時間労働によるうつ病発症や自殺の防止を図るメンタルヘルス対策としても有効です。さらに、ゆとりある働き方ができる労働環境は、特別な事情がない人々にとっても、余暇やスキルアップの時間を創出することができ、結果的に職場および社会全体の活力へとつながっていくと言えます。加えて、仕事と家庭の両立がしやすい職場であるということは、男女問わず仕事を続けることができるため、優秀な人材が辞めることなく、また人材の長期育成もでき、企業等の雇用側にとってもメリットが生まれます。

二つ目の影響として、職場風土の変化があげられます。少子化の進行に伴い、生産年齢人口の減少によって労働力が不足していくなか、女性の活躍推進が国の成長戦略の一つとなっています。これまでも男女共同参画を推進するなかで、女性の働きやすい環境づくりが模索されてきましたが、なかなか進まない状況がありました。その理由の一つは、子育てをしながら働くことに対する上司や同僚の無理解や子育てを理由に休みを取りづらい、早く帰りづらい職場風土がありました。遅くまで仕事をしている人が評価される、他の人が残業していると帰りづらいといった長時間労働を助長する職場内の雰囲気がある場合、多くの男性の帰宅時間は遅くなり、育児時間は増えることはありません。

千石らは、調査により、①管理職が男性の育児参加に対して寛容な態度であれば、職場における男性が利用可能な育児制度の整備やその育児制度の活用が促され、職場の育児制度や活用状況への満足度が高くなる傾向があること、②多くの父親に育児意欲に対して、育児実行度が低い自己不一致が認められ、育児実行度を上昇させ、不一致を解消するためには、職場の管理職が男性の育児参加を容認していくことが必要であることが示唆されると述べています。[*6] また、二〇一五年度における男性の育児休業取得率は二・六五%となっていて、女性の八一・五%と比較すると、男女間で大きな差があります。[*7] さらに、育児・介護休業法関連制度の利用促進に関する取り組みをみると、男性の育児休業制度利用者がいる企業の方が「制度に関する周知」「職場復帰の充実・支援」「育児に関わる経済支援」などを実施しています。また、「社員の育児参加を促すような取り組みを行っている」と答えた企業の割合も高いのです。[*8]

職場内の制度やシステムを充実させることで、育児休業取得を後押しすることは企業等ができる「父親の子育て支援」の一策と言えます。さらに、近年では、育児に理解を示す上司である「イクボス」を増やす取り組みがなされています。父親支援を通じて、男女の役割分業意識の変化を子育て世代以外も求められていると言えます。

4　父親の子育て支援の意義

子育て支援の対象として、「母親」から「父親」に視点を変えたことで、子育て支援のあり方が大きく変容しています。父親の子育て支援による父親自身の変化や労働環境の変化を考えると、父親支援の意義として以下の三点が大きいと考えます。

第一に、子育て支援の内容と対象者を拡大した点です。父親の子育て支援では、その支援内容は父親の養育技術や子育て不安への対応など「子育て」そのものの支援に留まりません。配偶者とのパートナーシップの調整など夫婦・家族全体に向けた支援も欠かすことができません。また、ワーク・ライフ・バランスを目指した仕事の効率化など、必ずしも子どもとのかかわりに直結した内容ではないものも父親の子育て支援の範疇として支援プログラムが提供されることもあります。さらに、子育て当事者の父親のみを対象とするだけではなく、イクボス養成に代表されるように子育てに直接的に関わっていない人々までも巻き込んだ支援へと発展しています。これは、子育てを親だけに担わせない、社会全体で支える基盤を作るうえでも、大きな意義だと言えるでしょう。

第二に、労働環境改善と職場風土の変化を加速した点です。これまでも女性の活躍推進を意図して、子育てをしながら働き続けられるよう長時間労働の是正などの取り組みが必要とされてきました。しかしながら、その進み具合は遅々としたものでした。近年、父親の子育て支援が推進されるようになり、企業も本腰を入れてワーク・ライフ・バランスの推進やイクボスの育成などに力を注がざるを得なくなってきました。男性優位の社会だからこそ、子育てする女性のための環境整備という視点では進まなかった改革が「父親」をキーワードにすることで、急速に変化しつつあると言えます。

第三に、多くの人々の価値観を変え、気づきを促す契機として「子育て支援」という機会を活用するという点です。たとえば、父親たちに子育てという共通の営みを通じて、地域の人々との交流の必要性、社会課題への問題意識の気づきを促すことも可能です。また、父親の育児休業取得について考えるとき、性別役割分業意識のあり方、働き方の見直しについて、父親だけでなくその配偶者や職場の上司、同僚などが、自分自身の捉え方を確認する機会となるでしょう。

父親の子育て支援の意義として、父親が育児に積極的に関わるように変化することで、その家庭の子どもと配偶者、そして父親自身がより幸せになることが一番大切なことだと言えるでしょう。しかし、それだけに留まらず、冒頭で述べたように、少子化対策や母親の育児負担軽減による虐待防止や女性の活躍推進など、社会問題の解決策の糸口としても大きな意味を持ちます。それに加え、多様な働き方、生き方が実現できるように、社会システムや人々の価値観をも変える意義が父親の子育て支援にはあると言えます。

注

*1　厚生労働省（二〇一〇）「第9回21世紀成年者縦断調査」(http://www.mhlw.go.jp/toukei/saikin/hw/judan/seinen12/)（二〇一七年五月二〇日確認）

*2　この調査は、ＪＳＰＳ科研費（ＪＰ23730556）「地域住民による父親を対象とした子育て支援活動の効果と課題に関する研究」の一環として行った。郵送による自記式質問紙調査で、調査対象は二〇〇七～二〇一一年六月までのパパセミナーに参加した父親のうち、住所が判明した一七四名、有効回答数は八四名（回収率四八・三％）。詳細は以下を参照のこと。松本しのぶ（二〇一四）「父親を対象とした地域子育て支援プログラムの効果と課題――参加者に対する質問紙調査から」『仏教福祉学』二三、種智院大学仏教福祉学会、三三－四八頁。

*3　内閣府「男女共同参画社会に関する世論調査」(http://survey.gov-online.go.jp/h28/h28-danjo/chuui.html)（二〇一七年五月二〇日確認）

*4　内閣府（二〇一四）「家族と地域における子育てに関する意識調査」(http://www8.cao.go.jp/shoushi/shoushika/research/h25/ishiki/index_pdf. html)（二〇一七年五月二〇日確認）

*5　武石恵美子（二〇〇七）「ワーク・ライフ・バランスの意義と課題」『労働調査』五月号、労働調査協議会、七頁。

*6　千石智恵・石野陽子（二〇一六）「父親における役割期待と自己像との葛藤に関する心理学的研究――社会からの期待と身近な上位世代からの期待に焦点をあてて」『島根大学教育学部紀要（人文・社会科学）』五〇、島根大学教育学部、一〇五頁。

*7　厚生労働省「二〇一五年度雇用均等基本調査結果」(http://www.mhlw.go.jp/toukei/list/71-27.html)（二〇一七年五月二〇日確認）

*8　株式会社インテージリサーチ（二〇一三）「平成二五年度育児休業制度等に関する実態把握のための調査研究事業報告書（平成二五年度厚生労働省委託調査）」(http://www.mhlw.go.jp/stf/seisakunitsuite/bunya/0000042340.html)（二〇一七年五月二〇日確認）

まつもと　しのぶ
京都光華女子大学こども教育学部講師。

4　父親の子育て支援の課題と展望

田辺昌吾

1　「共同子育て」を目指して

二〇一五年四月に「子ども・子育て支援新制度」が開始されてから二年が経ちました。「子育て環境がよくなった」と実感できるまでにはまだ時間を要するものと思われますが、さまざまな地域でよりよい子育て環境を目指した新たな取り組みが広がりつつあります[*1]。子ども・子育て支援法第一条には、その目的として「子ども及び子どもを養育している者に必要な支援を行い、もって一人一人の子どもが健やかに成長することができる社会の実現に寄与する」とし、第二条には「子ども・子育て支援は、父母その他の保護者が子育てについての第一義的責任を有するという基本的認識の下に、家庭、学校、地域、職域その他の社会のあらゆる分野における全ての構成員が、各々の役割を果たすとともに、相互に協力して行われなければならない」と基本理念を謳っています。

父親は当然のことながら「子どもを養育している者」であり、「社会の構成員」でもあります。これまでもそのことに違いはなかったものの、子育て領域において父親は実体の伴わない存在でした。新制度時代の子育てにおいては父親が「子どもを養育している者」であり、「社会の構成員」でもあることを今一度確認する必要があります。その前提を踏まえると、「子どもを養育している父親」は子育て支援の対象であり、「社会の構成員である父親」は子育て支援において自己の役割を果たさなければならないということになります。

社会のすべての構成員が各々の役割を果たし、相互に協力して子育て支援環境を創造するということは、地域のみんなで子どもを育てるという「共同子育て」社会が目指されていると言えます。明和[*2]は、ヒトは進化の過程で共同での子育て形質を獲得し、共同で子どもを産み育てながら生存してきた可能性を指摘しています。だからこそ、母親のみに過度に子育ての負担がのしかかっている現状では、児童虐待の爆発的な増加などの異常事態が起こっても不思議ではないと述べています。現在はヒトの進化の過程に抗う状況にあると言えます。将来にわたってヒトの社会を維持・発展させるためには、今「共同子育て」の理念を全国民で共有することが必要ではないでしょうか。

「共同子育て」社会の実現には父親の力が欠かせません。現状では子育ての大部分を担っている母親の負担を軽減させるというパートナーシップの観点からも重要ですが、家庭と地域との接点という観点からも重要です。「共同子育て」社会を実現するためには各家庭が地域の子育て関係機関や他の家庭とつながることが必要です。緩やかにでも地域コミュニティが形成されることが「共同子育て」社会につながります。これまでは地域の人間関係づくりでは主に母親がその役割を担っていました。多くの場合、父親は日中地域におらず「父親の不在」状態でした。これまで父親は地域で人間関係づくりをしてこなかったわけです。ということは、父親が地域で人間関係づくりをするようになれば、一気に地域コミュニティが形成される可能性があります。本書で取り上げられているさまざまな実践では、父親が地域のつながりのなかで子育てする姿が紹介されています。母親だけでなく父親も子育てを介して地域に参画することが望まれます。

2　社会全体の意識改革の必要性

「共同子育て」社会を実現するためには、これまで子育てにおいて蚊帳の外だった父親に焦点をあてたさまざまな働きかけ（支援）が必要になります。父親を子育ての主体に位置づけ、よりよい子育てとなるような支援を展開することで、「子育て＝母親」から「子育て＝母親も父親も地域も」に価値観を転換させる必要があります。この前提を踏まえたうえで、父親の子育て支援を通したより具体的な意識改革の必要性について、父親自身、母親、子育て支援者、地域住民にわけて述べます。

1　父親自身の意識改革のために

父親の子育てに対する意識は本書第Ⅰ部の各章で示されているように、徐々にではありますが子育てを自己の役割に位置づける方向に変化してきています。ここではさらに、父親であることを楽しみ、子育てを通してよりよい生活を目指そうとする意識への変革について述べます。

父親のなかには「父親だから子育てをしなければならない」と義務感が先行している人も多くいることと思います。義務感は責任感にもつながるでしょうから、一定程度は必要です。しかし、義務感ばかりが先行した子育てはどこか窮屈で、いずれ大きなストレス要因となる可能性も考えられます。適度な義務感と合わせて、子育てを通したさまざまな経験を楽しみ、子育てが自己の生活をより豊かにするととらえる意識がとても大切です。

大人になりあまり経験しなくなったことでも、子どもができて子どもとともに経験することも多くあります。たとえば夏場の川遊びなど、子どもは大好きです。水生生物をいっしょに探したりするのは大人でも楽しい経験です。「川に子どもを連れて行かなければならない」ととらえるよりも「自分も楽しい川遊びを子どもといっしょにする」ととらえた方が、同じ「川に行く」という行為でも父親に残るその経験の意味はまったく違うでしょう。川遊びに限らず、父親自身が好きなことを子どもと共有することは父親の子育てにおいて非常に重要です。

父親の子育て支援では「お父さんがんばって」というメッセージを前面に掲げ、父親の子育てに対する義務感を高めようとするものもみられます。そのような支援も一定程度は必要ですが、そればかりではなく父親が子育ての楽しみに気づけるような働きかけも必要です。

2　母親の意識改革のために

母親が安定して子育てをするためにはパートナーである父親が大きな役割を担っていることは、さまざまな研究で明らかにされています。[*3] であれば、父親が安定して子育てをするためにはパートナーである母親が大きな役割を担っていると言えるでしょう。これまで、子育てにおいて「父親は母親のパートナーである」とされることはあっても、「母親は父親のパートナーである」とされることはほとんどありませんでした。子育ての大部分を母親が担っている現状では当然とも言えます。しかし、父親を子育ての主体に位置づける文脈では、とても大切な視点です。母親が父親の子育てを支えるという視点です。

野末[*4]は家族療法の経験をもとに、「父親の職場の大変な状況やストレスについて共感的に耳を傾け、父親が『理解してもらえた』と感じられると、仕事の状況はまったく変わらなくとも、父親が自ら子どもや母親のために小さな行動変容を起こすことがある」と述べています。日常生活で父親に共感的に耳を傾けられる最も身近な人は母親です。これからの社会では父親が母親に共感的な態度でかかわるだけでなく、母親が父親にそのようにかかわることもとても大切です。そのことを母親が意識できるように、父親の子育て支援の取り組みで訴えていくことが求められます。

3　子育て支援者の意識改革のために

父親の子育て支援を効果的に展開していくためには、その支援を担う支援者の意識改革が欠かせません。「子育て＝母親の役割」とする価値観を内面化している支援者が、父親の子育ての進展を阻んでいる例は本書の第Ⅴ部1章「父親の子育て支援の専門性」で述べたとおりです。

さらに先述したような父親や母親の意識改革は支援者の働きかけがあってこそ実現されます。支援者の意識改革のためには定期的な研修が効果的です。保育者や保健師といった専門職であれば研修の機会は確保されているものの、NPOや当事者団体では十分とは言えません。しかし近年では「子育て支援員研修制度」[*5]が創設され、そういった場を活かして今求められている子育て支援の知識や技術を身につけることもできます。ただし、その研修が「子育て＝母親の役割」を強調する内容であれば意味をなしませんが。

4　地域住民の意識改革のために

もちろん地域住民には父親や母親、場合によっては子育て支援者も含まれますが、それら以外の子どものいない家庭も合わせて、全体的な地域住民の意識改革が必要です。子ども・子育て支援新制度では支援の実施主体は市町村とされ、市町村ごとに子ども・子育て支援実施計画を策定し、現に実施されています。今後も定期的に見直しを行い、必要に応じて新たな取り組みが実施されます。ということは市町村によって特色ある子育て支援施策が講じられ、父親の子育て支援に力を入れる市町村がでてくる可能性もあります。実際に小崎[*6]の実施した調査では市町村によって父親支援の取り組みに大きな差があることが示されています。

ここでふれたいのは、市町村が主体となって父親の子育て支援を行うということは、その必要性を市町村職員間だけでなく地域住民とも一定の合意を形成する必要があるということです。それは公的資金を父親の子育て支援に割くことの合意です。そのためには子どもの有無にかかわらず地域住民全体が、父親が子育てに参画することの大切さやそれを促すための支援の必要性を理解することが求められます。

地域で少子化が急速に進んでいけばいずれその地域は消滅してしまいます。その進行にストップをかける対策の一つとして、たとえば父親の子育て支援があるということを、市町村職員や子育て支援者が訴え、地域住民の意識改革を図っていくのです。そういったマクロレベルの父親の子育て支援も必要ではないでしょうか。

3　父親支援の効果を実証する研究知見の必要性

先述したさまざまな意識改革を実現し、「共同子育て」社会を築いていくためには、父親の子育て支援を普及・促進していくことが求められます。「流行りもの」ではなく地に足のついた父親支援とするためには、その支援の効果を実証する研究知見の蓄積が喫緊の課題です。本書で取り上げられているような、父親の子育て支援の取り組みやプログラム開発などは徐々に進展してきており、実践レベルでの父親支援には一定の蓄積がみられます。それらの実践報告や支援者の所感としては、父親支援の有効性が訴えられています。しかし、広く一般化できる研究知見は十分には得られていないのが現状です。

母親の子育て支援に関しては実践の進展も研究知見の蓄積も一定程度認められます。支援の根拠となる研究知見の蓄積が実践の発展につながっています。たとえば母親同士の関係、いわゆるママ友関係については、實川の一連の研究[*7]で詳細に検討されています。親同士の関係については父親の子育てにおいても近年「パパ友」という言葉の普及とともに、父親の子育て支援の実践報告などでもそのよさが論じられています。しかし、父親同士の関係が構築されることでどのような効果があるのかや、どのような過程を経てパパ友関係が築かれるのかなどは十分には検討されておらず、実践報告の域をでません。本書でも、幼稚園でのおやじの会や子育てひろばでの父親サークルなど、父親同士が関係を築くことを目的とした支援が紹介されています。もしそのことの効果が実証されれば、父親同士の関係構築を促す支援を、しっかりとした根拠をもって一層普及・促進していくことができます。

また、そもそも父親は他の父親との交流ニーズはあまりなく、幼稚園や保育所に通う子どもを持つ父親で三割に満たないとする調査結果があります[*8]。母親のそれと比べてもかなり低い割合です。この調査結果は一〇年前のものであり、その後の変化も予想されますがそれほど劇的な変化ではなく、現在でも父親の他の父親との交流ニーズは低い水準にあると思われます。その一方で、父親サークルなどでパパ友関係を築いている父親からは、そのような関係がなくても生活は送れる（それほど困らない＝ニーズは低い）が、あることによって楽しみが増え子育て生活が豊かになったという声が聞かれます。ここからは、父親同士の関係構築には単純ではないメカニズムがあると推測され、そのことの実証が父親支援の新たな展開につながっていくと言えます。

このように父親の子育て支援に関する研究知見の蓄積が父親支援の実践を根拠づけるという側面だけでなく、父親の子育てを対象とした研究の充実にはもう一つの役割があります。それは現在のように、母親の子育てを対象とした研究が圧倒的に多い状況では「母親だけが子育ての責任を担うことを後押ししてしまい、意図せずとも父親を子育てから排除してしまうことになりかねない」、また「父子関係に積極的な意味を見出さなかったり、子育てを通して夫婦の協力関係が強化される機会を逃すことにもつながりかねない」からです。[*9]父親の子育ての重要性を社会に訴えるためにも、研究の増加が望まれます。

さらにこれは父親、母親ともに共通することで、子育て支援全体について言えることですが、脳科学や生物学など他の学問分野の研究知見を子育て支援に活かす姿勢が求められます。たとえば現在検証作業中としつつも、オキシトシンとよばれる内分泌物質のはたらきについて、その濃度が高いと積極的に子どもに関わるらしく、母親だけでなく父親にもあてはまるらしいことが述べられています。[*10]仮に今後、内分泌物質と子育てとの関連が解明されたとしたら、その知見は子育て支援の実践に大いに活用できる可能性があるでしょう。

4　個別性・独自性を踏まえた父親支援の展開

父親の子育て支援がある程度進展し、父親の意識改革が進みつつあるなかで求められる支援内容についてふれます。現在そのような段階の子育て支援現場もあれば、それまでにはもう少し時間を要する現場もあるでしょう。

一定程度支援が進んでいる現場では、より父親の個別性・独自性を踏まえた支援の展開が求められます。母親の子育て支援においては母親一人ひとりを個別に理解し、それぞれに支援を届けるという視点が一般化しているように思われます。しかし父親の子育て支援においては、特に取り組み始めた当初は全体としての「父親イメージ」に基づいて支援が展開されているように感じられます。たとえば、父親は子どもや子育てについてあまり知識もなく、どちらかというと子育てに対して受身的な姿勢という全体的な父親イメージに基づいて父親支援プログラムを設定した場合、なかに知識もあり、子育てに主体的に向き合っている父親がいたら、その父親にとっては不満足な支援になってしまう可能性があります。

その支援主体において父親支援に取り組み始めた当初であれば、知識も経験も不足しているなかでの支援であり、仕方がないとも考えられます。しかし、ある程度の父親支援の経験を積み重ねているにもかかわらず、同じような支援を繰り返しているようでは十分とは言えません。母親がそうであるように、父親も一人ひとり背景は異なり、それぞれの支援を利用する理由もさまざまです。地域子育て支援拠点施設を利用している父親を例に考えてみると、自ら主体的に利用している父親と、母親に連れられて受身的に来た父親とでは、支援者のアプローチは異なるはずです。またその施設を子どもとの遊び場として利用しているのか、他の父親との交流を求めてなのか、あるいは支援者に何か相談したいことがあってなのか、父親一人ひとりで異なります。そういった対象者の背景に視線を向けて、それを読みとろうとする構えが母親支援だけでなく父親支援にも求められます。特に父親の子育て支援を現状からさらに発展させていくためには重要なことです。

5　「父親の」子育て支援が不要な社会に

本来望ましいのは、父親と母親を区別することなく家庭に対して支援を行うことです。しかし、父親の子育てへのかかわりが十分でない現在の状況では、やはりあえて「父親のための」支援が必要となります。支援対象を明確にすることで、父親が子育ての主体であるとより実感できるようになるからです。

その一方で、「父親支援をする必要があるのか」「父親支援よりも母親支援を優先すべきではないか」との声も聞かれます。どのような支援を優先すべきかは各支援主体によって異なります。父親よりも母親への支援を優先すべきとする考えも理解でき、また父親・母親とあえて分けることの必要性を感じないとする意見も理解できます。その一方で、今も述べたように、父親の子育てをより豊かなものにするためには「父親のための」支援が有効に働く可能性も指摘できます。母親支援と父親支援のどちらが重要かと二者択一的に考えるのではなく、少なくとも子育ての場には母親だけでなく父親も存在していることをしっかりと認識し、その上でどのような子育て支援策を展開するのかを検討していくことが重要です。

将来的には「父親のための」と銘打たなくてもいい社会を目指しつつ、今はしっかりと父親を見定めた（もちろん母親も見定めた）、子育て支援の展開に期待したいと思います。

注

＊1　大豆生田啓友（二〇一六）「地方発の保育・子育て支援の新たな可能性――新制度時代の協働のデザイン」『発達』一四六、ミネルヴァ書房、二-七頁。
＊2　明和政子（二〇一三）「霊長類としてのヒトの子育てを考える」『心理学ワールド』六二、九-一二頁。
＊3　柏木恵子・若松素子（一九九四）「『親となる』ことによる人格発達――生涯発達的視点から親を研究する試み」『発達心理学研究』五（一）、七二-八三頁。
＊4　野末武義（二〇一六）「子どもへの共感性に乏しい親をどう理解し援助するか」『児童心理』一二月号臨時増刊、金子書房、五八-六二頁。
＊5　厚生労働省雇用均等・児童家庭局長（二〇一五）「子育て支援員研修制度の実施について」(http://www.mhlw.go.jp/file/06-Seisakujouhou-11900000-Koyoukintoujidoukateikyoku/0000093394.pdf)（二〇一七年三月二〇日確認）
＊6　小崎恭弘（二〇一六）「地方自治体における父親支援の現状――地方自治体全国調査より」『日本保育学会第六九回大会発表要旨集』五〇〇頁。
＊7　實川慎子（二〇一四）「子育てをとりまくネットワーク――母親のママ友ネットワークの特質」『発達』一四〇、ミネルヴァ書房、六五-七〇頁。
＊8　田辺昌吾・川村千恵子・野原留美・畠中宗一（二〇〇七）「乳幼児をもつ父親に対する子育て支援の方向性――ニーズと充足度からの検討」『児童・家族相談所紀要』二四、五五-六四頁。
＊9　前掲書＊4。
＊10　前掲書＊2。

たなべ　しょうご
四天王寺大学教育学部准教授。

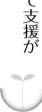

おわりに

子育てにおける父親に関する研究を始めて、十数年が経ちました。研究の当初は様々な発表やシンポジウムなどにおいて、「父親の子育てとは……」という説明や前提を伝えることが必須であり、子育ての場に父親がいることの意味から、理解をしてもらう必要がありました。しかし「イクメン」や「ファザーリング」という言葉と概念が、二一世紀に入り社会的に認知をされ一般化することにより、「父親が子育てをする」という前提と概念は、一つの基礎ができあがったといえます。

社会に広く浸透させるために概念形成の次の段階は、それらの取り組みの実践的また具体的な活動です。「父親の子育て」という概念形成に続いて、「父親の子育て支援の取り組み」という実践活動が求められます。現在のわが国の父親を取り巻く状況は、ようやくこの第二段階に入ってきています。もちろん地域差や取り組みの対象者の違いなどもあり、全国一斉に統一した取り組みがなされているわけではありません。それでも多くの父親支援の実践的な取り組みが見られるようになってきていま す。父親に関する活動が第一期から第二期への、ちょうど移行期であるといえます。

この移行期において、このような「父親の子育て支援」に関する本書を出すことができたことは、大変意義深いものであるといえます。父親支援とは広く子育て支援の一部であり、その対象を基本的には「父親」にフォーカスを当てたものとなっています。もちろん「父親」のみが、楽しく充実した子育てができることを目指したものではなく、父親が子育てに関わることへの支援により、母親や子ども、そして父親自身や社会の子育てのあり様までの変化や発展を目指しているものなのです。

これまで子育ての場から、遠ざけられていた、また遠ざかっていた父親という存在を、子育てという営みの中央に据える試みなのです。当然ですが、これまでその様な価値観や取り組みは、全くなかったといえます。あくまで子育ての主体と中心は母親であり、父親は子育てにおいてはお飾り的、象徴的なものだったのです。その二番目の役割のものを一番にしようとする試みが、父親支援であるといえます。長らく子育てにおいて、母親の後塵を拝していたものをいきなり前に押し出すのですから、それは大きな努力と苦労とまた軋轢が生まれます。

それでも父親は、子育てに大きく関わらなくてはなりません。それほど現在の子育ての環境は悪化しており、母親一人に子育てを押し付けて、もうどうにかなる状況ではないのです。子育て環境の悪化が、子どもの育ちを阻害し、母親の育児のしんどさを助長し、子どもが育ちにくい、生まれにくい社会を作り出しています。これらの打破と解決には、父親以外の存在と努力は考えられないのです。これは単に、父親が子育てに熱心であるとか、いないということではなく、社会的な存在として子どもを育てる責任と役割を父親がしっかりと担うということです。これまでの父親はその主たる役割が「労働」であり稼ぎ手役割としての存在が大きいものでした。もちろんその役割の放棄はなかなかに難しいのですが、この多様化する社会において単独の役割だけでなく、複数の役割を担い同時に責任を果たすことが求められています。

その一つが「子どもを育てる」「次世代を育てる」という、人の営みを持続可能にする役割です。経済中心の社会構造から、人の営み中心の社会へと変革するときに、当然役割の変革が求められます。まさに現在のわが国の状況が、そのタイミングであるといえます。そのようなことに直面して、多くの父親は大きな役割の変化にとまどうことは当然でしょう。また今までにない価値観やスキルや知識が求められています。このことに対しての抵抗感や不安を感じることも当たり前です。しかし反対にそれらの変化なくして、これからの日本の社会が成り立たなくなっていることも、事実です。歴史の中の大きな岐路に、父親たちは立たされていると言えます。そのときにどのような行動や態度や意識が求められるのでしょうか。

本書は、それらの変化に自ら対応しようとしている父親たちの姿を捉え、そしてまとめたものとなっています。わが国においては、まだまだ萌芽期である父親の子育ての支援のありようや、また父親が自ら活動の主体となっている先駆的な取り組みや事例を積極的に取り上げました。その取り組みのスタイルや内容や活動は、それぞれ違いまた大変にユニークなものです。取り組みの独自性や姿勢には、様々な思いや熱意が感じられます。しかし唯一共通していることは「父親」ということです。子育てにおいてほとんど存在していなかった、キーワードの元での活動であるということです。子育てをする男性を「イクメン」と言います。しかしそれは違います。子育てする男性は「父親」なのです。この当たり前の言葉が忘れ去られ、そこに新しい言葉が付与されました。もちろんこれは社会の大きな変化の端的な現れであります。そのことを受け止めつつ、父親としてのあり方やその本当の意味や意義、そして父親としての矜恃を今新たに、父親自身、子育て支援に関わるもの、社会全体で考えるタイミングがきているのだと思います。本書がその一助になることを願います。

最後になりましたが、このような機会を与えてくださったミネルヴァ書房の北坂恭子さんに改めて感謝を申し上げます。辛抱強く多くの執筆者の対応をしてくださいました。本当にありがとうございました。

また子育てに、仕事に多忙を極める中、快くお引き受け戴いた執筆者の方々にも、あためてお礼を述べたいと思います。皆様のご協力なくして、この一冊は世に生まれることはなかったと思います。本当にありがとうございました。

二〇一七年七月

編者を代表して

小崎恭弘

《編著者紹介》
小崎恭弘（こざき・やすひろ）
2009年　関西学院大学大学院人間福祉研究科後期博士課程満期退学。
現　在　大阪教育大学教育学部准教授。特定非営利活動法人ファザーリング・ジャパン
　　　　顧問。

田辺昌吾（たなべ・しょうご）
2008年　大阪市立大学大学院生活科学研究科後期博士課程単位取得後退学。
現　在　四天王寺大学教育学部准教授。

松本しのぶ（まつもと・しのぶ）
2001年　大阪市立大学大学院生活科学研究科人間福祉学専攻前期博士課程修了。
現　在　京都光華女子大学こども教育学部講師。

《別冊発達33》　家族・働き方・社会を変える父親への子育て支援
——少子化対策の切り札

2017年10月10日　初版第１刷発行

編著者　小崎恭弘
　　　　田辺昌吾
　　　　松本しのぶ

発行者　杉田啓三

発行所　株式会社
　　　　ミネルヴァ書房

〒607-8494　京都市山科区日ノ岡堤谷町１
電話代表　075（581）5191番
振替口座　01020-0-8076

印刷所　創栄図書印刷

製本所　新生製本

定価はカバーに
表示しています

　落丁・乱丁本はおとりかえします。

ISBN978-4-623-08116-5
Printed in Japan